metodologias INOV-ativas

Andrea Filatro
Carolina Costa Cavalcanti

metodologias INOV-ativas

na educação presencial, a distância e corporativa

2ª edição
revista e atualizada

- As autoras deste livro e a editora empenharam seus melhores esforços para assegurar que as informações e os procedimentos apresentados no texto estejam em acordo com os padrões aceitos à época da publicação, *e todos os dados foram atualizados pelas autoras até a data de fechamento da obra*. Entretanto, tendo em conta a evolução das ciências, as atualizações legislativas, as mudanças regulamentares governamentais e o constante fluxo de novas informações sobre os temas que constam do livro, recomendamos enfaticamente que os leitores consultem sempre outras fontes fidedignas, de modo a se certificarem de que as informações contidas no texto estão corretas e de que não houve alterações nas recomendações ou na legislação regulamentadora.

- As autoras e a editora se empenharam para citar adequadamente e dar o devido crédito a todos os detentores de direitos autorais de qualquer material utilizado neste livro, dispondo-se a possíveis acertos posteriores caso, inadvertida e involuntariamente, a identificação de algum deles tenha sido omitida.

- Atendimento ao cliente: (11) 5080-0751 | faleconosco@grupogen.com.br

- Direitos exclusivos para a língua portuguesa
  Copyright ©2023 by
  Saraiva Uni, um selo da SRV Editora Ltda.
  Uma editora integrante do GEN | Grupo Editorial Nacional
  Travessa do Ouvidor, 11
  Rio de Janeiro – RJ – 20040-040
  www.grupogen.com.br

- Reservados todos os direitos. É proibida a duplicação ou reprodução deste volume, no todo ou em parte, em quaisquer formas ou por quaisquer meios (eletrônico, mecânico, gravação, fotocópia, distribuição pela Internet ou outros), sem permissão, por escrito, da **SRV Editora Ltda.**

- Capa: Tiago Dela Rosa
  Diagramação: Negrito Produção Editorial

- **DADOS INTERNACIONAIS DE CATALOGAÇÃO NA PUBLICAÇÃO (CIP)**
  ODILIO HILARIO MOREIRA JUNIOR – CRB-8/9949

  F479m   Filatro, Andrea
  Metodologias inov-ativas: na educação presencial, a distância e corporativa / Andrea Filatro, Carolina Costa Cavalcanti. – 2. ed. – [3. Reimp.] – São Paulo: Saraiva Uni, 2025.

  336 p.
  ISBN 978-65-87958-07-1 (Impresso)

  1. Metodologias ativas. 2. Metodologias ágeis. 3. Inovação. 4. Educação. 5. Design Thinking. 6. Aprendizagem socioemocional. 7. Gamificação. I. Cavalcanti, Carolina Costa. II. Título.

                      CDD 370
  2022-1537   CDU 37

  Índices para catálogo sistemático:
  1. Educação   370
  2. Educação   37

Agradecimentos

Aos admiráveis Agnaldo José de Lima, Ana Claudia Loureiro, Ângela Fleury, César A. A. Nunes, Cláudio Fernando André, Delmir Peixoto de Azevedo Junior, Eliane Schlemmer, Fernanda Furuno, Fernando Alves, Fredric Michael Litto, Glaucia Fullana, Janes Fidelis Tomelin, João Vianney, João Paulo (JP) Bittencourt, Lidia de Albuquerque Filatro, Lucia Santaella, Marilene Garcia, Marta Maia, Martha Gabriel, Paula Carolei, Romero Tori, Soani Vargas e Stella Cavalcanti da Silva Porto, que contribuíram direta ou indiretamente para a escrita deste livro, e a todos os colegas e leitores que têm olhos para ver e ouvidos para ouvir, muitíssimo obrigada!

ANDREA FILATRO

A escrita deste livro foi realizada a quatro mãos, e é sempre um privilégio trabalhar e aprender com a Andrea Filatro. Como autora, não posso deixar de agradecer a educadores visionários, que atuam dentro e fora de contextos educacionais formais, e que sempre me inspiram a trabalhar por uma educação melhor: João Paulo Bittencourt, Ulisses F. Araújo, Gina Strozzi, Gil da Costa Marques, Ivelise Fonseca, Ana Cláudia Loureiro, Everson Mückenberger, Waldomiro Loyolla, Monica C. Garbin, Nilson José Machado, Paulo Correia, Helen Meira Cavalcanti Pola, Débora Bonazzi, Carol Shinoda, Talita Cordeiro, Hanna Danza, Marco Antonio Morgado Silva, Thuinie Daros, Karina Tomelin e Patricia Ramos.

Agradeço especialmente a Deus, por tudo que representa em minha vida, por ter me dado o Helder (esposo amado), Lucas e Davi (filhos queridos e nosso maior legado), Williams e Sonete (pais incríveis) e uma família maravilhosa que sonha comigo dando todo o suporte no longo e árduo processo de transformar esses sonhos em realidade.

CAROLINA COSTA CAVALCANTI

Sobre as autoras

Andrea Filatro é mestra e doutora pela Faculdade de Educação da Universidade de São Paulo (FEUSP), onde também se graduou em Pedagogia. Pós-doutora pela Pontifícia Universidade Católica de São Paulo (PUC-SP), com estudos sobre a Analítica da Aprendizagem (Learning Analytics), tem formação em Gestão de Projetos pela Fundação Instituto de Administração (FIA). Lidera o grupo de pesquisa CNPq "IDE – Inovação e Design em Educação" em parceria com a professora Carolina Costa Cavalcanti. É palestrante e consultora em educação a distância, educação mediada por tecnologias e design na educação. Consultora em design instrucional no Banco Interamericano de Desenvolvimento (BID), é também docente convidada no curso de Gestão Estratégica de Pessoas na FIA e na pós-graduação em Inovação em Tecnologias Educacionais na Escola Nacional de Administração Pública (ENAP). Tem vários livros publicados, entre eles *Design instrucional contextualizado*, *Design instrucional na prática*, *Produção de conteúdos educacionais*, *Práticas inovadoras na educação*, *Design thinking na educação*, *Como preparar conteúdos para EAD*, *DI 4.0: inovação na educação corporativa*, *Data science na educação* e *Novos produtos e serviços na Educação 5.0*.

Carolina Costa Cavalcanti é doutora pela Faculdade de Educação da Universidade de São Paulo (FE-USP), mestra em Tecnologias Educacionais pelo Instituto Tecnológico e de Estudos Superiores de Monterrey (ITESM, México), graduada em Pedagogia pela Universidade de Santo Amaro (Unisa) e em Jornalismo pela Southwestern Adventist University (SWAU – EUA). É coordenadora da pós-graduação em Gestão da Inovação na Escola do Instituto Singularidades. É professora na Fundação Dom Cabral, onde atua em projetos da Gerência de Educação e Inovação e como coordenadora técnica do Projeto de Geração de Valor do Programa de Desenvolvimento de Executivos (PDE). Atua como consultora nas áreas de Educação digital criativa, Metodologias inov-ativas, Aprendizagem socioemocional, Design thinking na educação e Formação de professores com propósito. É autora dos livros *Design thinking na educação presencial, a distância e corporativa*, *Formação de tutores para EAD*, *Aprendizagem socioemocional com metodologias ativas* e coautora de capítulos dos livros *Inovações radicais na educação brasileira*, *D.I 4.0: inovações na educação corporativa* e *Revolucionando a sala de aula: novas metodologias ainda mais ativas*.

Prefácio à 1ª edição

É indiscutível, quando consideramos os consistentemente péssimos resultados acadêmicos globais de jovens brasileiros (em testes nacionais e internacionais), que o *establishment* educacional no país está perdido no tempo e no espaço. Paralisado numa visão *ficar-olhando-para-trás*, permite que o ensino brasileiro, em todos os seus níveis, seja eternamente caracterizado principalmente por livros didáticos, quadros negros e giz, além de tratamento dos aprendizes com a filosofia geral de que "um tamanho de sapato serve para todo mundo".

As mais significativas descobertas científicas em áreas de cognição humana (como as diferenças entre a aquisição de conhecimento por meio de textos digitais e textos impressos, a variedade de "estilos" individuais de aprendizagem, bem como a introdução na educação de máquinas que pensam) não são tratadas nas revistas supostamente científicas nacionais e muito menos na legislação que governa o setor. O uso de computadores nas salas de aula, ou simplesmente a complementação do ensino tradicional com alguns exercícios que o aluno acessa pelo telefone celular, não representam ações fundamentais para os jovens que chegam às escolas e universidades do país e dos quais nosso futuro depende totalmente. A tecnologia não é, em si, uma *solução*; é, sim, uma ferramenta que *pode* nos ajudar a chegar a uma educação apropriada para os novos tempos e as novas gerações.

O distanciamento entre a discussão brasileira sobre aprendizagem e a mais recente literatura internacional sobre cognição humana e tecnologia é vasto. Outros países estão tão na frente do Brasil que o típico educador brasileiro, de qualquer nível de ensino, desconhece a terminologia e as principais correntes de pedagogia e didática modernas. A "advogada" inglesa de saúde mental Ruby Wax identificou bem a situação ao falar sobre o cérebro humano: "Temos em nossa cabeça uma Ferrari, mas ninguém nos deu as chaves!" Felizmente, com a obra das duas profissionais teóricas e práticas agora nas mãos do leitor, temos uma chave realmente significativa, que traz, em um texto só, o que é essencialmente uma relação ampla das abordagens mais atualizadas para o processo de ensino/aprendizagem que desponta para uma nova época.

As autoras, Andrea Filatro e Carolina Costa Cavalcanti, oferecem a quem está disposto a sair do passado e entrar no futuro um sucinto, analítico e soberbamente claro guia para a rica "floresta" dos mais modernos métodos de ensinar e de aprender. E mais, pela apresentação da informação de forma prática (comunicando os necessários aspectos teóricos sem excessivo blá-blá-blá), elas garantem que o leitor navegará nesse acervo de informação sem se perder em minúcias, e admirará as árvores sem perder de vista a "floresta".

As pesquisadoras organizam as dezenas de abordagens em quatro grupos principais: ativas, ágeis, imersivas e analíticas. Muitas tabelas explicativas e infográficos fascinantes são acompanhados de uma preciosa bibliografia composta de fontes fortemente amparadas na literatura em língua inglesa, que, infelizmente, é desconhecida entre nós (se observarmos a produção nacional de pesquisa em educação). O guia das autoras é capaz de levar o leitor "antenado" a uma fase de trabalho que promove experimentação para verificar quais dos métodos enumerados servem mais adequadamente a aprendizes de faixas etárias diferentes, "estilos" diferentes de adquirir conhecimento, disciplinas acadêmicas diferentes e suas variadas exigências de teoria e prática.

O aparecimento deste estudo levanta a questão raramente discutida nos corredores educacionais: e a *liberdade acadêmica* ou *liberdade de cátedra*? A escolha de um método de ensino nunca pode ser considerada como sendo da mesma categoria das posições políticas ou da visão disciplinar de um único professor. Obrigatoriamente, os métodos usados na sala de aula presencial ou virtual têm que ser um assunto discutido entre colegas do mesmo departamento ou programa, a fim de encontrar um consenso sobre o método ou métodos mais apropriados para o conjunto de disciplinas oferecidas, assim garantindo coerência metodológica entre todas as práticas envolvidas. Os resultados desapontadores do desempenho acadêmico dos nossos jovens são causados, em parte, pela desfuncional abordagem metodológica de nossas instituições de ensino, não apenas por ser ultrapassada, mas por ser a consequência da desfuncional organização dos docentes?

As comunidades acadêmicas e corporativas das instituições nos países de língua portuguesa estão, pois, em dívida para com as autoras dessa lúcida e racional análise da substanciosa panóplia de recursos disponíveis para a criação de aprendizes em novos termos!

FREDRIC M. LITTO

Professor Emérito da Universidade de São Paulo e
Presidente da Associação Brasileira de Educação a Distância (ABED).

Prefácio de advertência à 2ª edição

Atenção, leitor, antes que você se arrependa, preciso adverti-lo sobre a leitura que você está se arriscando fazer. Não inicie antes de eu te contar os riscos que você está prestes a correr. Aconteceu comigo e provavelmente vai acontecer contigo. Não me arrependo da leitura que fiz, mas não é simples o que em decorrência dessa escolha tive que enfrentar. Você está preparado para se divorciar das antigas alianças pedagógicas que carrega? Você tem certeza de que quer viver uma nova experiência que vai mudar a forma como entende a educação? Está certo de que o vocabulário de inovação lhe é confortável? Já pensou que no dia seguinte vai acordar e vai querer interromper as rotinas que te submetem arbitrariamente? Pense bem, se você tem tendência à inovação, se tornará "insuportável" depois desta leitura.

Observe, num primeiro momento parece simples, terá a impressão de que vai tirar de letra e a vida seguirá como sempre foi depois de tantas leituras. Vai parecer que você comprou um livro de bom gosto que encantou muitos leitores e provavelmente alguém já comentou "exibidamente" que leu um livro extraordinário. Sim, provavelmente ficou encantado, mas não te contou da insônia, nem do estado de empolgação disruptiva que precisou administrar.

Neste momento, já deve ter percebido que até o prefácio está diferente do que você costuma encontrar, não é? Então vou te contar como foi para mim e para nosso time. Primeiro contato foi com o anúncio do lançamento que avisava: "Este livro foi escrito para todos aqueles que atuam em educação presencial, a distância e corporativa e buscam a inovação nas práticas educacionais". Perfeito para o que procurava como gestor em 2018, mas a generosidade desta obra foi muito além. Na sequência, compramos exemplares do livro e a leitura foi compartilhada entre as diferentes lideranças da instituição. Eis que foi como uma "bomba atômica". Tantas outras leituras foram feitas, mas esta nos solapou as estruturas e não poderíamos nos manter indiferentes e seguir normalmente.

Certo, você está se divertindo com esta narrativa, não é? Então vamos seguir com os próximos fatos para você saber como foi a decorrência dessa história. Já nos primeiros dias os leitores de nosso time começaram a trazer suas inquietações: precisamos atualizar nossa identidade pedagógica, precisamos repensar os objetivos de aprendizagem por competências, precisamos estruturar nosso ciclo de aprendizagem, precisamos definir metodologias para nossos cursos, precisamos ampliar nossos indicadores da jornada dos estudantes, precisamos ampliar nossa capacidade de diagnóstico, precisamos repensar os objetos de aprendizagem...

Evidentemente que a essa altura estávamos todos contagiados com a vontade de mudar e fazer diferente para fazer a diferença no processo educacional. Contudo, observe a cascata de impactos que tento aqui lhe advertir: mudando a identidade pedagógica, precisaríamos atualizar todos os documentos acadêmicos desde o PDI, PPI aos PPCs e planos de ensino. Ao mudar o ciclo de aprendizagem, precisaríamos refazer todos os materiais didáticos, videoaulas e objetos de aprendizagem das quase duas mil disciplinas. Para acompanhar todos os indicadores da jornada dos estudantes precisaríamos ter analistas estatísticos, algoritmos e softwares de organização e automação dos dados. Ao aplicarmos a psicometria no processo de avaliação, teríamos que refazer o "tagueamento" de todas as questões e precisaríamos desenvolver soluções customizadas. Por fim, se iríamos repensar

Prefácio de advertência à 2ª edição   XIII

os objetos, teríamos que investir em novas frentes de desenvolvimento em realidade virtual, aumentada e estendida, o que exigiria novos investimentos. Difícil, não é?

Contudo, estávamos encorajados e certos de que precisávamos inovar e passamos a planejar cada passo. Formamos comitês, grupos de trabalho, grupos deliberativos, grupos formativos e nos empreitamos a caminhar numa atitude inov--ativa. Definidas as metas, fomos edificando nossa direção e coletivamente encontramos uma ambiência de colaboração. Sabíamos que poderia demorar 20 anos todo o processo, mas comemoramos cada conquista, cada nova etapa alcançada e fomos nutrindo nosso propósito compartilhado de fazer algo memorável.

Importante te contar que não foi uma decisão de gabinete arbitrária. Como gestor, procurei envolver e desenvolver todas as mentes criativas. Nunca fui simpático aos modelos de gestão que deliberam atribuições individuais; sempre me pareceu fundamental e estratégico envolver o coletivo em colaboração. Daí que me surgiu a máxima "O desafio dos gestores está em transformar colaboradores com atribuições individuais em uma comunidade colaborativa de contribuições coletivas". Então a mágica aconteceu e, em 5 anos, aceleramos muito! Hoje, comemoramos as seguintes grandes conquistas:

- Vestibular Diagnóstico
- Identidade Pedagógica inov-ativa
- Ciclo de Aprendizagem UniCesumar
- Aprendizagem Baseada em Competências
- Metodologias definidas por Produtos
- Centenas de multimeios e simuladores imersivos em RA
- Avaliação por Competências e Psicometria
- Programa de Permanência e Retenção institucionalizado
- Learning Analytics com dezenas de aplicações
- Gamificação do conteúdo

Veja e compare as nossas ações acima elencadas com o sumário do livro e verá estreita relação. Evidentemente que o livro por si não esgota o conhecimento de cada tema que explora, mas as autoras foram muito generosas apontando um rico referencial teórico ao final de cada capítulo. Outro ponto relevante é que as autoras tomaram o cuidado de ir além dos fundamentos teóricos e apresentam desafios práticos nos espaços "Faça fácil". Ou seja, "não tem desculpa", tem a teoria e a prática para a efetiva inovação.

Por fim, a inovação, seja ela incremental ou disruptiva, sempre demanda muita energia, recursos e dedicação. Interromper o "mimetismo educacional" não é da noite para o dia; é um processo contínuo de planejar, implementar e avaliar. Assim foi nossa jornada de inovação pós- "Metodologias inov-ativas" e as autoras Andrea Filatro e Carolina Costa Cavalcanti foram nossa inspiração. O livro foi, de fato, uma "lanterna" que iluminou nosso caminho e nos deu fundamento científico e técnico para efetivar nossa "Engenharia Pedagógica". Há esperança de uma perfeita revolução de uma educação envolvente, lúdica e inovadora.

Vai seguir lendo? Então você está pronto para dar os primeiros passos e aqui vai encontrar os motivadores para continuar seguindo na sua transformação profissional, seja qual for sua área de formação e atuação. Nos encontramos logo ali depois das ruínas da velha educação.

Boa Leitura inov-ativa!!!

JANES FIDÉLIS TOMELIN

Pró-Reitor de Ensino EAD UniCesumar
e Diretor de Qualidade EAD na ABED.

Chave para navegar nos capítulos

Os capítulos do livro são independentes e podem ser lidos na ordem que preferir. Mesmo assim, compartilham recursos comuns criados para tornar a leitura mais agradável, interativa e significativa

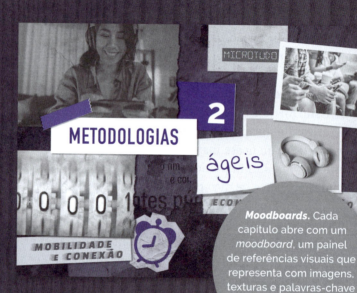

Moodboards. Cada capítulo abre com um *moodboard*, um painel de referências visuais que representa com imagens, texturas e palavras-chave as principais ideias discutidas no livro.

Epígrafes. A abertura dos capítulos também traz uma frase selecionada pelas autoras para retratar o espírito das metodologias ali tratadas.

Destaques para glossário. Os conceitos mais significativos de cada capítulo são sublinhados em cores e definidos no glossário ao final do livro.

Faça fácil. Para cada grupo de metodologias, o leitor e a leitora têm à disposição estratégias de adoção simples na sala de aula convencional ou ambiente corporativo, com o objetivo de prover uma amostra do potencial inovador para professores e alunos.

Estudos de caso. Os capítulos começam com um caso representativo das metodologias tratadas, a fim de permitir ao leitor uma visão prática dos princípios aplicados em contextos educacionais autênticos.

Minicasos. Cada capítulo também traz descrições breves de exemplos de aplicação das metodologias; os casos foram escolhidos visando o balanço entre iniciativas nacionais e internacionais, projetos no setor público e privado, educação acadêmica e corporativa, e modalidades presencial e a distância.

Olhos. Ao longo do texto, trechos emblemáticos de parágrafos são destacados para proporcionar ao leitor e à leitora uma visão rápida dos conteúdos abordados.

Figuras. Os capítulos são repletos de figuras que têm a função tanto de ilustrar conceitos e exemplos quanto de organizar princípios e questões relacionados aos temas discutido.

Referências cruzadas. Em cada capítulo, chamadas a outras seções evidenciam os pontos de integração entre as metodologias abordadas.

Fechamento. O capítulo se encerra com um resumo dos principais pontos tratados e apresenta uma imagem integrada com os princípios essenciais que orientam as metodologias; esses princípios são detalhados em um quadro sinótico ao final do livro.

Referências. A bibliografia básica utilizada na elaboração do texto é encontrada ao final de cada capítulo.

Sumário

INTRODUÇÃO 1

1 Metodologias (cri)ativas 18

ESTUDO DE CASO Aprendizagem baseada em problemas e projetos na Univesp 22

1.1 Competências do século XXI e metodologias (cri)ativas 25

1.2 Abordagens teóricas que fundamentam a adoção de metodologias (cri)ativas 27
1.2.1 Cognitivismo 29
1.2.1.1 Aprendizagem significativa 30
1.2.2 (Socio)construtivismo 31

FAÇA FÁCIL Narrativas transmídia com rotação por estações 32
1.2.2.1 Teoria da Atividade (TA) 34
1.2.2.2 Aprendizagem experiencial 38
1.2.3 Conectivismo 40

FAÇA FÁCIL Painel da diversidade de perspectivas 41

1.3 Articulações conceituais e princípios das metodologias (cri)ativas 44

1.4 Abordagens (cri)ativas 45

1.4.1 Aprendizagem Baseada em Problemas (ABP) 45

FAÇA FÁCIL Caso empático 49
1.4.2 Aprendizagem Baseada em Projetos (ABP) 52
1.4.3 Movimento maker 53

FAÇA FÁCIL Rotinas de pensamento visível 59
1.4.4 Instrução por pares 61

FAÇA FÁCIL Coaching reverso 63
1.4.5 Alunos como designers 67
1.4.6 Design thinking 68

FAÇA FÁCIL DT express 71

Fechamento 73

Referências 75

2 Metodologias ágeis 78

ESTUDO DE CASO Projeto OpenLearn, da UK Open University 82

2.1 A mentalidade ágil na aprendizagem 85

FAÇA FÁCIL EduScrum 95

FAÇA FÁCIL Canvas mania 98

2.2 Explosão informacional e economia da atenção 102

2.3 As novas gerações 105

FAÇA FÁCIL Discurso de elevador (Elevator pitch) 108

2.4 Aprendizagem profunda e de superfície 111

2.5 Microaprendizagem 117

FAÇA FÁCIL Minute paper 121

FAÇA FÁCIL Pecha Kucha 127

2.6 M-learning e u-learning 130

2.7 Just-in-time learning 139

FAÇA FÁCIL *Hackathon* 145

Fechamento 148

Referências 149

3 Metodologias imersivas

154

ESTUDO DE CASO **Realidade aumentada nos livros didáticos** 158

3.1 Ambientes virtuais imersivos **161**
    3.1.1 Realidade Virtual (RV) **164**
    3.1.2 Realidade Aumentada (RA) **167**
    3.1.3 Realidade e virtualidade **169**
    3.1.4 Simulações de computador **176**
    3.1.5 Jogos **179**

FAÇA FÁCIL **Jogos sérios com blocos 3D** 184

FAÇA FÁCIL *Escape room* **190**
    3.1.6 Gamificação **192**

FAÇA FÁCIL **Gamificação estrutural** 194

FAÇA FÁCIL **Gamificação de conteúdo** 198

3.2 Aprendizagem imersiva **200**

FAÇA FÁCIL **Roleplaying (jogo de papéis)** 205
    3.2.1 Avaliação na aprendizagem imersiva **207**

FAÇA FÁCIL **Vivência imersiva multissensorial** 212

Fechamento **214**
Referências **215**

4 Metodologias analíticas

218

ESTUDO DE CASO **Analítica da aprendizagem na Khan Academy** 222

4.1 Explosão de dados **225**

FAÇA FÁCIL **Diagnóstico coletivo** 229

4.2 Mineração de dados educacionais (Educational Data Mining – EDM) **232**

4.3 Learning analytics (Analítica da aprendizagem) **235**

4.4 Analítica acadêmica ou institucional (Academic/Institutional analytics – AA/IA) **243**

4.5 Ciência dos dados educacionais **246**

FAÇA FÁCIL **Extrato de participação** 249

4.6 Visualização de dados e informações **252**

FAÇA FÁCIL **Mapa de calor** 254

4.7 Aprendizagem adaptativa **260**

FAÇA FÁCIL **Trilhas de aprendizagem** 266

4.8 Inteligência Artificial (IA) **270**

4.9 Computação cognitiva **273**

FAÇA FÁCIL *Chatbot* educacional **273**

FAÇA FÁCIL **Reconhecimento de imagens** 279

4.10 Machine Learning (ML) **283**

Fechamento **287**
Referências **290**

O futuro é agora... e logo mais também

293

GLOSSÁRIO

297

ÍNDICES

305

Introdução

Caro leitor e querida leitora,

Este livro surgiu de inquietações sobre o tema "inovações em educação". É certo que a educação, como outros setores da vida social, se vê em xeque diante das transformações ocasionadas pelos avanços tecnológicos e científicos recentes.

Se a indústria de entretenimento, comunicação e publicações, bem como as áreas de saúde, transporte, agricultura, indústria, financeira, propaganda e marketing – e até os serviços públicos – vêm sendo sacudidas pelas inovações, por que a educação ficaria de fora?

O fato é que a educação não pode e não deve ficar de fora. Seus desafios são grandes e seu papel na sociedade é importante demais para isso. Ao acompanharmos, admirados, as inovações que moldam o presente, é impossível, como educadores, não questionarmos: O que devemos esperar do futuro? Como podemos preparar cidadãos e profissionais que estejam prontos para viver e produzir em configurações sociais, mercados de trabalho e modelos de negócio que não existem hoje? E mais: Que metodologias de ensino-aprendizagem podem modelar hoje esse futuro?

Ocorre que, em educação, há tantas partes envolvidas que nem sempre o que é inovação para um grupo representa de fato uma inovação para outro. Alunos, professores, especialistas, pesquisadores, gestores, fornecedores... Cada um vê a educação – e as inovações em educação – do seu ponto de vista, com suas próprias necessidades, motivações, valores e idiossincrasias.

Por exemplo, o design "centrado no ser humano" pode ser considerado uma inovação por alguns envolvidos na criação de interfaces, mas a educação "centrada no aluno" é patrimônio dos pedagogos desde que Carl Rogers publicou *Tornar-se pessoa* (1972, versão original publicada em 1961).

A cada par de anos aparece uma nova metodologia, uma nova tecnologia, um novo conceito, e para lá correm as partes interessadas. É o que se discute nos congressos, o que se publica nos periódicos, o que se posta nos blogs e nas redes sociais. Mais algum tempo e o tema estampa livros, teses e dissertações.

E hoje, com força e rapidez muito maiores, vemos uma proliferação de soluções inovadoras para a educação propostas por *startups* educacionais e outros *players* não tradicionalmente ligados ao ensino-aprendizagem. Muitos deles, tendo vivenciado na pele as agruras da vida escolar e universitária, alegam ter descoberto a pedra de roseta – em geral, um caminho para aprender sem esforço, quase magicamente. É o sonho com uma educação indolor, divertida e de fácil consumo, que acompanha aqueles que não se conformam com o estado atual das coisas na educação.

Aprendizagem Baseada em Problemas e por Projetos (ABPP), aprendizagem adaptativa, learning analytics,[1] Massive Open Online Courses (Moocs), ou cursos on-line abertos e massivos, gamificação, realidade aumentada, realidade virtual... são termos que parecem se embaralhar em ondas de inovação educacional, cada um se sobrepondo ao outro.

Mas o que existe de realmente novo em educação à parte os modismos, os chamarizes mercadológicos e os interesses de grupos comerciais ou acadêmicos?

Primeiro, é importante definir o conceito de inovação e os diferentes tipos de inovação encontrados no campo educacional. Segundo o *Michaelis moderno dicionário da língua portuguesa*,[2] a palavra *inovação* significa "ato ou efeito de inovar" ou ainda "tudo que é novidade; coisa nova". Essa definição evidencia que, em primeiro lugar, inovação se refere a algo novo. Contudo, nem tudo que é novo em um contexto pode ser considerado novo em todos os contextos.

Imagine que um laboratório de informática seja instalado em uma escola da zona rural onde os professores até então só utilizavam o livro didático, a lousa, o giz e alguns poucos

> O que existe de realmente novo em educação à parte os modismos, os chamarizes mercadológicos e os interesses de grupos comerciais ou acadêmicos?

---

1 Numa tradução livre, analítica (ou análise) da aprendizagem.
2 MICHAELIS. *Moderno dicionário da língua portuguesa*. Disponível em: http://michaelis.uol.com.br/moderno-portugues/busca/portugues-brasileiro/inova%C3%A7%C3%A3o/. Acesso em: 7 mar. 2018.

materiais disponíveis na biblioteca da escola. Agora, eles usam os computadores do laboratório para ensinar os alunos a realizar pesquisas na internet. Estes ficam maravilhados por descobrirem um novo e vasto universo de acesso a todo tipo de conteúdo. Embora esse uso de computadores tenha sido incorporado há várias décadas em diversos ambientes educacionais – e em algum deles já esteja até superado pelo fenômeno Bring Your Own Device (Byod),[3] em português, traga seu próprio dispositivo –, será que essa mudança não deve ser considerada uma inovação no contexto da escola rural?

A resposta é "sim", e isso pode ser explicado quando compreendemos que a inovação se realiza num *continuum* que vai da inovação incremental, conforme Tushmam e Nadler,[4] até a disruptiva, conforme Bower e Christensen.[5]

Na extremidade incremental, ou evolucionária, a inovação pode ser tão simples e acessível como a releitura de uma solução existente ou a adição de melhorias e a elaboração de extensões que visem incrementar versões atuais de um produto, processo ou serviço. O *airbag* foi apresentado ao mercado na década de 1980 como um item adicional ao cinto de segurança para ajudar a prevenir lesões graves em acidentes de carro. Ele não revolucionou o setor automobilístico, mas essa inovação incremental contribuiu para a redução do número de mortes no trânsito urbano e nas estradas. Em educação, um exemplo clássico desse tipo de inovação é a transposição de cursos presenciais para a modalidade a distância.

Na extremidade disruptiva, a inovação é mais radical e provoca a substituição de uma solução antiga por uma nova, redefinindo os paradigmas de um setor, as tecnologias utilizadas, os atores envolvidos e, eventualmente, até mesmo a legislação relacionada ao caso. Um exemplo em educação são

---

3   E já podemos falar também em Wear Your Own Device (WYOD), em português, vista seu próprio dispositivo, para representar um conjunto de dispositivos vestíveis, como óculos de realidade virtual e relógios inteligentes. Esses aparelhos se conectam à rede para permitir acesso à Internet, comunicação com outras pessoas e envio de dados captados por sensores.

4   TUSHMAM, M.; NADLER, D. Organizando-se para a inovação. In: STARKEY, K. *Como as organizações aprendem*: relatos do sucesso das grandes empresas. São Paulo: Futura, 1997. p. 166-189.

5   BOWER, J. L.; CHRISTENSEN, C. M. Disruptive technologies: catching the wave. *Harvard Business Review*, v. 73, n. 1, p. 43-53, jan./fev. 1995.

os Moocs, que estenderam os cursos das mais reconhecidas universidades do mundo, como Harvard e Stanford, a pessoas do mundo inteiro. Quando surgiram, os Moocs provocaram reações de euforia, pela promessa de massificar a educação de qualidade antes reservada à elite dos países desenvolvidos. Mas também geraram uma série de discussões por parte do *establishment* educacional, pela ameaça que representavam ao modelo de Ensino Superior vigente.

Como vemos, as inovações podem variar em dimensão e profundidade, mas todas propõem algo novo, diferente. Sabemos que as inovações são fruto da criatividade e inventividade humana, mas sabemos também que essas capacidades não são suficientes para caracterizar uma inovação no sentido mais estrito do tema. Na verdade, a inovação sempre está vinculada a um resultado, ou seja, não basta ser criativo, ter uma ideia brilhante e até mesmo compartilhar essa ideia com outras pessoas. É necessário que a ideia (fruto da criatividade) seja aplicada a um contexto real, e os resultados dessa ação podem ou não ser inovadores.

> **Esta obra organiza as inovações em educação em quatro grupos de metodologias – (cri)ativas, ágeis, imersivas e analíticas. Cada grupo tem como base alguns conceitos, práticas ou estratégias que podem trazer ao mundo educacional um sopro de novidade, de inovação.**

Esta obra organiza as inovações em educação em quatro grupos de metodologias – (cri)ativas, ágeis, imersivas e analíticas. Cada grupo tem como base alguns conceitos centrais e abriga um conjunto de subconceitos, práticas ou estratégias que, em menor ou maior medida, podem trazer ao mundo educacional um sopro de novidade, de inovação.

VISÃO GERAL DAS METODOLOGIAS INOV-ATIVAS

Este livro foi escrito para todos aqueles que atuam em educação presencial, a distância e corporativa – professores, pesquisadores, gestores, estudantes, líderes e especialistas. É um manifesto que busca agrupar, esclarecer e discutir vários aspectos da inovação em educação.

Conforme seu perfil – sua formação acadêmica, sua experiência profissional, a modalidade educacional e o nível de ensino em que você atua, e até sua orientação de carreira, um capítulo específico ou outro pode atrair mais sua atenção.

De certa forma, os capítulos são independentes, mas foram reunidos sob o mesmo título – *Metodologias inov-ativas* – por considerarmos que englobam a inovação e aspectos distintos do processo de ensino e aprendizagem em uma matriz de planejamento ou design instrucional. As metodologias (cri)ativas focam os papéis desempenhados no processo e as atividades realizadas por eles. As metodologias ágeis focam o elemento "tempo", que envolve tanto a duração pontual das atividades de aprendizagem propostas quanto seu desdobramento em uma linha do tempo. As metodologias imersivas se apoiam intensamente em mídias e tecnologias. E as metodologias analíticas se ocupam mais da avaliação.

Veja a seguir uma visão geral dessas metodologias.

Visão geral das METODOLOGIAS INOV-ATIVAS

	PRINCÍPIOS ESSENCIAIS	TIPOS DE APRENDIZAGEM	FOCO NA MATRIZ DE PLANEJAMENTO E DESIGN INSTRUCIONAL	ESTRATÉGIAS FAÇA FÁCIL
Metodologias (CRI)ATIVAS	• Protagonismo do aluno • Criatividade e colaboração • Ação-reflexão	Aprendizagem (cri)ativa e colaborativa	Papéis e atividades	1. Narrativas transmídia com rotação por estações 2. Painel da diversidade de perspectivas 3. Caso empático 4. Rotinas de pensamento visível 5. Coaching reverso 6. DT express
Metodologias ÁGEIS	• Economia da atenção • "Microtudo" • Mobilidade tecnológica e conexão contínua	Microaprendizagem e aprendizagem just-in-time	Duração e conteúdos	1. Minute paper 2. Pecha Kucha 3. Discurso de elevador 4. EduScrum 5. Canvas mania 6. *Hackathon*
Metodologias IMERSIVAS	• Engajamento e diversão • Experiência de aprendizagem • Tecnologias imersivas	Aprendizagem experiencial e imersiva	Mídias e tecnologias	1. Jogos sérios com blocos 3D 2. *Escape room* 3. Gamificação estrutural 4. Gamificação de conteúdo 5. Roleplaying 6. Vivência imersiva multissensorial
Metodologias ANALÍTICAS	• Analítica da aprendizagem • Adaptação/personalização • Inteligência humano-computacional	Aprendizagem adaptativa e personalizada	Avaliação	1. Diagnóstico digital 2. Extrato de participação 3. Trilhas de aprendizagem 4. Mapa de calor 5. *Chatbot* educacional 6. Reconhecimento de imagens

Introdução 5

Você pode, portanto, iniciar a leitura por qualquer um dos capítulos mais afinados a seus interesses. Se é um aficionado pelo uso de tecnologias em educação, talvez prefira pular diretamente para as metodologias imersivas e analíticas, que lhe parecerão muito mais radicais nesse sentido. Se você é um amante da sala de aula e da academia, pode preferir iniciar pelas metodologias (cri)ativas.

Em ambos os casos, sugerimos que não deixe de ler esta **Introdução** até o final, assim como a seção final, para que possa ao menos ter um vislumbre das demais metodologias inov-ativas.

As metodologias (cri)ativas e imersivas parecem muito mais familiares ao mundo escolar e universitário, cuja atividade-fim é o ensino e, por isso, têm uma organização de tempo e espaço mais claramente definida. Além disso, contam com profissionais com dedicação exclusiva à tarefa de ensinar, o que lhes permite desenvolver atividades de aprendizagem que exigem acompanhamento docente ou tutorial mais intenso. As metodologias ágeis e as analíticas são, à primeira vista, mais afeitas à educação corporativa – cuja atividade-fim não é a educação. Elas se apoiam em vocabulário e metodologias mais próximas do mundo administrativo – como prazos, resultados e custo-benefício.

> As metodologias (cri)ativas dependem muito da atuação humana – professores, alunos, especialistas, representantes da comunidade –, enquanto as metodologias ágeis, imersivas e analíticas valorizam bastante a contribuição das mídias e tecnologias na educação e, de certa forma, dependem dela.

Podemos dizer ainda que as metodologias (cri)ativas dependem muito da atuação humana – professores, alunos, especialistas, representantes da comunidade –, enquanto as metodologias ágeis, imersivas e analíticas valorizam bastante a contribuição das mídias e tecnologias na educação e, de certa forma, dependem dela.

Mas seria uma simplificação dizer que apenas as metodologias (cri)ativas são centradas no ser humano, visto que tanto as metodologias ágeis (que buscam usar da melhor forma o recurso mais valioso do ser humano: o tempo) quanto as metodologias imersivas (que visam proporcionar uma experiência de aprendizagem significativa às pessoas) e as metodologias analíticas (cujo enfoque é extrair significado de dados brutos a fim de possibilitar a adaptação da proposta educacional às características e necessidades individuais) estão alinhadas no sentido de colocar o ser humano no centro do processo educacional.

Não é errado dizer que, em linhas gerais, as metodologias (cri)ativas se ancoram em uma visão mais humanista, menos tecnicista da educação, e são inspiradas por teóricos cujas teses foram erguidas em contraposição a modelos tradicionais vigentes. Mas, ainda assim, propõem um tipo de inovação incremental que pode ser adotado dentro do circuito escolar-universitário, sem desorganizar a estrutura clássica das instituições de ensino: ano letivo, hora/aula, organização serial dos conteúdos, organização de alunos por turmas, professores responsáveis por cadeiras disciplinares, certificação ao final do processo...

Por essas razões, algumas metodologias (cri)ativas, como a PBL e a ABPP, são de mais fácil adoção dentro do universo educacional tradicional. Tiveram sua gênese no seio da pesquisa e prática sobre educação, estão há mais tempo no "mercado" das abordagens e metodologias educacionais e, por isso, são relativamente mais conhecidas pelos educadores, além de serem objeto de maior atenção por parte de pesquisadores e publicações especializadas. Outras metodologias (cri)ativas, como o design thinking (DT) e o movimento maker, podem até carregar uma "aura" mais evidente de criatividade e inovação, possivelmente por terem sido geradas fora do ambiente educacional clássico.

Mas convém lembrar que todos esses exemplos de metodologias (cri)ativas enfatizam o protagonismo do aluno e a centralidade no ser humano – a ponto de algumas sessões de DT estabelecerem como regra não utilizar nenhum tipo de tecnologia; mas, ainda assim, elas podem representar apenas a introdução de algumas melhorias no clássico produto/serviço educacional.

Numa adoção *soft*, as metodologias ágeis também não colocam em xeque o papel das instituições de ensino nem dos atores envolvidos do processo – conseguem gerar algum grau de inovação na sala de aula fazendo melhor uso do "tempo escolar" e estendendo o alcance das ações educativas, sem exigir uma mudança radical no *status quo*. Só que, quando pensamos em microconteúdos, aprendizagem just-in-time e trilhas

As metodologias (cri)ativas propõem um tipo de inovação incremental que pode ser adotado dentro do circuito escolar-universitário, sem desorganizar a estrutura clássica das instituições de ensino.

de aprendizagem, abrimos a possibilidade de alterações mais estruturais no ambiente convencional de ensino e aprendizagem. Essas metodologias surgem como respostas mais andragógicas que pedagógicas, deslocando de maneira mais evidente o controle das ações educacionais para aqueles que aprendem.

As metodologias imersivas e as analíticas são, evidentemente, mais dependentes das tecnologias. Nesse aspecto, fazem mais sentido para aqueles que comungam uma visão mais heutagógica e conectivista da educação. Por essa razão, são metodologias que, de imediato, balançam as estruturas convencionais do ensino – ou seja, além de deslocarem o centro do poder para as mãos dos aprendizes, também implicam a participação de novos atores e *players* no cenário educacional.

Isso porque proporcionar experiências imersivas, no sentido mais rigoroso do termo, usando, por exemplo, realidade aumentada e virtual, requer conhecimentos e habilidades especializados que boa parte dos professores não tem. Requer também investimentos consideráveis em equipamentos e *softwares*, exigindo uma opção institucional mais clara e consistente em favor da inovação contínua e sustentável.

> As metodologias imersivas e as analíticas são, evidentemente, mais dependentes das tecnologias. Por essa razão balançam as estruturas convencionais do ensino.

E o que dizer sobre a natureza disruptiva das metodologias analíticas? À primeira (e à segunda) vista, elas anunciam uma revolução completa na forma de aprender e ensinar. Carregam de forma totalmente inovadora o protagonismo do aluno (metodologias (cri)ativas), o melhor aproveitamento do tempo para aprender (metodologias ágeis) e a provisão de uma experiência de aprendizagem realmente significativa (metodologias imersivas), tudo isso embalado pelas possibilidades de adaptação e personalização em massa propiciadas por tecnologias inteligentes de última geração.

Isso não significa que as metodologias analíticas não possam ser adotadas dentro da sala de aula convencional por professores comuns, que atuam em instituições de ensino tradicionais – tanto podem que incluímos seis estratégias **Faça fácil** que dão uma amostra do poder da análise de dados no cotidiano educacional. No entanto, mesmo essas estratégias simples deixam bem claro o potencial transformador das metodologias analíticas no que diz respeito aos produtos, processos e serviços educacionais.

A propósito, as estratégias **Faça fácil** têm exatamente esse objetivo – possibilitar que o professor, o designer instrucional, o especialista em conteúdo e, principalmente, o aprendiz vivenciem as metodologias inov-ativas de forma incremental, dentro dos limites seguros das situações didáticas convencionais. Seguem, portanto, a lógica de partir do conhecido (a sala de aula tradicional) para o desconhecido (as novas formas de aprender e ensinar), sem implicar mudanças estruturais profundas.

O livro traz, ainda, exemplos de adoção das metodologias inov-ativas. Cada capítulo apresenta um importante caso principal – dois deles são nacionais (o projeto integrador da Univesp como exemplo de metodologia (cri)ativa e a realidade aumentada para livros didáticos como exemplo de metodologia imersiva) e dois são internacionais (o Projeto OpenLearn, da UK Open University, e a Khan Academy como exemplos de metodologias analíticas).

Salpicados pelos capítulos, você também encontra minicasos – breves descrições de implantações das metodologias inov-ativas nos mais variados contextos educacionais.

Como perceberá, vários casos e minicasos exemplificam mais de um grupo de metodologias. De fato, os limites entre esses grupos são mais didáticos que reais. Por essa razão, foram incluídas referências cruzadas internas, que apontam para as interseções entre os diferentes tipos de metodologia.

Por fim, mas não menos importante, o **Glossário** e o **Índice** ao final do livro entregam a você preciosidades: recursos de estrutura e organização que facilitam a localização de conceitos, autores e instituições. Essas duas seções também proporcionam um panorama dos tópicos e subtópicos discutidos no livro.

Como autoras, como pesquisadoras e, principalmente, como educadoras, desejamos que esta obra seja para você, caro leitor e querida leitora, tão inspiradora quanto foi – e continua sendo – para nós. E, acima de tudo, que possa empoderá-lo para lidar com as inovações educacionais com os olhos abertos para o futuro.

> As estratégias **Faça fácil** têm exatamente o objetivo de possibilitar que o professor, o designer instrucional, o especialista em conteúdo e, principalmente, o aprendiz vivenciem as metodologias inov-ativas de forma incremental, dentro dos limites seguros das situações didáticas convencionais.

O que há de novo na 2ª edição

Apresentar a 2ª edição de um livro que vem dando muitos frutos é uma grande felicidade, e também um enorme desafio. Procuramos manter – e enfatizar – o que foi bem-sucedido na 1ª edição e ao mesmo tempo complementar e atualizar os temas discutidos a fim de oferecer ao público leitor a melhor experiência de leitura.

Desde o lançamento da 1ª edição em 2018, fizemos dezenas de palestras, workshops, minicursos e consultorias nos mais diferentes contextos educacionais, para instituições e profissionais espalhados por todo o país.

E, devido ao cenário de isolamento social decorrente da pandemia do COVID-19, aceitamos inúmeros convites para falar – e ouvir – sobre como ensinar e aprender usando metodologias (cri)ativas, ágeis, imersivas e analíticas.

Abriu-se assim espaço para a atualização da obra, com a complementação de novas estratégias e casos de aplicações que trazem aos leitores ações alinhadas com os recentes desenvolvimentos na área.

Começamos com um prefácio à nova edição, assinado por Janes Fidelis Tomelin, que encabeça uma série de ações inovadoras na UniCesumar. Parte dessas ações está descrita no caso "Metodologias inov-ativas na UniCesumar", que você pode ler ao final desta introdução.

Os quatro grupos de metodologias permanecem na 2ª edição, com uma pequena adaptação das metodologias ativas para **metodologias (cri)ativas**,[1] a fim de abarcar a criatividade e o processo de exploração envolvidos na solução de problemas, no desenvolvimento de projetos e no estudo de casos,

---

1 Essa atualização foi feita originalmente na obra *DI 4.0: inovação na educação corporativa*, publicada pela Saraiva Uni, em 2019.

que resultam em produtos e processos concretos, tangíveis e relevantes produzidos pelos aprendizes.

Destaque-se aqui o conceito de **aprendizagem criativa**, criado por Mitchel Resnick, coordenador do grupo de pesquisa do MIT *Lifelong Kindergarden*, para descrever uma abordagem centrada nos estudantes, a qual sustenta que aprendemos melhor quando este processo ocorre na espiral "imagine, crie, divirta-se, compartilhe e reflita". A proposta é não linear e flexível, mas, quando vivida em ambientes de aprendizagem nos quais a exploração, a colaboração e a criatividade são valorizadas, permite que os estudantes e profissionais estejam mais motivados a conectar e construir conhecimentos de forma significativa e contextualizada.[2] É este o tipo de aprendizagem que esperamos que ocorra a partir do uso articulado dos quatro grupos de metodologias inov-ativas apresentadas nesta obra.

Para ajudar na adoção destas metodologias nos variados contextos educacionais, as seções "Faça fácil", que dão oportunidade de experimentar na prática o que é aqui discutido, foram turbinadas na 2ª edição: duplicamos a quantidade de estratégias, de 3 para 6 em cada grupo de metodologias, totalizando 24 formas de inovar na educação presencial, a distância e corporativa. Veja o panorama completo a seguir.

---

2 RESNICK, M. *Jardim de infância para a vida toda*: por uma aprendizagem criativa, mão na massa e relevante para todos. Porto Alegre: Penso, 2020.

GRUPOS DE METODOLOGIAS	SEÇÕES FAÇA FÁCIL
Metodologias (CRI)ATIVAS	1. Narrativas transmídia com rotação por estações 2. Painel da diversidade de perspectivas 3. Caso empático 4. Rotinas de pensamento visível 5. Coaching reverso 6. DT express
Metodologias ÁGEIS	1. EduScrum 2. Canvas mania 3. Discurso de elevador 4. Minute paper 5. Pecha Kucha 6. *Hackathon*
Metodologias IMERSIVAS	1. Jogos sérios com blocos 3D 2. *Escape room* 3. Gamificação estrutural 4. Gamificação de conteúdo 5. Roleplaying 6. Vivência imersiva multissensorial
Metodologias ANALÍTICAS	1. Diagnóstico coletivo 2. Extrato de participação 3. Mapa de calor 4. Trilhas de aprendizagem 5. *Chatbot* educacional 6. Reconhecimento de imagens

Também atualizamos e complementamos os estudos de casos que abrem cada capítulo e os minicasos que exemplificam a adoção das metodologias inov-ativas ao longo do livro. E você ainda encontrará alguns novos conceitos inseridos em trechos específicos, novos termos no glossário e uma bibliografia revisada e complementada.

Por fim, a partir da troca realizada com inúmeros profissionais e instituições desde o lançamento do livro, resumimos no quadro a seguir as questões essenciais que cada grupo de metodologias inov-ativas busca ajudar a responder:

GRUPOS DE METODOLOGIAS	QUESTÕES ESSENCIAIS NA EDUCAÇÃO
Metodologias (CRI)ATIVAS	O que tudo isso tem a ver com a vida prática (no dia a dia, no trabalho, na sociedade)?
Metodologias ÁGEIS	Como aprender exatamente aquilo que é necessário e na hora em que é necessário?
Metodologias IMERSIVAS	Como mergulhar em uma experiência de aprendizagem agradável, significativa e inesquecível?
Metodologias ANALÍTICAS	Como saber se a aprendizagem realmente ocorreu / está ocorrendo / ocorrerá?

Que a leitura continue inspirando a muitos!

CASO "METODOLOGIAS INOV-ATIVAS NA UNICESUMAR"

Uma das aplicações mais emblemáticas no cenário educacional brasileiro[3] tem sido na UniCesumar, instituição de ensino de Maringá, cujo reitor de EAD, Janes Fidelis Tomelin, nos honra com o prefácio à 2ª edição revista e ampliada. Veja a seguir uma breve descrição preparada em conjunto com a equipe da universidade, coordenada por Thuinie Daros.

Criada em 1987 como a primeira instituição de ensino superior privada da cidade de Maringá, no Paraná, em 2002, a UniCesumar alcançou o status de Centro Universitário e, em fevereiro de 2020, se tornou Universidade. Possui hoje seis *campi* nas cidades de Maringá, Londrina, Ponta Grossa, Curitiba (no Paraná) e Corumbá e Campo Grande (em Mato Grosso do Sul). Em 2006, a Universidade iniciou as atividades a distância, modalidade na qual está presente em todos os estados brasileiros, com mais de 260 mil alunos distribuídos em cerca de 800 polos de EAD, alguns deles no exterior, nas cidades de Dubai, Miami e Genebra.

Contando com cerca de 4 mil colaboradores envolvidos na tarefa de formar pessoas, em 2018, a UniCesumar utilizou, entre outras inspirações teóricas e práticas, as metodologias inov-ativas como base para construção coletiva de sua Identidade Pedagógica institucional.

Nesse movimento, o pró-reitor de ensino EAD, professor Janes Fidelis Tomelin, montou um grupo de trabalho com gestores, *heads* e coordenadores de curso, com o objetivo de colaborativamente criar uma Identidade Pedagógica capaz de expressar o modelo de aprendizagem singular da UniCesumar.

O grupo de trabalho concebeu um Ciclo de Aprendizagem próprio – uma espécie de espinha dorsal que sustenta a

---

3   Em que pese o ciclo natural da divulgação científica, o livro foi citado mais de 150 vezes no Google Acadêmico e deu origem a pelo menos dois trabalhos de conclusão em nível de pós-graduação: ALCÂNTARA, T. O. *Metodologias Inov-Ativas – Educação inovadora em Escolas de Governo*. Monografia para Especialização em Tecnologia Educacional. Brasília: ENAP, 2021. Disponível em: https://repositorio.enap.gov.br/bitstream/1/6746/1/Thais%20de%20Oliveira%20Alcantara.pdf. Acesso em: 16 mar. 2022; FONTES, M. B. *Os estilos de aprendizagem como referencial na adoção de metodologias inov-ativas em cursos EaD*. Monografia para Especialização em Tecnologia Educacional. Brasília: ENAP, 2021. Disponível em: https://repositorio.enap.gov.br/handle/1/6692. Acesso em: 16 mar. 2022.

incorporação de metodologias imersivas, ativas e ágeis aplicadas, respectivamente, aos níveis graduação EAD, graduação com ensino híbrido e pós-graduação, cada uma delas adotada com maior ênfase em cada tipo de curso ofertado, sendo as metodologias imersivas para os cursos de graduação on-line, as ativas para os cursos com metodologia híbrida (on-line com presencialidade nos polos) e as ágeis para os cursos de pós-graduação.[4]

O Ciclo de Aprendizagem perpassa toda atividade docente e discente e foi organizado em diferentes momentos, distribuído em sete etapas fundamentais, a saber: problematização, significação, experimentação, reflexão, conceitualização, ação e avaliação.

Figura – Representação ilustrativa do Ciclo de Aprendizagem

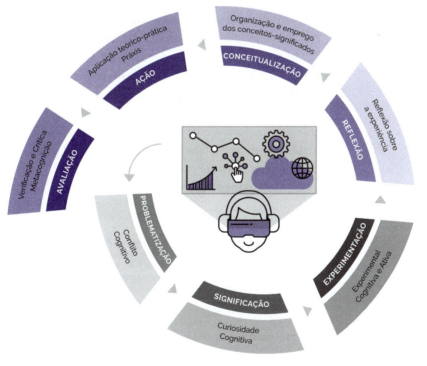

Fonte: UniCesumar (2020).

---

4 CARNIEL, F. et al. (orgs.) *Ciclo de Aprendizagem – Estratégias para um método pedagógico inovador*. Maringá/PR: UniCesumar, 2021.

A proposta integrada do currículo por competências e habilidades se evidencia por meio deste Ciclo de Aprendizagem, de forma transversal e interdisciplinar, garantindo o encadeamento das aprendizagens desenvolvidas em cada competência e habilidade, relacionada aos componentes curriculares.

Microlearning, video based learning, conteúdos em áudio, laboratório de simulações virtuais, laboratórios práticos integrados nos polos de apoio presencial, M.A.P.A.[5] e *Escape room*,[6] são apenas alguns elementos incorporados na modelagem pedagógica que estão presentes na materialização do Ciclo de Aprendizagem em diversas unidades do conhecimento.

Além dessas estratégias de aprendizagem que beneficiam diretamente os estudantes, a UniCesumar também adotou as metodologias inov-ativas nas práticas de design educacional e de produção de conteúdo educacional,[7] assim como disponibilizou espaços maker para atividades dos docentes.[8]

Complementando o rol de aplicações, as metodologias analíticas se traduzem no uso intensivo de Inteligência Artificial e Big Data Analytics para a busca da eficiência operacional, a melhoria na experiência dos alunos em sua jornada acadêmica e a garantia da qualidade em larga escala. Esse esforço, aplicado tanto aos cursos presenciais como à modalidade a distância, envolve desafios mercadológicos, acadêmicos e pedagógicos que têm como objetivo principal oferecer apoio e acompanhamento aos estudantes.[9]

---

5 O M.A.P.A. é uma atividade avaliativa, composta por diferentes instrumentos, que possibilita ao aluno colocar em prática os conhecimentos adquiridos em uma disciplina. É composto por estudo do material da disciplina, pesquisas em materiais complementares vinculados à proposta do MAPA, planejamento das tarefas pertinentes à proposta do MAPA, execução da atividade proposta e envio para a correção. Ver mais em ANTUNES, M. B.; FERREIRA, H. P. M.A.P.A – Material de Avaliação Prática da Aprendizagem na Graduação em Educação Física a Distância: Relato de Experiência. *EAD em foco*. V10, e969. 2020. Disponível em: https://eademfoco.cecierj.edu.br/index.php/Revista/article/download/969/519. Acesso em: 16 mar. 2022.

6 Ver estratégia com o mesmo nome no Capítulo 3, sobre Metodologias imersivas.

7 ROCHA, T.; ZAGONEL, Y. Cluster Design Educacional. In: CARNIEL *et al.* (2021), op. cit.

8 TOMELIN, K. N.; DAROS, T. Makerspaces para docentes: porque investir em espaços de formação de professores. *Revista Aproximação*, v. 2, n. 03 (2020): Metodologias Ativas. Disponível em: https://revistas.unicentro.br/index.php/aproximacao/article/view/6466/4434. Acesso em: 16 mar. 2022.

9 FILATRO, A.; ESTEVAM, R. G. B.; SPAINE, L. Case UniCesumar. *Data Science na educação*. São Paulo: Saraiva Uni, 2021.

Destaca-se que o posicionamento institucional sobre a necessidade de um Ciclo de Aprendizagem e uma Identidade Pedagógica própria partiu da premissa que todo desenvolvimento profissional prospectivo decorre da aprendizagem atual, assim como o desenvolvimento já constituído é imprescindível para o aprendizado. Vale destacar que o estudo da obra **Metodologias Inov-ativas**, bem como o contato com as autoras, foi essencial para gerar *insights* e consolidar o processo de construção da Identidade pedagógica, fazendo da UniCesumar um caso de sucesso.

1

METODO

AÇÃO-REFLEXÃO

PROTAGONISMO

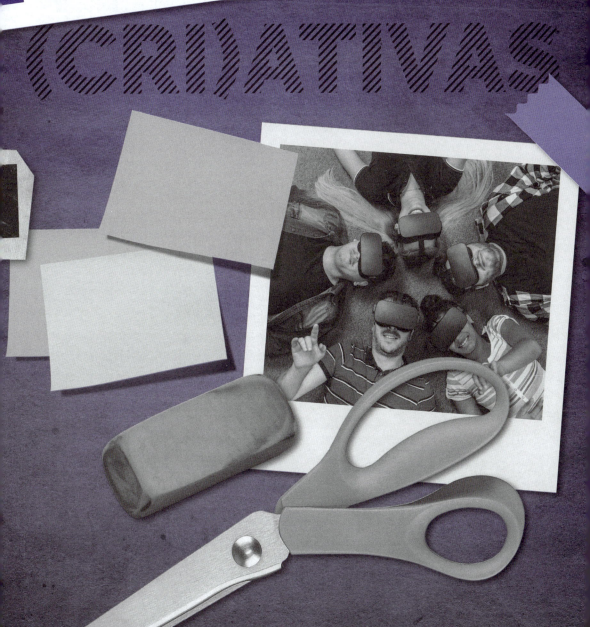

> **UM GRAMA DE AÇÃO EQUIVALE A UMA TONELADA DE TEORIA.**
> FRIEDRICH ENGELS

Que o mundo mudou rapidamente nós sabemos. É só ver como as tecnologias têm alterado nossa forma de buscar e compartilhar informações, comprar e vender, trabalhar e relaxar, produzir e consumir conteúdos variados. Sabemos ainda que a evolução tecnológica também tem impulsionado a implementação de inovações incrementais e disruptivas no campo educacional. Tais inovações, grandes e pequenas, envolvem desde a adoção de Ambientes Virtuais de Aprendizagem (AVAs) para o suporte da educação presencial e recursos para expandir o modelo híbrido até o uso de tecnologias variadas que propiciam a oferta de cursos a distância a estudantes de diversas partes do mundo.

Entretanto, existe um tipo de inovação, que vai além da tecnológica, que tem provocado mudanças consideráveis na forma de crianças, jovens e adultos aprenderem. Estamos nos referindo à adoção de um conjunto de metodologias (cri)ativas que permitem que estudantes e profissionais assumam o protagonismo de sua aprendizagem.

As metodologias (cri)ativas são estratégias, técnicas, abordagens e perspectivas de aprendizagem individual e colaborativa que envolvem e engajam os estudantes no desenvolvimento de projetos e/ou atividades práticas. Nos contextos em que são adotadas, o aprendiz é visto como um sujeito ativo, que deve participar de forma intensa de seu processo de aprendizagem (mediado ou não por tecnologias), enquanto reflete sobre aquilo que está fazendo.

Esse tema está em voga no meio educacional – nacional e internacional – e tem sido discutido em eventos científicos, artigos, livros, materiais didáticos, videoaulas, palestras e cursos de formações de professores, entre outros.

As metodologias (cri)ativas são facilmente adaptáveis e aplicáveis a diferentes contextos, como escolas, universidades e ações de educação corporativa, e os resultados de variadas aplicações têm sido investigados e compartilhados. Com isso, possibilitam que inovações incrementais sejam rapidamente implantadas por criarem uma ponte que conecta os conhecimentos teóricos a contextos de aplicação reais (e/ou hipotéticos, embasados na realidade).

É certo que essas metodologias têm um viés fortemente humanista, e sob seu guarda-chuva destacam-se abordagens como aprendizagem baseada em problemas, aprendizagem baseada em projetos, movimento maker, instrução por pares (*peer to peer instruction*), alunos como designers e design thinking. Na seção **Faça fácil**, você encontra o passo a passo para adotar, de forma simples, as estratégias de Narrativas transmídia com rotação por estações, Painel da diversidade de perspectivas, Caso empático, Rotinas de pensamento visível, Coaching reverso, DT express, que podem ser aplicadas na educação presencial, a distância e corporativa.

Aqui também encontra mini casos sobre o método TEAL usado no MIT, a construção de narrativas transmídia com cooperação internacional, a uso da aprendizagem baseada em problemas na Universidade de Maastricht (Holanda), a criação do arduíno cearense, o Fab Lab Livre SP, o design do aprender por toda a vida na perspectiva da Teya dentre outros.

Assim, nosso objetivo principal neste capítulo é discutir e demonstrar como é possível articular a ação-reflexão ao uso inovador de tecnologias com a adoção de metodologias (cri)ativas na educação.

Começamos pela apresentação do caso de uma universidade paulista que adota metodologias (cri)ativas para que alunos desenvolvam projetos em cursos superiores ofertados na modalidade a distância.

ESTUDO DE CASO

Aprendizagem baseada em problemas e projetos na Univesp

A Universidade Virtual do Estado de São Paulo (Univesp) foi criada em 2012, sendo a quarta universidade pública paulista, com o objetivo de ofertar cursos de graduação, pós-graduação e extensão nas modalidades semipresencial e a distância. No primeiro vestibular da instituição, em 2014, foram abertas 3.300 vagas para graduação em Engenharia de Computação, Engenharia de Produção e licenciatura em Biologia, Física, Química e Matemática. Os alunos foram distribuídos em 45 polos no Estado de São Paulo. Em 2017, a instituição passou a ofertar o curso de Pedagogia, aumentou o número de polos para 100 e hoje conta com mais de 20 mil alunos matriculados.

O modelo didático-pedagógico dos cursos de graduação da Univesp prevê que os estudantes cursem as disciplinas curriculares (cujos conteúdos estão disponíveis no Ambiente Virtual de Aprendizagem – AVA) a cada semestre e, ao mesmo tempo, trabalhem em grupos de até sete alunos no desenvolvimento de um Projeto Integrador (PI).

Para isso, o coordenador do curso e professores definem um tema central, que articula os conteúdos das disciplinas do semestre. A partir desse tema central, os estudantes adotam a Aprendizagem Baseada em Problemas e por Projetos (ABPP), articulada às etapas ouvir, criar e implementar do design thinking,[1] para resolver um problema complexo identificado pelo grupo em um contexto real.

Os grupos desenvolvem o PI sob a orientação de um tutor presencial capacitado para orientá-los na realização das atividades colaborativas previstas em cada etapa do projeto. Para isso, são realizados encontros semanais, que ocorrem de forma intercalada – presencialmente nos polos de apoio e virtualmente por meio da ferramenta de videoconferência –, em dias

---

1   IDEO. *HCD – Human Centered Design*: kit de ferramentas. Palo Alto: Ideo, 2009. Disponível em: http://brazil.enactusglobal.org/wp-content/uploads/sites/2/2017/01/Field-Guide-to-Human-Centered-Design_IDEOorg_Portuguese-73079ef0d58c8ba-42995722f1463bf4b.pdf. Acesso em: 14 abr. 2022.

e horários previamente estabelecidos. Para interagir e preparar o relatório final do PI, os grupos utilizam ferramentas colaborativas integradas ao AVA, como fóruns, e Google Docs. O trabalho dos grupos é basicamente organizado em três grandes momentos, como segue.[2]

1. Aproximação do tema; seleção de um contexto e problema real a ser investigado; observação e escuta das pessoas envolvidas para análise do problema.
2. Criação de soluções e seleção das melhores soluções para elaborar protótipos que visam resolver o problema real investigado.
3. Teste dos protótipos para obter *feedback* de especialistas e pessoas envolvidas no problema investigado sobre a solução criada; produção de relatório escrito e vídeo publicado no YouTube.

A elaboração de protótipos permite a visualização e o teste das soluções criadas pelos grupos, tornando-as tangíveis e ajudando no processo de articulação teoria/prática. A avaliação do PI se dá ao final do semestre, quando cada grupo entrega um relatório composto por: resumo/*abstract*, introdução, problema e objetivos, justificativa, fundamentação teórica (capítulo em que os alunos somam a reflexão à ação, relacionando os conhecimentos adquiridos nas disciplinas curriculares ao protótipo desenvolvido), procedimentos metodológicos utilizados (aplicação da ABPP e do DT para desenvolver o projeto), levantamento e análise de dados (dados coletados, descrição do protótipo e discussão dos resultados) e considerações finais.

Os protótipos são compartilhados com todos os estudantes do curso, professores, tutores e sociedade, uma vez que os grupos produzem e publicam no YouTube um vídeo no qual apresentam todo o desenvolvimento do PI e os resultados do processo.

Apresentamos, no Quadro 1.1, um exemplo de protótipo criado por alunos do 3º ano de Engenharia de Computação sobre o tema "Melhoria de espaços públicos".[3]

---

2 GARBIN, M. et al. Prototipagem como estratégia de aprendizagem em cursos de graduação. In: CIAED – CONGRESSO INTERNACIONAL ABED DE EDUCAÇÃO A DISTÂNCIA, 23, 2017, Foz do Iguaçu. *Anais...* Foz do Iguaçu: Abed, 2017. Disponível em: www.abed.org.br/congresso2017/trabalhos/pdf/468.pdf. Acesso em: 14 abr. 2022.

3 Cabe destacar que o protótipo apresentado é apenas uma amostra dos cerca de 180 projetos elaborados só pelos alunos de Engenharia a cada semestre.

ESTUDO DE CASO

Quadro 1.1 – Protótipo do grupo 5N2 – São Paulo (polo Meninos)[4]

Problema investigado	Como fazer melhorias internas nos bebedouros do parque do Clube Escola Vila Alpina para assegurar ao usuário que o processo de inspeção e/ou manutenção dos bebedouros seja executado?	 Clube Escola Vila Alpina (local investigado)
Contexto analisado	Alguns usuários dos bebedouros de alvenaria e alumínio do Clube Escola Vila Alpina relataram enfermidades após o consumo da água. Isso sugere que a água consumida pelas pessoas que frequentam o parque pode não ter boa qualidade ou que os bebedouros necessitam de manutenção com mais frequência.	 Bebedouros do Clube Escola Vila Alpina
Protótipo da solução concebida	A solução criada pelo grupo é um painel digital, concebido com base em Arduino,[5] que contém um relógio com a data atual e a possibilidade de ser programado. O Arduino é uma plataforma de prototipagem eletrônica de hardware livre. O grupo sugere que a placa seja inserida na parte interna dos bebedouros com o objetivo de alertar os gestores do parque, quando houver a necessidade de realizar manutenção nos bebedouros ou se a data da manutenção tiver passado. Outra funcionalidade do painel é bloquear a passagem de água para que o frequentador do parque seja impedido de beber água em bebedouro cuja manutenção não tenha sido realizada.	 Protótipo criado pelo grupo

Fonte: GARBIN et al., 2017.

---

4 O polo Meninos da Univesp está localizado na Zona Oeste da cidade de São Paulo.
5 Placa única de prototipagem eletrônica de código aberto que possui *hardware* e *software* flexíveis, fáceis de usar, destinados a artistas, *designers*, programadores ou qualquer pessoa interessada em criar objetos ou ambientes interativos. (ARDUINO. Disponível em: https://www.arduino.cc/en/Main/Education. Acesso em: 14 abr. 2022.)

1.1 COMPETÊNCIAS DO SÉCULO XXI E METODOLOGIAS (CRI)ATIVAS

Já há algum tempo educadores vêm se debruçando sobre questões que levantamos na introdução deste livro: Como podemos preparar cidadãos e profissionais que estejam prontos para viver e produzir em um mundo em constante mudança? Como garantir que estarão aptos para atuar em setores e mercados que não existem hoje? E mais: Que metodologias de ensino-aprendizagem podem modelar hoje esse futuro?

Alguns pesquisadores, professores e pensadores buscaram respostas a tais perguntas a partir da proposição de competências fundamentais que estudantes e profissionais devem desenvolver para que estejam qualificados a atuar com sucesso em um mundo incerto e desafiador.

Uma perspectiva relevante no contexto brasileiro advém da Base Nacional Comum Curricular (BNCC) publicada em 2018. Este documento normativo apresenta 10 competências gerais a serem desenvolvidas nos alunos da Educação Básica: conhecimento; pensamento científico, crítico e criativo; repertório cultural; cultura digital; comunicação; trabalho e projeto de vida; argumentação; autoconhecimento e autocuidado; empatia e cooperação; responsabilidade e cidadania. No documento, o uso de metodologias (cri)ativas é apresentado como um caminho promissor para dar um maior protagonismo para os estudantes enquanto apresenta caminhos para o que desenvolvimento integral de crianças e adolescentes ocorra.

Outra perspectiva, que dialoga bastante com a proposta da BNCC, foi apresentada no relatório "Futuro dos Empregos" (Future of Jobs[6]) publicado pelo World Economic Forum (WEF) em outubro de 2020. O documento aponta 15 competências do futuro do trabalho, conforme apresentamos a seguir:

---

6   WEF, WORLD ECONOMIC FORUM. *Future of jobs*: employment, skills and work force strategy for the fourth industrial revolution. 2016. Disponível em: https://www3.weforum.org/docs/WEF_Future_of_Jobs.pdf . Acesso em: 26 abr. 2021.

Figura 1.1 – Competências fundamentais para profissionais e cidadãos do século XXI

1. Pensamento analítico e inovação;	2. Aprendizagem ativa e estratégias de aprendizagem;	3. Resolução de problemas complexos;	4. Pensamento crítico;	5. Criatividade, originalidade e iniciativa;
6. Liderança e influência;	7. Uso, monitoramento e controle de tecnologia;	8. Design de tecnologia e programação;	9. Resiliência, tolerância ao estresse e flexibilidade;	10. Raciocínio, resolução de problemas e ideação;
11. Inteligência emocional;	12. Resolução de problemas na experiência do usuário;	13. Mentalidade de customer service;	14. Análise e avaliação de sistemas;	15. Persuasão e negociação

Fonte: WEF, 2020.

> Estudantes e profissionais deixam o papel passivo e de meros receptores de informações, que lhes foi atribuído por tantos séculos na educação tradicional, para assumir um papel ativo e de protagonistas da própria aprendizagem.

Selecionamos as competências propostas no relatório WEF por estarem alinhadas com nossa visão sobre as contribuições das metodologias (cri)ativas na formação de estudantes e profissionais. Isto é, vislumbramos que a competência *resolução de problemas complexos* é desenvolvida quando eles se deparam com um problema complicado e são impelidos a articular seus conhecimentos com as demandas e desafios encontrados no mundo real. Essa articulação demanda que as pessoas desenvolvam o *pensamento crítico*, levando em consideração reflexões e julgamentos realizados pela análise de conteúdos, experiências e observações prévias.

Tanto a solução de problemas quanto o pensamento crítico são alimentados pelo *pensamento analítico e inovação*. Esse processo é enriquecido pela *aprendizagem ativa e estratégias de aprendizagem*, na busca por novas possibilidades por meio da troca e construção de novos conhecimentos. A capacidade de comunicar ideias e explorar fenômenos desconhecidos desperta no aprendiz *criatividade, originalidade e iniciativa*.

Neste sentido, estudantes e profissionais deixam o papel passivo e de meros receptores de informações, que lhes foi atribuído por tantos séculos na educação tradicional, para assumir um papel ativo e de protagonistas da própria aprendizagem. Isso leva ao desenvolvimento das competências de *inteligência emocional, resiliência, tolerância ao estresse e flexibilidade* para que participem, de forma eficaz, de novos contextos de aprendizagem, profissionais e sociais.

Por fim, a educação alinhada com demandas atuais e futuras prepara pessoas para exercer *liderança e influência* para que possam motivar e engajar seus pares a fazer a diferença onde estiverem. Esse estilo de liderança dissemina a competência de *raciocínio, resolução de problemas e ideação* e viabiliza que boas ideias e soluções sejam implementadas e impactem, de forma positiva, aqueles que as vivenciam.

1.2 ABORDAGENS TEÓRICAS QUE FUNDAMENTAM A ADOÇÃO DE METODOLOGIAS (CRI)ATIVAS

As metodologias (cri)ativas podem ser adotadas para desenvolver as competências relevantes no século XXI sob a perspectiva da pedagogia, da andragogia e da heutagogia.

A pedagogia geralmente está vinculada à educação tradicional de crianças e adolescentes e tem sido adotada em diferentes abordagens educacionais, em contextos nos quais o professor assume maior responsabilidade em orientar as experiências de aprendizagem vividas por estudantes.

A andragogia, por sua vez, disseminada pelo trabalho de Malcolm Knowles[7] na década de 1970, é direcionada à educação de adultos, particularmente os inseridos no contexto de trabalho, levando em consideração aspectos como experiências, motivações e necessidade de aprender.

Por fim, a heutagogia, termo cunhado por Hase e Keyon,[8] surge como resposta às demandas da era digital, em que as informações disponíveis são abundantes e os indivíduos têm autonomia para decidir e avaliar o que, como e quando querem aprender.

> Como selecionamos a perspectiva mais adequada para a aplicação de metodologias (cri)ativas no contexto educacional em que atuamos? A resposta é o nível de autonomia que os estudantes possuem para aprender.

Como selecionamos a perspectiva mais adequada para a aplicação de metodologias (cri)ativas no contexto educacional em que atuamos? A resposta é o nível de autonomia que os estudantes possuem para aprender.

Paulo Freire, reconhecido educador brasileiro, considera que a autonomia é fator fundamental no processo de aprendizagem, pois equivale à capacidade de uma pessoa agir por si

---

7 KNOWLES, M. S. *Andragogy in action*: applying modern principles of adult education. San Francisco: Jossey Bass, 1984.

8 HASE, S., KENYON, C. (2000). From andragogy to heutagogy. *Ultibase Articles*, 5, 1-10.

mesma, sem depender de outras pessoas. Freire explica que a construção da autonomia deve estar centrada na vivência de experiências estimuladoras que advêm da tomada de decisão e da possibilidade de o aluno assumir responsabilidade por sua própria aprendizagem. O autor considera que a autonomia é o ponto de equilíbrio entre a autoridade do professor e a liberdade do aprendiz.[9] Por isso, a autonomia produz autoconfiança, estimulando os alunos a exercer um papel ativo no processo de aprender.[10]

Em outras palavras, o professor que atua na educação básica sabe que as crianças, que são menos autônomas por ainda estarem passando pelos estágios de desenvolvimento físico e psicológico, precisam de maior direcionamento e orientação para desenvolver projetos baseados em metodologias (cri)ativas que os adultos, estes sim maduros fisiológica e psicologicamente, os quais participam de ações de educação corporativa.

> As metodologias (cri)ativas são compostas, segundo Bonwell e Eison, de dois aspectos fundamentais: *ação* e *reflexão*.

Também é preciso considerar que as metodologias (cri)ativas são compostas, segundo Bonwell e Eison,[11] de dois aspectos fundamentais: *ação* e *reflexão*. Isto significa que, nos contextos em que as metodologias (cri)ativas são adotadas, o aprendiz é visto como um sujeito ativo, que deve tanto envolver-se de forma intensa em seu processo de aprendizagem quanto refletir sobre aquilo que está fazendo. Na verdade, nesse processo as ferramentas tecnológicas podem ser usadas para desenvolver a autonomia dos aprendizes e possibilitar a agilidade e a personalização das experiências de aprendizagem, além da experimentação e comunicação rápida de pessoas separadas por tempo e espaço.

Segundo resultados de pesquisa realizada por Sanders et al.,[12] no campo educacional existe a forte crença de que as metodologias (cri)ativas são o contraponto do ensino tradicional transmissivo, por permitirem e encorajarem que o aprendiz aja como protagonista de sua aprendizagem. Entendemos

---

9   FREIRE, P. *Pedagogia da autonomia*: saberes necessários à prática educativa. São Paulo: Paz e Terra, 1996.

10 BELLONI, M. L. *Educação a distância*. Campinas: Autores Associados, 2003.

11 BONWELL, C. C.; EISON, J. *Active learning*: creating excitement in the classroom, 1991. Disponível em: https://eric.ed.gov/?id=ED336049. Acesso em 15 abr. 2022.

12 SANDERS, K. et al. Folk pedagogy: nobody doesn't like active learning. In: ICER 2017, 2017, Tacoma. *Proceedings...* Tacoma: ACM, 2017.

que essa crença advém do fato de as metodologias (cri)ativas terem surgido de raízes teóricas que questionam os modelos educacionais tradicionais centrados no ensino.

Figura 1.2 – Turma de alunos da Sunset School em Marey (nos Estados Unidos) assistindo a uma aula centrada no ensino transmissivo, em 1921

Diante disso, para adotar as metodologias (cri)ativas precisamos entender primeiramente que o processo de aprendizagem humana é complexo e tem sido explicado sob variadas perspectivas teóricas. Cada teoria parte de pressupostos e crenças sobre o fenômeno educacional que influenciam a visão de ensino, aprendizagem e avaliação – ou seja, toda a experiência vivida por um aprendiz.

Três abordagens teóricas emblemáticas fundamentam a adoção de metodologias (cri)ativas em contextos educacionais por considerarem a articulação do binômio ação-reflexão: o cognitivismo, o (socio)construtivismo e o conectivismo.

1.2.1 Cognitivismo

A abordagem cognitivista preocupa-se em entender o processo mental (cognitivo) do aprendiz e os comportamentos decorrentes de sua interação com o meio. Os cognitivistas argumentam que um indivíduo aprende a partir de sua interação com o mundo e o contexto em que vive. Do mundo externo ele recebe constante *feedback*, que o ajuda a formular hipóteses e conclusões sobre suas ações.

Essa abordagem vê os aprendizes como agentes ativos, que tentam constantemente processar, categorizar e atribuir sentido às informações vindas do mundo externo. Assim, são constantemente desafiados a experimentar, descobrir e participar de atividades apropriadas a seus conhecimentos prévios e, dessa forma, aprendem de forma significativa.

Segundo os cognitivistas, o enfoque da avaliação está no processo e nos resultados de aprendizagem apresentados por aprendizes que têm autonomia para aprender. Do mesmo modo, a autoavaliação é adotada para ajudá-los a refletir sobre aquilo que aprenderam e sobre o próprio processo de aprendizagem (metacognição).

> A grande contribuição do cognitivismo para embasar a adoção de metodologias (cri)ativas na educação está em nos ajudar a compreender os processos mentais que nos levam a interpretar, gerir e organizar o conhecimento.

A grande contribuição do cognitivismo para embasar a adoção de metodologias (cri)ativas na educação está em nos ajudar a compreender os processos mentais que nos levam a interpretar, gerir e organizar o conhecimento – aspectos fundamentais para entender o processo de aprendizagem.

1.2.1.1 Aprendizagem significativa

O teórico cognitivista David Ausubel[13] destaca-se por propor o conceito de aprendizagem significativa. Basicamente, ele defende que o aprendiz atribui significado àquilo que aprende se puder ancorar novas informações a conceitos ou proposições preexistentes (que chama de subsunçores) em sua estrutura cognitiva.

Para ele, o armazenamento de novas informações no cérebro é realizado de forma organizada, seguindo uma hierarquia conceitual embasada em representações de experiências causadas por estímulos sensoriais. Assim, a estrutura cognitiva do aprendiz se reestrutura na interação entre conhecimentos prévios e novas informações. Esse ciclo ocorre mesmo quando a aprendizagem é mediada por tecnologias.

---

13 AUSUBEL, D. P. *Educational psychology*: a cognitive view. New York: Holt, Rinehart & Winston, 1968.

O educador que conhece os princípios da aprendizagem significativa entende a importância de identificar os conhecimentos prévios dos alunos sobre os temas que serão abordados. Isso pode ser realizado em uma sondagem escrita ou oral realizada em sala de aula ou utilizando ferramentas digitais, por exemplo, o fórum de discussão, o *chat* ou ainda um *blog* ou rede social.

Na seção **Faça fácil** do **Capítulo 4**, sob o título Diagnóstico coletivo, apresentamos um exemplo de estratégia digital que pode ser utilizada para o levantamento de conhecimentos prévios dos aprendizes.

1.2.2 (Socio)construtivismo

A segunda abordagem que fundamenta a adoção de metodologias (cri)ativas é o construtivismo, que enfatiza o papel ativo dos seres humanos para que a aprendizagem ocorra. Destaca, ainda, a relevância do livre-arbítrio, das condições de vida e das interações nesse processo. De acordo com a visão construtivista, não aprendemos pela transmissão de informações ou pela memorização, mas pela construção de novos conhecimentos.

Os socioconstrutivistas defendem que conhecimentos e habilidades podem ser ampliados quando o indivíduo interage com outras pessoas e pode testar e contrastar o que sabe com os conhecimentos dos demais. Essas interações fazem com que ele aprenda mais do que se estivesse estudando sozinho. A obra de Lev Vygotsky, psicólogo russo, se destaca justamente por ter proposto que as formas de um indivíduo estruturar seu pensamento advêm de hábitos sociais do ambiente e cultura em que ele está inserido. Assim, segundo Vygotsky, a história de vida e o ambiente em que um sujeito vive são fatores determinantes para seu desenvolvimento intelectual e aprendizado.[14]

Em contextos construtivistas de aprendizagem, por meio de tarefas pouco estruturadas, os aprendizes têm a oportunidade de discutir e refletir sobre os temas abordados e chegar a suas próprias conclusões. No processo, eles são avaliados tanto pela participação quanto pelo resultado do trabalho realizado. Nesses casos, adota-se uma gama de estratégias,

---

14 VYGOTSKY, L. *Mind and society*: the development of higher mental processes. London: Englewood, 1978.

entre as quais podemos citar a autoavaliação, a avaliação por pares e o compartilhamento de responsabilidade pelos resultados obtidos pelo grupo.

FAÇA FÁCIL

Narrativas transmídia com rotação por estações

O uso de narrativas transmídia em educação é, segundo Francheschin,[15] "uma técnica de contar histórias, na qual educadores e alunos podem expandir um conhecimento ou experiência em diferentes plataformas midiáticas". Esta estratégia abrange a produção de conteúdos,[16] o gerenciamento de plataformas e o desenvolvimento de maneiras atrativas dos alunos e profissionais se relacionarem, ao acessar e produzir, variados conteúdos para compreendê-los de forma profunda. De fato, as narrativas transmídia engajam emocionalmente as pessoas ao envolvê-las em uma história que é contada pelo uso de variados recursos midiáticos e/ou tecnológicos favorecendo que sejam protagonistas no processo de aprendizagem. Com isso, cria espaços para que estudantes e profissionais se conectem com os conteúdos e com seus pares de forma significativa, uma vez que cada meio de comunicação permite que explorem novas experiências de aprendizagem.

A criação de narrativas transmídia pode ser associada ao uso da técnica "rotação por estações"[17] na qual as pessoas passam por diferentes espaços presenciais e/ou digitais para acessar/produzir conteúdos articulados dentro

---

15 FRANCHESCHIN, T. How can transmedia learning transform education? (2016). *Edu4Me*. Disponível em: http://edu4.me/how-can-transmedia-learning-transform-education/. Acesso em: 3 maio 2022.
16 A esse respeito, ver mais sobre design de narrativas educacionais transmídia em FILATRO, A. *Produção de conteúdos educacionais*. São Paulo: Saraiva, 2015.
17 A esse respeito, ver YURIE, I. Sala de aula invertida e rotação por estações: conheça dois modelos de metodologias ativas. *Nova Escola*, 15/09/2021. Disponível em: https://novaescola.org.br/conteudo/20653/sala-de-aula-invertida-e-rotacao-por-estacoes-conheca-as-potencialidades-e-os-beneficios-dessas-estrategias-de-aulas-ativas?gclid=Cj0KCQjwyMiTBhDKARIsAAJ-9VsLc_T_WkQS3ehSrjeYmDNlQABxGydE4afHd-gv2Af-dISkAjHd8djoaAkcLEALw_wcB. Acesso em: 18 maio 2022.

FAÇA FÁCIL

de uma mesma narrativa. O objetivo é que cada grupo experimente o que foi proposto em todas as estações.

Apresentamos um roteiro simples para o planejamento do uso de Narrativas transmídia com rotação por estações:

1

Defina os objetivos de aprendizagem da aula ou série de aulas. Os objetivos podem ser mais simples quando envolvem a exploração de conteúdos transmídia específicos que são selecionados pelo professor. Todavia, os objetivos podem ser mais complexos quando os aprendizes são convidados a criar os conteúdos transmídia e a compartilhá-los com seus pares nas estações. Também é possível combinar os dois modelos.

2

Apresente o tema central da narrativa transmídia para a turma. Exemplo: ambientes de aprendizagem que acolhem a diversidade. Nesse momento é importante explicar que diferentes partes da narrativa serão apresentadas em cada estação.

3

Oriente a turma sobre o fluxo de rotação, como as estações foram organizadas e quais são as atividades a serem realizadas em cada estação de forma individual e/ou em grupo. Por exemplo, a) estudar e discutir sobre os dados de um infográfico, b) assistir a um vídeo animado, c) produzir e compartilhar uma ilustração autoral, d) produzir um vídeo de entrevista com um colega de turma, dentre outros. O professor delimita o tempo que cada pessoa ou grupo deve ficar em cada estação. O acesso às estações pode ser presencial, assíncrono (com uso do YouTube, de um fórum ou de um mural colaborativo, por exemplo) e/ou síncrono (pelo uso de ferramentas de videoconferência). Depois do tempo estabelecido para realizar a atividade prevista em uma estação, as pessoas devem trocar de estação e realizar uma nova atividade.

CAPÍTULO 1 Metodologias (cri)ativas 33

FAÇA FÁCIL

4

Indique as possibilidades de mídias e tecnologias a serem adotadas na produção de conteúdos, se o objetivo de aprendizagem é que em algumas estações os aprendizes produzam recursos transmídia. Aqui também é importante que apresente opções para o compartilhamento do que foi produzido (como Pasta do Google Drive, Ambiente Virtual de Aprendizagem, Dropbox etc.).

5

Faça um levantamento com a turma sobre como foi a experiência de aprender pelo uso de narrativas transmídia depois que todos passarem por cada estação. Avalie a aprendizagem levando em consideração a participação e/ou entrega de cada pessoa nas atividades propostas nas estações.

1.2.2.1 Teoria da Atividade (TA)

A Teoria da Atividade (TA) explica que a ação humana é fundamental para que o aprendizado ocorra. Foi fundamentada no conceito de mediação proposto por Vygotsky,[18] para quem o comportamento humano geralmente é mediado; ou seja, elementos externos (como a linguagem e ferramentas tecnológicas) fazem a intermediação de uma relação, assim o contato de uma pessoa com artefatos[19] e objetos deixa de ser direto e passa a ser mediado.

Portanto, o conceito inicial da TA é composto de três elementos básicos: a ação de uma pessoa (o sujeito), mediada por um artefato mediador (material ou psicológico), visando alcançar ou produzir um objeto. O objeto é o material bruto sobre o qual um sujeito vai agir, utilizando ferramentas mediadoras, enquanto interage continuamente com outras pessoas.[20]

---

18 VYGOTSKY, 1978.
19 Artefato é qualquer coisa que possa ser projetada pelo ser humano, como produtos tangíveis, informações, identidades, marcas etc.
20 DANIELS, H. *Vygotsky e a pedagogia*. São Paulo: Loyola, 2003.

Figura 1.3 – Modelo de ação mediada de Vygotsky

Fonte: ENGESTRÖM, Y. Activity theory and individual and social transformation. In: ____; MIETTINEM, R.; PUNAMAKI, R. L. *Perspectives on activity theory*. Cambridge: Cambridge University Press, 1999. p. 30.

Com base na proposta de Vygotsky, algumas décadas depois, Engeström[21] complementou a TA incluindo o aspecto social e coletivo da atividade humana. Suas contribuições são especialmente relevantes para a era atual, em que as tecnologias passaram a mediar cada vez mais as relações humanas e também o processo de aprendizagem. Desta maneira, Engeström acrescentou novos elementos à proposta teórica inicial para explicar o sistema de atividade humana, conforme explicitado na Figura 1.4.

Figura 1.4 – Dois sistemas de atividade em interação

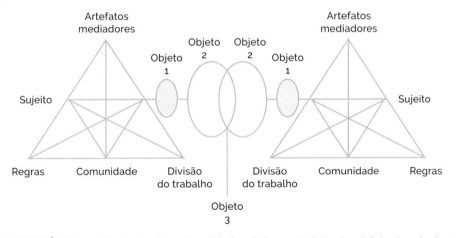

Fonte: ENGESTRÖM, Y. Expansive learning at work: toward an activity theoretical reconceptualization. *Journal of education and work*, v. 14, n. 1, p. 135, 2001.

---

21 ENGESTRÖM, 1999.

A proposta de Engeström indica que a atividade humana é estruturada com base em três pontos centrais:

- a relação do sujeito com o objeto da atividade;
- os artefatos mediadores (ou ferramentas) utilizados para agir no contexto do sistema de atividade;
- a divisão do trabalho e as regras que estabelecem seu campo de ação em determinado contexto ou comunidade.[22]

O teórico inclui no modelo original da TA o significado coletivo. Ou seja, o resultado da interação entre os dois sistemas de atividade, em que as ações sofrem mudanças enquanto os indivíduos interagem, gera um novo objeto. Aqui a construção coletiva do sistema de atividade leva à modificação do objeto original, que se transforma em algo novo.

Os princípios da TA nos levam a pensar na educação como um sistema de atividades usado por seres humanos para criar artefatos capazes de mediar relações que resultam em novas aprendizagens.[23] Em síntese, qualquer ação educacional, seja ela presencial, a distância ou corporativa, depende de atividades que incluam o planejamento do modelo didático/pedagógico, a seleção dos materiais didáticos, a definição de como o conteúdo será apresentado, a escolha das metodologias de ensino e dos canais de comunicação entre professor-alunos, alunos-alunos e alunos-instituição, as regras que regem essas relações e os artefatos mediadores que serão adotados nas atividades individuais, coletivas e colaborativas, entre outros. Todos esses elementos fundamentam a construção e a reconstrução constante do sentido atribuído pelas pessoas envolvidas ao processo de ensino-aprendizagem.

Nesse caso, o enfoque está nos aspectos fundamentais que permeiam o sistema de atividade humana vinculado à prática educativa. Esse processo perpassa as experiências e

---

22 PAULA, H. F.; MOREIRA, A. F. Atividade, ação mediada e avaliação escolar. *Educação em Revista*, Belo Horizonte, v. 30, n. 1, p. 17-36, mar. 2014. Disponível em: www.scielo. br/scielo.php?script=sci_arttext&pid=S0102-46982014000100002&lng=en&nrm=iso. Acesso em: 14 mar. 2022.

23 ENGESTRÖM, Y. *Learning by expanding*: an activity-theoretical approach to development research. Helsinki: Orienta-konsultit, 1987.

relações vivenciadas pelos aprendizes com todos os envolvidos na implementação de metodologias (cri)ativas em contextos educacionais.

Construção de narrativas transmídia com cooperação internacional

Um projeto de criação de narrativas transmídia para escolas públicas de língua portuguesa foi desenvolvido pelos alunos da disciplina Laboratório de Mídias e Linguagens da Universidade Federal de Minas Gerais. O projeto é parte de uma cooperação internacional e abrange os países integrantes da Comunidade dos Países de Língua Portuguesa (CPLP). Para planejar ações para produzir a narrativa transmídia, o grupo analisa aspectos sociais, econômicos, políticos das escolas parceiras e o acesso que os alunos e professores da escola têm às diferentes mídias. As etapas adotadas para a realização do trabalho são as seguintes:

- Definição de um desafio inicial identificado a partir de um diagnóstico realizado pela análise de dados coletados em: a) entrevista em profundidade com educadores da escola parceira, b) grupo focal com alunos.
- Oficina de design thinking (DT) onde personas (personagens fictícios) e personagens da narrativa são concebidos.
- Criação de *scripts* para as diferentes mídias que compõem a narrativa transmídia.
- Produção dos materiais para cada mídia.

No caso de um piloto realizado com uma escola pública parceira em Maputo, Moçambique, que tinha por objetivo estimular a escrita e a leitura em português, foi desenvolvida uma série de vídeos para o YouTube, pequenos livros de história ilustrados, jogos de tabuleiro e oficinas de DT foram facilitadas.

Fonte: LABCON. *Educação transmídia*. UFMG, 2018. Disponível em: http://labcon.fafich.ufmg.br/educacao-transmidia/. Acesso em: 16 abr. 2022.

1.2.2.2 Aprendizagem experiencial

O conceito de aprendizagem experiencial (ou do "aprender fazendo") foi proposto inicialmente por John Dewey[24] na década de 1960 e retomado posteriormente por David Kolb, no contexto da educação corporativa.[25] Trata-se de uma concepção relevante, que justifica a adoção de metodologias (cri)ativas em contextos educacionais. O principal argumento dos teóricos é que não deve existir separação entre a educação e a vida real. Para que a integração realidade/aprendizagem ocorra, Dewey estabelece cinco condições básicas, como segue.[26]

1. Aprendemos pela prática.
2. Só a prática não basta; é preciso reconstruir conscientemente uma experiência.
3. Aprendemos por associação.
4. Aprendemos várias coisas ao mesmo tempo; nunca uma coisa apenas.
5. A aprendizagem deve ser integrada à vida e à nossa realidade.

Dewey defende que, em ambientes educacionais, o aprendiz deve vivenciar situações que façam sentido no contexto em que ele está inserido e que possam ser articuladas com situações reais. Ele argumenta: "O que é aprendido, sendo aprendido fora do lugar real que tem na vida, perde com isso o seu sentido e o seu valor".[27] Ações educacionais aplicadas a contextos reais ou hipotéticos retratando uma realidade específica que faça sentido para os alunos lhes permitem vivenciar a aprendizagem experiencial.

O **Capítulo 3** apresenta ambientes imersivos de realidade virtual, realidade aumentada, simulações, jogos e gamificação como ferramentas para propiciar a aprendizagem experiencial e significativa.

---

24 DEWEY, J. *Vida e educação*. 10. ed. São Paulo: Melhoramentos, 1978.
25 KOLB, D. A. *Experiential learning*: experience as the source of learning and development. New Jersey: Prentice-Hall, 1984.
26 DIESEL, A.; BALDEZ, A. L. S.; MARTINS, S. N. Os princípios das metodologias ativas de ensino: uma abordagem teórica. *Revista Therma*, v. 14, n. 1, p. 268-288, 2017.
27 DEWEY, 1978, p. 27.

Nessa mesma linha de raciocínio, e partindo da ideia de que aprender é transformar experiência em conhecimento, Kolb[28] organiza a aprendizagem experiencial considerando duas dimensões dialéticas de adaptação ao mundo:

1. A dimensão *sentir-pensar*, que diz respeito à compreensão da realidade.
2. A dimensão *observar-fazer*, que se refere à transformação da realidade.

Essas duas dimensões se articulam em um ciclo de aprendizagem composto de quatro estágios, como mostra a Figura 1.5.

Figura 1.5 – O ciclo de aprendizagem experiencial de Kolb

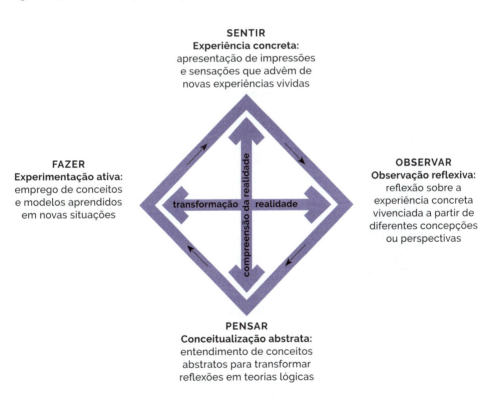

Fonte: adaptada de KOLB, 1984; FILATRO, A. *Produção de conteúdos educacionais*. São Paulo: Saraiva, 2016.

28 KOLB, 1984.

Diferentes atividades de aprendizagem podem ser propostas em cada estágio da aprendizagem experiencial, abrangendo desde a resolução de problemas reais até as discussões reflexivas, e desde a elaboração de mapas conceituais até a prática de novas habilidades desenvolvidas.

O Massachusetts Institute of Technology (MIT) adota uma metodologia denominada Technology--Enabled Active Learning (Teal), cuja tradução literal é "aprendizagem ativa possibilitada por tecnologia". O método combina aulas expositivas, simulações e experimentos práticos para que os alunos aprendam, especialmente conteúdos introdutórios de Física, de forma rica e colaborativa. Uma aula conduzida da perspectiva Teal é dinâmica e:

a) **colaborativa** – os alunos são divididos em pequenos grupos e compartilham recursos digitais;
b) **experiencial** – estudantes utilizam computadores, objetos de aprendizagem multimídia e materiais que permitem explorar fenômenos físicos, como aqueles da área do eletromagnetismo;
c) **interativa** – alunos são estimulados a formular perguntas e a fornecer respostas, o que estimula a interação constante com seus pares e com professores.

Fonte: adaptado de MIT ICAMPUS. Disponível em: https://icampus.mit.edu/projects/teal/. Acesso em: 14 mar. 2022.

1.2.3 Conectivismo

O conectivismo é a última abordagem teórica que embasa a adoção de metodologias (cri)ativas na educação, especialmente aquelas mediadas por recursos digitais. Foi concebida e disseminada por George Siemens,[29] que estuda e teoriza as aprendizagens na era digital.

---

29 SIEMENS, G. *Knowing knowledge.* Mountain View, CA: Creative Commons, 2006.

A teoria discute a aquisição do conhecimento novo, atual e continuado. Parte do princípio de que aprendemos ao entrar em contato com informações e conteúdos advindos de variadas fontes, e nesse processo aprendemos de forma contínua, por toda a vida. Explica que temos a capacidade de conectar conceitos, ideias e perspectivas e que a escolha do que iremos aprender é parte fundamental do processo de aprendizagem.

O conectivismo embasa a adoção de metodologias (cri)ativas em contextos educacionais compostos por pessoas autônomas e que aprendem de forma menos estruturada. Ou seja, seu enfoque é colocado nas conexões que os sujeitos fazem ao buscar e interagir com novos conhecimentos. Geralmente isso ocorre fora de ambientes acadêmicos, pois no conectivismo adultos autônomos realizam descobertas individuais e/ou construções colaborativas em espaços não formais de aprendizagem (como nas redes sociais, por exemplo). Esses contextos de aprendizagem adotam sistemas computacionais inteligentes para dar suporte às ações do aprendiz.

No **Capítulo 4** discutimos como as metodologias analíticas coletam, analisam e transformam dados relacionados à aprendizagem humana em informações que ajudam educadores na tomada de decisão sobre o processo de ensino-aprendizagem.

FAÇA FÁCIL

Painel da diversidade de perspectivas

A estratégia Painel da diversidade de perspectivas é uma adaptação da estratégia "painel integrado" que prevê que, a partir da discussão de temas correlatos por diferentes grupos de estudantes ou profissionais, seja criado

FAÇA FÁCIL

um ambiente de conversa e debates que favoreça a integração de temas, conceitos e ideias.[30]

O Painel da diversidade de perspectivas também pode ser usado para analisar variadas visões sobre um tema complexo pelo uso de murais colaborativos. É uma estratégia (cri)ativa que ajuda no estudo de um novo tema ou aprofundamento de um conceito já estudado a partir de uma variedade ampla de visões e abordagens. A partir da interação entre os estudantes e/ou profissionais, o tema complexo pode ser explorado, analisado, compreendido e ressignificado pela investigação, escuta, debate e colaboração. Para adotar esta estratégia, é preciso seguir alguns passos:

1

Defina os objetivos de aprendizagem para a aula ou uma série de aulas em que esta metodologia será adotada.

2

Apresente aos aprendizes o tema complexo a ser estudado e algumas perspectivas organizadas em subtemas. A turma deve ser organizada em grupos de até 5 participantes. Cada grupo ficará responsável pelo estudo do subtema/perspectiva que ficou sob sua responsabilidade ao acessar a materiais disponíveis na web ou compartilhados por você. Dê parâmetros que ajudem no estudo e aprofundamento de cada subtema.

3

Certifique-se que os participantes de cada grupo têm clareza da perspectiva que devem investigar de forma aprofundada. A partir das descobertas e compreensões compartilhadas, o grupo começa a preparar um mural colaborativo que contém seu entendimento da perspectiva estudada. Para isso podem usar materiais físicos (como flip chart, notas adesivas, canetinhas etc.) ou digitais (como o Jamboard, Padlet e Google Apresentações).

---

30 MASCARENHAS, P. M., LOPES, V. M., SILVA M. S., da SILVA, G. R., DUARTE A. C. S., BOERY, R. N. S. de O. Oficina pedagógica na construção de conhecimentos sobre arboviroses. *Revista Baiana de Enfermagem* , v. 31, n. 2, 2017. https://doi.org/10.18471/rbe.v31i2.17004.

FAÇA FÁCIL

4

Misture os grupos originais e criando novos grupos de 5 participantes. É importante que cada novo grupo tenha pelo menos um componente da primeira formação. Neste momento cada participante do novo grupo deve apresentar e explicar aquilo que seu grupo original pesquisou sobre o subtema estudado e apresentar o mural criado pelo grupo do qual fazia parte. Na rodada de apresentação dos murais preparados previamente, os estudantes e/ou profissionais terão acesso a uma diversidade de perspectivas, ideias e concepções.

5

Explique que cada novo grupo deve discutir de forma aprofundada o tema estudado considerando as perspectivas apresentadas (subtemas). A partir disso deve elaborar, de forma colaborativa, um novo mural que integre os elementos relevantes do tema central investigado.

6

Separe um tempo para que a segunda formação dos grupos apresente o mural criado para a turma presencialmente, pelo uso de ferramentas de videoconferência ou em um vídeo produzido pelo grupo e compartilhado em plataforma digital.

7

Avalie o envolvimento de cada participante dos grupos tanto no processo de pesquisa quanto na produção de dois murais e apresentação final. Estratégias de avaliação por pares podem ajudar a verificar as verdadeiras contribuições de cada pessoa para os grupos dos quais fez parte.

CAPÍTULO 1 Metodologias (cri)ativas 43

1.3 ARTICULAÇÕES CONCEITUAIS E PRINCÍPIOS DAS METODOLOGIAS (CRI)ATIVAS

Discutimos as contribuições do cognitivismo, do (socio)construtivismo e do conectivismo para fundamentar e justificar a adoção de metodologias (cri)ativas em contextos educacionais. A articulação entre ação-reflexão estimula que os estudantes vivenciem a metacognição, ou seja, a compreensão e o automonitoramento de sua própria aprendizagem.

Destacamos algumas articulações entre as perspectivas pedagógica, andragógica e heutagógica e as abordagens apresentadas para a adoção de metodologias (cri)ativas na educação.

Na pedagogia, geralmente adotada em ambientes acadêmicos regulamentados (como escolas e universidades), crianças e jovens recebem orientações específicas do professor para desenvolver as atividades propostas. Assim, a pedagogia articula-se com as correntes do cognitivismo e do (socio) construtivismo por beber dessas fontes para utilizar metodologias (cri)ativas em contextos reais. Como exemplo, podemos imaginar o professor que orienta duplas de alunos para que elaborem mapas mentais com representações gráficas de relações existentes entre um conjunto de conceitos trabalhados no conteúdo curricular.

> A aplicação de metodologias (cri)ativas é ampla e pode variar de acordo com o nível de protagonismo assumido pelo aprendiz. Ou seja, dependendo da atividade, estratégia ou tendência proposta, o aprendiz assume diferentes papéis (dos mais simples aos mais complexos).

A andragogia está centrada na educação de adultos autônomos, experientes e que têm objetivos de aprendizagem específicos, portanto articula-se bem com o construtivismo – em especial com a aprendizagem experimental, que prevê a adoção de práticas focadas no aprender fazendo. Como exemplo, podemos considerar um contexto de educação corporativa que adota a proposta da sala de aula invertida (flipped learning). Isto é, os profissionais têm acesso a conteúdos específicos que devem ser estudados antes da aula. No momento de encontro na sala de aula física (ou em espaços digitais), em vez de apresentar conceitos em aula expositiva, um especialista facilita uma rica discussão na qual os profissionais apresentam dúvidas sobre os conteúdos estudados, exploram possibilidades, compartilham conhecimentos e relacionam os conceitos com suas experiências. Nesse momento, eles também realizam atividades e desenvolvem projetos sob a orientação do especialista.

A heutagogia, que está centrada na autoaprendizagem e no compartilhamento de conhecimentos, pode ser mais bem articulada com o conectivismo, que prevê um alto nível de autonomia daquele que quer aprender de forma flexível. Nesse contexto de aprendizagem, o sujeito deve escolher o que irá aprender e assumir responsabilidade pelo processo. Tomemos como exemplo um grupo de alunos egressos de um curso de pós-graduação que formam uma comunidade na rede social profissional LinkedIn. Nesse ambiente, eles compartilham com seus pares conteúdos relacionados ao seu campo de atuação profissional.

Essas articulações conceituais demonstram que a aplicação de metodologias (cri)ativas é ampla e pode variar de acordo com o nível de protagonismo assumido pelo aprendiz. Ou seja, dependendo da atividade, estratégia ou tendência proposta, o aprendiz assume diferentes papéis (dos mais simples aos mais complexos). E, conforme os objetivos de aprendizagem delineados, os alunos ou profissionais resolvem problemas, atuam como instrutores de seus pares, transformam-se em *designers* da própria aprendizagem e chegam até a conceber e implementar soluções na comunidade em que estão inseridos.

> **A Aprendizagem Baseada em Problemas (ABP) ou Problem-based Learning (PBL) é uma abordagem que utiliza situações--problema como ponto de partida para a construção de novos conhecimentos.**

1.4 ABORDAGENS (CRI)ATIVAS

Adotamos a lógica dos níveis de complexidade do protagonismo do aluno (do mais simples ao mais complexo) para organizar e apresentar a seguir, de forma mais detalhada, algumas abordagens (cri)ativas específicas. De uma gama de opções, selecionamos aquelas com maior potencial de inovação por promoverem a ação-reflexão e por serem adaptáveis também à execução em ambientes virtuais.

1.4.1 Aprendizagem Baseada em Problemas (ABP)

A Aprendizagem Baseada em Problemas (ABP) ou Problem--based Learning (PBL) é uma abordagem que utiliza situações--problema como ponto de partida para a construção de novos

CAPÍTULO 1 Metodologias (cri)ativas 45

conhecimentos. É adotada por grupos de alunos que trabalham de forma individual e colaborativa a fim de aprender e pensar em soluções para um problema estudado.[31]

Essa abordagem foi adotada inicialmente na Faculdade de Medicina da Universidade de McMaster, no Canadá, em 1969. Depois, começou a ser usada por instituições educacionais localizadas em diversas partes do mundo.[32] A ABP tem sido empregada para estruturar todo o currículo de cursos superiores e para moldar projetos na educação corporativa. Entretanto, é utilizada também de forma isolada por professores e especialistas. O processo pode ser conduzido presencialmente ou em espaços digitais que utilizam ferramentas tecnológicas para mediar a comunicação entre estudantes e professor (como e-mail, fórum, *chat*, webconferência e redes sociais, entre outras).

O modelo de ABP bastante disseminado na literatura é o da Universidade de Maastricht, que organiza a resolução de problemas em sete etapas (veja a Figura 1.6).

Figura 1.6 – Método das sete etapas de Maastricht, para tutorias de ABP

Fonte: adaptada de MAASTRICHT UNIVERSITY. Problem Based Learning (PBL). Disponível em: https://www.maastrichtuniversity.nl/pbl. Acesso em: 14 abr. 2022. In: ARAÚJO, U. & SASTRE, G. *Aprendizagem baseada em problemas*. São Paulo: Summus, 2010.

---

31 VYGOTSKY, 1978.
32 BATES, T. *Educar na era digital*. São Paulo: Artesanato Educacional, 2016.

As sete etapas sequenciais são desencadeadas pela proposição de um problema, que, segundo as aplicações clássicas da abordagem, deve ser realizada por um professor ou especialista. Em perspectivas mais atuais e inovadoras da ABP, os próprios alunos, a comunidade ou a empresa (no caso da educação corporativa) podem propor um problema que queiram explorar de forma sistematizada por tratar de desafios enfrentados. Nesses contextos, a função do professor ou especialista é avaliar se o problema escolhido está alinhado com os objetivos de aprendizagem do curso ou disciplina.[33] De acordo com a ABP, um bom problema deve ser objetivo, simples e engajador para que motive os alunos a participar das demais etapas do processo.

Na primeira etapa do processo, o professor ou especialista apresenta um caso real ou hipotético que explora o problema a ser discutido por grupos compostos geralmente por 10 a 15 integrantes. Na segunda etapa, cada grupo elabora perguntas que precisam ser respondidas para que os alunos tenham uma melhor compreensão do problema analisado.

A seguir, na terceira etapa do processo, cada grupo participa de uma sessão de "chuva de ideias" (*brainstorming*) para registrar o que sabe sobre o problema e para conceber maneiras de resolver o problema investigado. Logo, na quarta etapa, fazem a análise dos resultados do *brainstorming*, e é neste momento que ficam evidentes as lacunas de conhecimento e visões divergentes sobre o problema analisado.

Ao entrar na quinta etapa, os participantes formulam os objetivos de aprendizagem, relacionados ao problema, que ainda não conhecem. Com isso, na sexta etapa, os integrantes do grupo se organizam para estudar, individualmente ou em pequenos grupos (de 3 a 4 alunos), os conceitos e/ou temas identificados na etapa anterior. Nesse momento, o papel do professor ou especialista não é dar respostas diretas às dúvidas apresentadas pelos alunos, mas ajudá-los a encontrar conteúdos e pessoas que possam responder a seus questionamentos específicos sobre o problema. Os alunos precisam

> O papel do professor ou especialista não é dar respostas diretas às dúvidas apresentadas pelos alunos, mas ajudá-los a encontrar conteúdos e pessoas que possam responder a seus questionamentos específicos sobre o problema.

---

33 DEELMAN, A.; HOEBERIGS, B. A ABP no contexto da Universidade de Maastricht. In: ARAÚJO, U.; SASTRE, G. *Aprendizagem baseada em problemas*. São Paulo: Summus, 2010.

dividir-se para estudar e pesquisar em livros, revistas, periódicos etc. diferentes aspectos do problema que serão compartilhados entre os membros do grupo. Esses resultados são apresentados na forma de um debate, que é mediado pelo professor ou especialista, cuja missão é estimular que as discussões sejam aprofundadas (pois tendem a ser superficiais se o aluno não conhece o tema o suficiente para discutir sobre ele) e que os conceitos apresentados não sejam errôneos.[34]

Finalmente, na sétima etapa, os grupos compartilham o que descobriram e/ou desenvolveram e apresentam um relatório, uma proposta ou uma reflexão sobre aquilo que aprenderam. Ao final, o professor ou especialista e os estudantes devem sintetizar os resultados das pesquisas, as soluções concebidas e as reflexões sobre o que aprenderam no processo.

Em geral, cada aluno é avaliado individualmente pelo professor ou especialista por sua participação e por suas contribuições no processo de ABP, além de receber a avaliação dos membros de seu grupo. Em muitos casos, a autoavaliação também compõe a nota do aprendiz.

A Faculdade de Medicina da Universidade de Maastricht, na Holanda, foi fundada na década de 1970 com um currículo baseado na ABP. Os alunos são organizados em grupos pequenos para participar de encontros semanais, com duração de duas horas, nos quais analisam um problema com base na ABP. O problema pode estar relacionado à descrição de sintomas de um paciente (como dor de cabeça e febre) que precisam ser estudados e diagnosticados pelos futuros médicos ou pode referir-se a questões éticas delicadas no campo da Medicina (como o aborto ou a eutanásia, por exemplo).*

* Você pode encontrar mais informações sobre a abordagem ABP nessa faculdade em: www.maastrichtuniversity.nl/pbl. Acesso em: 14 abr. 2022.

Fonte: elaborado pelas autoras com base nas informações contidas em www.maastrichtuniversity.nl/pbl.

---

34 DEELMAN; HOEBERIGS, 2010.

FAÇA FÁCIL

---- Caso empático ----

O Caso empático é uma estratégia em que alunos devem ler e discutir uma situação (real ou hipotética) para conceber, com base em alguns critérios e orientações do professor, uma solução que seja centrada no ser humano. Difere do conhecido estudo de caso por visar à compreensão empática de quem são as pessoas descritas no caso.

A estratégia é especialmente útil quando os aprendizes precisam refletir sobre problemas complexos, que não podem ser resolvidos com respostas "certas ou erradas", e para trabalhar conteúdos interdisciplinares. Tais conteúdos transpõem as fronteiras das áreas do conhecimento ao integrar o que é comum entre diferentes disciplinas. A interdisciplinaridade é promovida pela colaboração, interatividade, comunicação e articulação entre campos do conhecimento.

Mencionamos a seguir passos básicos recomendados por Bates[35] para trabalhar estudos de caso que adaptamos a fim de que a atividade seja centrada no ser humano.

1

Selecione o caso a ser estudado considerando que o relato, narrativa ou história atenda aos seguintes parâmetros:

- seja curta;
- trate de um tema de interesse e relevância para os estudantes;
- seja atual;
- tenha personagens principais que gerem empatia;
- demonstre utilidade pedagógica;
- provoque divergência;
- demande uma tomada de decisão.

---

35 BATES, 2016.

FAÇA FÁCIL

2

Apresente o caso escolhido previamente aos alunos e dê orientações sobre como proceder durante a discussão, análise e resolução da questão tratada. Isso pode ser feito em sala de aula ou em espaços digitais, no fórum de discussão de um AVA ou via webconferência. Essas ferramentas digitais também podem ser utilizadas durante as etapas 3 a 7, descritas a seguir.

3

Divida a turma em pequenos grupos (com três ou quatro estudantes) e solicite que cada grupo elabore um mapa da empatia do personagem principal apresentado no caso que lhe for designado. Em ambientes virtuais, esse mapa pode ser elaborado utilizando ferramentas de edição colaborativa que permitam a inclusão de recursos gráficos. O mapa da empatia é uma estratégia de *design* que visa descrever aquilo que uma pessoa diz, faz, pensa/sente e escuta.[36] A atividade ajuda os estudantes a enxergarem o caso de forma empática e sob a perspectiva dos personagens principais. Veja o modelo de mapa na Figura 1.7.

Figura 1.7 – Mapa da empatia

Fonte: elaborada pelas autoras com base no material do curso on-line Design Thinking Action Lab, realizado em 2013 pela Universidade Stanford.[37]

36 CAVALCANTI, C. C.; FILATRO, A. *Design thinking na educação presencial, a distância e corporativa*. São Paulo: Saraiva Uni, 2017.
37 O conteúdo do curso Design Thinking Action Lab está disponível em: https://www.classcentral.com/course/novoed-design-thinking-action-lab-919. Acesso em: 15 abr. 2022.

FAÇA FÁCIL

4

Solicite que cada grupo apresente à turma o mapa da empatia criado e obtenha informações relevantes sobre outros personagens do caso ao assistir à apresentação dos demais grupos. Nessa primeira apresentação, os grupos devem ser orientados a indicar como a busca (ação) por conhecer as visões, pensamentos, sentimentos e ações de outra pessoa os fez entender, de uma nova perspectiva (reflexão), o problema analisado.

5

Faça a mediação do processo de ação e reflexão, que ocorre em ciclos rápidos e dinâmicos, enquanto os alunos buscam soluções para o caso por meio de uma compreensão empática do problema.

6

Peça a cada grupo que apresente à turma como eles resolveriam o Caso empático.

7

Avalie a participação de cada grupo na atividade levando em consideração:

> o engajamento no processo de elaboração do mapa de empatia, discussão e análise do caso;

> a qualidade e o caráter inovador da solução proposta pelos grupos.

CAPÍTULO 1 Metodologias (cri)ativas

1.4.2 Aprendizagem Baseada em Projetos (ABP)

Na Aprendizagem Baseada em Projetos (ABP) ou Project-based Learning (PBL),[38] os estudantes são organizados em grupos para desenvolver um projeto[39] em espaços presenciais e virtuais, no modelo híbrido ou on-line. O processo se inicia quando um professor ou especialista apresenta um tema instigante, que irá nortear as ações relacionadas ao projeto. Em seguida, ele deve orientar os grupos indicando prazos, escopo do trabalho, expectativas de resultados e critérios de avaliação.

Podemos dizer que essa perspectiva é menos pedagógica (conduzida pelo professor) que andragógica e heutagógica. Os estudantes são vistos como sujeitos mais autônomos, que têm capacidade de assumir responsabilidades e definir seu âmbito de atuação no projeto. Na relação entre os membros do grupo, as expectativas sobre o que eles querem aprender e suas experiências são compartilhadas e embasam a tomada de decisão. Por isso, uma das primeiras missões de cada grupo é definir os métodos e tecnologias que serão adotados em cada etapa do processo e o plano de ação para obter os resultados de aprendizagem delineados pelo professor, especialista ou pelo próprio grupo.[40]

> A Aprendizagem Baseada em Projetos geralmente tem por objetivo final a entrega de um produto que pode ser um relatório das atividades realizadas, um protótipo da solução concebida ou um plano de ação a ser implementado na comunidade local.

A Aprendizagem Baseada em Projetos geralmente tem por objetivo final a entrega de um produto que pode ser um relatório das atividades realizadas, um protótipo da solução concebida ou um plano de ação a ser implementado na comunidade local. O que importa é que o projeto desenvolvido seja significativo para os estudantes e/ou profissionais, atenda a um propósito educacional bem delineado e, acima de tudo, que esse propósito esteja claro para os envolvidos.

---

38 A Aprendizagem Baseada em Problemas (ABP) discutida no tópico 1.4.1 é a precursora da Aprendizagem Baseada em Projetos (ABP). Apesar das duas perspectivas adotarem a mesma sigla (ABP, em português e PBL em inglês), existem diferenças que são apresentadas neste tópico.

39 A combinação da Aprendizagem Baseada em Projetos com a Aprendizagem Baseada em Problemas é denominada Aprendizagem Baseada em Problemas e por Projetos (ABPP). Nela os alunos estudam um problema real enquanto desenvolvem, de forma colaborativa, um projeto que visa propor uma solução para o problema investigado.

40 BATES, 2016.

O perigo quando se desenvolve um projeto[41] é que alunos e professor percam o foco dos objetivos de aprendizagem previamente estabelecidos. Como consequência, o desenvolvimento do projeto pode se desvincular dos conteúdos curriculares que deveriam ser aprendidos. Portanto, mesmo sabendo que o protagonismo dos alunos é mais acentuado nessas situações de aprendizagem, é necessário que o professor ou especialista acompanhe cada etapa de desenvolvimento do projeto, oferecendo ajuda e orientação quando sentir que é necessário.[42] Por fim, ele deve certificar-se de que os alunos vivenciem momentos de ação, mas que também tenham a oportunidade de refletir sobre aquilo que aprenderam ao desenvolver o projeto.

1.4.3 Movimento maker

O movimento maker é uma perspectiva (cri)ativa de aprendizagem centrada no conceito de aprendizagem experiencial. *Maker* é uma pessoa que participa ativamente de todo o processo de fabricar um objeto com as próprias mãos. Por extensão, o movimento maker enfatiza a relevância do aprender fazendo, a projeção e a construção de artefatos e a fabricação digital.[43]

> **O movimento maker é uma perspectiva (cri)ativa de aprendizagem centrada no conceito de aprendizagem experiencial. Maker é uma pessoa que participa ativamente de todo o processo de fabricar um objeto com as próprias mãos.**

Na Educação, os princípios deste movimento têm sido adotados e aplicados em diferentes níveis e contextos de aprendizagem. Paulo Blikstein,[44] professor da Graduate School of Education da Universidade Stanford, defende a necessidade de apresentar problemas significativos a estudantes do Ensino Fundamental. Ele explica que isso pode ser feito quando os estudantes se envolvem na aprendizagem maker de tal maneira que se engajem, em nível pessoal, coletivo e/ou comunitário, na projeção de soluções relevantes. Para o autor, essa pode ser uma forma relevante de empoderar e

---

41 Esse também é um ponto a ser considerado quando se adota a Aprendizagem Baseada em Problemas.
42 ARAÚJO, U.; GENOVEVA, S. *Aprendizagem baseada em problemas*. São Paulo: Summus, 2009.
43 A fabricação digital prevê a produção de objetos físicos utilizando recursos e modelos digitais. Por exemplo, a impressão de uma caneca usando uma impressora 3-D.
44 BLIKSTEIN, P. Digital fabrication and "making" in education: the democratization of invention. In: J. WALTER-HERMANN, J.; BÜCHING, C. (Ed.). *Fablabs*: of machines, makers and inventors. Bielefeld: Transcript Publishers, 2013.

motivar os estudantes e suas comunidades por seu potencial de transformar contextos educacionais e sociais. Nessa perspectiva, o foco não está no ensino, mas na produção feita por estudantes, que usam os conteúdos aprendidos na escola para resolver problemas.[45]

A forma mais comum de se adotar o movimento maker na educação é a partir da criação e uso de Fab Labs. O termo Fab Lab é uma abreviação do termo inglês *fabrication laboratory* (que pode ser traduzido para o português por "laboratório de fabricação"). Um Fab Lab é um espaço para prototipagem de objetos físicos e que pode, ou não, fazer parte de uma rede de laboratórios distribuídos em todo o mundo. Conta com equipamentos específicos (de relativo baixo custo), como máquina de corte a *laser*, impressoras 3-D e máquina de corte de vinil, entre outros.

Figura 1.8 – Fab Lab da Politécnica de São Petersburgo, em 2015

Outro aspecto inovador dos Fab Labs é sua "abertura". Esses laboratórios podem ser criados em empresas, instituições educacionais, *startups* e órgãos governamentais e permanecem abertos a qualquer pessoa que queira utilizá-los, gratuitamente ou por um custo baixo em dias e horários específicos estabelecidos para este fim.

---

45 BLIKSTEIN, 2013.

> O Fab Lab Livre SP é uma rede de laboratórios públicos que abrange todas as regiões da capital paulista, os quais podem ser utilizados gratuitamente pela população de São Paulo. São espaços que visam estimular a aprendizagem, a criatividade e a inovação. Usando ferramentas e materiais como impressoras 3-D, cortadoras a *laser*, *plotter* de recorte, fresadoras CNC*, computadores com *software* de desenho digital CAD, pode-se produzir protótipos que representem ideias e soluções. A rede oferece cursos, *workshops*, capacitações e promove eventos que podem ser frequentados pela comunidade.
>
> * Máquina que permite moldar, perfurar e rotear metais ou outros materiais sólidos, agindo por comando numérico computadorizado.
>
> Fonte: FAB LAB LIVRE SP. Disponível em: https://www.fablablivresp.prefeitura.sp.gov.br/. Acesso em: 14 abr. 2022.

Eychenne e Neves[46] explicam que os Fab Labs participam de um programa de colaboração global e que seus usuários utilizam a internet e as ferramentas da *web* 2.0 para troca, cooperação, interdisciplinaridade, compartilhamento e aprendizagem por meio da prática e participação na comunidade. Além disso, a prática Do it yourself (DIY) ou "faça você mesmo", que representa a construção, a reforma e a transformação de algo sem a ajuda de especialistas, é favorecida e encorajada.

> A prática Do it yourself (DIY) ou "faça você mesmo" representa a construção, a reforma e a transformação de algo sem a ajuda de especialistas.

O primeiro Fab Lab foi criado no Massachusetts Institute of Technology (MIT), em 2001, e desde então surgiram três tipos de laboratórios, como segue.

- **Fab Labs acadêmicos:** são geralmente usados por estudantes das instituições educacionais. O público externo tem acesso limitado a esses laboratórios, pois o foco é que sejam utilizados por docentes e alunos. Para isso, são promovidos eventos e *workshops* para estimular a comunidade acadêmica a conhecer os recursos disponíveis e a "colocar a mão na massa" na projeção de artefatos e na fabricação

---

46 EYCHENNE, F.; NEVES, H. *Fab Lab*: a vanguarda da nova revolução industrial. São Paulo: Editorial Fab Lab Brasil, 2013.

digital. Esse tipo de Fab Lab geralmente é mantido por meio de parcerias com órgãos públicos e empresas, pois não são sustentáveis financeiramente.

- **Fab Labs profissionais:** criados e mantidos por empresas, *startups* e empreendedores, conduzem atividades pagas para o público externo, mas ficam abertos, pelo menos uma vez por semana, a custo zero, desde que os usuários paguem pelos materiais utilizados. Esses Labs precisam sustentar-se financeiramente e, muitas vezes, fazem parceria com a indústria, os órgãos públicos e outras empresas.
- **Fab Labs públicos:** sustentados pelo governo, comunidades locais e institutos de desenvolvimento, são acessíveis gratuitamente a quem quiser usá-los. Nesses espaços são promovidos *workshops* e cursos para engajar a comunidade local na utilização dos recursos disponíveis no laboratório.

Tecnologia e cultura maker no Ceará

O professor de programação Daniel Chagas leciona em uma Escola Estadual de Educação Profissional, em Fortaleza. Em certa ocasião, ele percebeu que seus alunos ficavam muito motivados para aprender quando propôs que desenvolvessem um projeto cujo objetivo era construir um protótipo de casa inteligente pelo uso de placas de Arduino. O desafio era que, nesta escola pública, o número de placas de Arduino era limitado e o professor sabia que demorariam muito para serem licitadas. Em resposta a esse desafio Chagas fez vários protótipos, testou e finalmente criou o que hoje chama de Marminino – uma placa com funções semelhantes ao Arduino convencional, mas que custa 5 vezes menos. Com o uso desta placa, os estudantes de Chagas já desenvolveram uma variedade de projetos, como o sistema de irrigação automática da horta da escola ou a criação de um robô que segue linhas riscadas no chão e que é controlado por *bluetooth*. Um dos projetos dos estudantes da escola estadual foi premiado na Feira de Ciência e Cultura da Secretaria de Educação do Ceará. O Marminino é uma solução de código aberto, portanto, tem sido usado em diversas escolas do Brasil nos últimos anos. Para aprender como criar esta placa de baixo custo, conhecida como Arduino cearense, basta seguir o tutorial disponível no site: https://blog.fazedores.com/marminino-o-arduino-cearense/

Fonte: DAMÁZIO, M. Um Arduino para a escola. Estação, s. d. Disponível em: https://infograficos.estadao.com.br/focas/movimento-maker/professor-cria-arduino-no-ceara.php. Acesso em: 5 de abril de 2022.

No âmbito da educação escolar, existem professores que adotam os princípios do movimento maker e, usando materiais recicláveis ou de baixo custo, implementam a aprendizagem experiencial em sala de aula, especialmente no ensino de Ciências Naturais e Matemática. Nessas áreas do conhecimento, a experimentação é fundamental para que estudantes possam visualizar e compreender os conceitos estudados.[47]

Atividades educacionais que envolvem a aprendizagem maker (experiencial) preveem a utilização de laboratórios ou espaços de prática que tenham por objetivos:[48]

- oferecer oportunidades para que os alunos possam colocar a "mão na massa" e usufruir de materiais e equipamentos que geralmente só estão disponíveis em ambientes profissionais;
- desenvolver competências motoras pela adoção de ferramentas, materiais e mídias;
- demonstrar os limites e vantagens dos experimentos realizados;
- levar os alunos a aplicar conceitos científicos a situações reais;
- capacitar os alunos para que possam testar hipóteses;
- propiciar que estudantes realizem experimentações;
- ensinar os estudantes a criar soluções (produtos, equipamentos, mídias, marcas, símbolos etc.).

O movimento maker pode ser adotado também em cursos híbridos e a distância. Nesses casos, estudantes e profissionais podem utilizar laboratórios, oficinas e Fab Labs disponíveis em polos presenciais ou em escolas, universidades e empresas parceiras localizadas em sua cidade local. Outra possibilidade é encaminhar *kits* com materiais específicos para que os alunos, mesmo sem a estrutura completa de um laboratório físico, possam realizar experimentações.

> O movimento maker pode ser adotado também em cursos híbridos e a distância. Nesses casos, estudantes e profissionais podem utilizar laboratórios, oficinas e Fab Labs disponíveis em polos presenciais ou em escolas, universidades e empresas parceiras localizadas em sua cidade local.

---

47 SILVA, J. C. X.; LEAL, C. E. S. Proposta de laboratório de física de baixo custo para escolas da rede pública de ensino médio. *Revista Braileira de Ensino Física*, São Paulo, v. 39, n. 1, 2017. Disponível em: https://doi.org/10.1590/1806-9126-RBEF-2016-0167. Acesso em: 15 abr. 2022.

48 BATES, 2016.

Além disso, muitas instituições têm investido em laboratórios virtuais e remotos para tornar as experiências vividas presencialmente também acessíveis em espaços digitais. Os laboratórios virtuais são compostos de aplicações *web* que imitam experimentos realizados em laboratórios presenciais.[49] Estão sempre disponíveis para serem acessados e, com isso, aprendizes e educadores podem interagir com os experimentos no momento que quiserem.

Os laboratórios remotos, por outro lado, são a interface virtual vinculada a um laboratório presencial.[50] Os equipamentos podem ser manipulados por seus usuários por meio de computadores ou dispositivos móveis. Os experimentos e as atividades são transmitidos via webconferência para que sejam acompanhados por estudantes, profissionais, professores e especialistas.

E-books gratuitos orientam educadores a criar espaços makers

Três e-books gratuitos sobre como criar e implantar a cultura maker em escolas foram elaborados com o apoio da Escola Politécnica da USP (a Poli). A intenção dos criadores é apresentar para gestores e professores da educação básica caminhos para inovar na escola. Os e-books Maker Space IoT têm linguagem acessível e apresentam de forma bastante didática conceitos, atividades e práticas a serem adotadas por aqueles que querem implementar um espaço maker em realidades educacionais variadas. O título dos volumes é: 1) Espaços e cultura maker na escola; 2) Entendendo a internet das coisas; 3) Aprendizagem por projetos e problemas. A coordenadora científica da coleção é a professora da Poli Dra. Roseli de Deus Lopes, que explica em matéria publicada pelo Jornal da USP: "O projeto não propõe modelos prontos, mas reúne práticas inspiradoras e repertórios diversificados. Cada escola pode definir, a partir de sua realidade, o caminho mais adequado". Os e-books estão disponíveis para download no site: https://febrace.org.br/acervo/outros/colecao--maker-space-iot/.

Fonte: JORNAL DA USP. Coleção explica como criar espaços makers de baixo custo em escolas públicas. *Jornal da USP*, 29 set. 2021. Disponível em: https://jornal.usp.br/universidade/colecao-explica-como-criar-espacos-makers-de-baixo-custo-nas-escolas-publicas/. Acesso em: 17 abr. 2022.

---

49 JOHNSON, L. et al. *NMC Technology outlook for Brazilian universities*: a horizon project regional report. Austin, Texas: New Media Consortium, 2014.
50 JOHNSON et al., 2014.

FAÇA FÁCIL

Rotinas de pensamento visível

O uso de Rotinas para pensamento visível foi proposto no *Project Zero*,[51] uma iniciativa da Harvard Graduate School of Education que existe há mais de 50 anos e que há 30 anos tem sido liderada por William Gardner. A partir do trabalho de equipes multidisciplinares que contribuem com pesquisas e projetos vinculados ao *Project Zero*, o centro de estudos e pesquisa construiu *frameworks* e ferramentas que têm por objetivo apoiar educadores no planejamento de aulas centradas no aprendiz.

Uma destas metodologias prevê o uso de rotinas que permitem que estudantes e profissionais sejam capazes de identificar e revelar, de forma estruturada, o que aprenderam sobre determinado tema. Ou seja, visam tornar o pensamento criativo, crítico e profundo visível tanto para os aprendizes quanto para o professor a partir dos pilares da observação, análise e questionamento de situações problema, levantamento de hipóteses sobre conceitos estudados e pela articulação de conhecimentos.[52]

Existem vários tipos de Rotinas de pensamento visível. Aqui apresentamos uma adaptação de uma delas que inclui elementos da cultura maker (proposto por nós). Essa rotina é bem flexível e pode ser adotada por estudantes ou profissionais em momentos de aprendizagem individual ou em pequenos grupos:

---

51 TISHMAN, S.; PALMER, P. *Visible thinking*. Project zero, Harvard, 2005. Disponível em: https://pz.harvard.edu/projects/visible-thinking. Acesso em: jul, 2022.
52 RITCHHART, R.; CHURCH, M.; MORRISON, K. *Making Thinking Visible: How to Promote Engagement, Understanding, and Independence for All Learners*. Jossey-Bass, 2011.

Rotina: VEJA-PENSE-PERGUNTE-CRIE

1

Apresente aos aprendizes um conceito, produção artística (vídeo, fotografia, escultura, pintura, desenho, peça musical etc.), produto, artefato ou conceito. Por exemplo, um pequeno documentário sobre a estrutura celular humana ou um aplicativo de gestão financeira produzido por uma empresa concorrente.

2

Peça que os estudantes ou profissionais observem e analisem o que foi apresentado e registrem seus pensamentos fazendo breves anotações.

3

Convide as pessoas a compartilhar, em pequenos grupos, o que viram, pensam e que perguntas emergiram sobre o que foi observado e analisado. Em seguida, peça que os grupos busquem por respostas para as perguntas que emergiram realizando pesquisas e debates.

4

Oriente os grupos para que produzam, fabriquem, construam, alterem, de forma colaborativa, algo tangível que seja análogo, complementar ou oposto ao que foi estudado. Para isso deve-se considerar as premissas da cultura maker. Por exemplo, fabricar a estrutura celular humana pelo uso de massinha, canetinha, clips, papelão, recortes de revista etc. ou desenhar as telas de um celular indicando melhorias que fariam no aplicativo da empresa onde trabalham a partir da análise do app desenvolvido por uma concorrente.

> **5**
> Organize a turma para que cada grupo apresente o que foi criado e compartilhe sua compreensão sobre o objeto ou tema de estudo.

> **6**
> Avalie a participação das pessoas (de forma individual e em grupos pequenos) considerando todas as etapas da Rotina de pensamento visível e o produto final entregue pelo grupo.

Fonte: PROJECT ZERO. *See, think, wonder*: a routine for exploring works of art and other interesting things. Project zero, Harvard, 2005. Disponível em: https://pz.harvard.edu/sites/default/files/See%20Think%20Wonder.pdf. Acesso em: 19 abr. 2022.

1.4.4 Instrução por pares

A instrução por pares (mais conhecida como *peer to peer instruction*, em inglês) foi arquitetada pelo professor de Física da Universidade de Harvard Eric Mazur.[53] Na perspectiva de Mazur, a instrução por pares deve começar com o professor ou o especialista, que apresenta aos alunos um conceito por, no máximo, 20 minutos. Em seguida, ele aplica um teste conceitual (composto de uma pergunta de múltipla escolha), que deve ser respondido de forma rápida e individual pelos estudantes. O professor pode acessar as respostas de modo "analógico" (solicitando aos alunos que selecionaram determinada alternativa que levantem a mão) ou usando recursos

---

53 MAZUR, E. *Peer instruction*: a users manual. São Paulo: Pearson, 1997.

tecnológicos (por exemplo, dispositivos móveis conectados à internet).

Se a porcentagem de estudantes que acertaram a resposta for entre 35% e 70%, o professor/especialista os orienta a formar pequenos grupos. Nos grupos, por cerca de 3 minutos, eles discutem o conceito apresentado, tentando chegar a um consenso. Em seguida, o professor pede que respondam ao teste conceitual mais uma vez para verificar se um número maior de estudantes compreendeu o conceito corretamente. Se o índice de acerto for superior a 70%, então ele explica a resposta. Veja a Figura 1.9.

Figura 1.9 – Fluxo para a adoção da estratégia instrução por pares

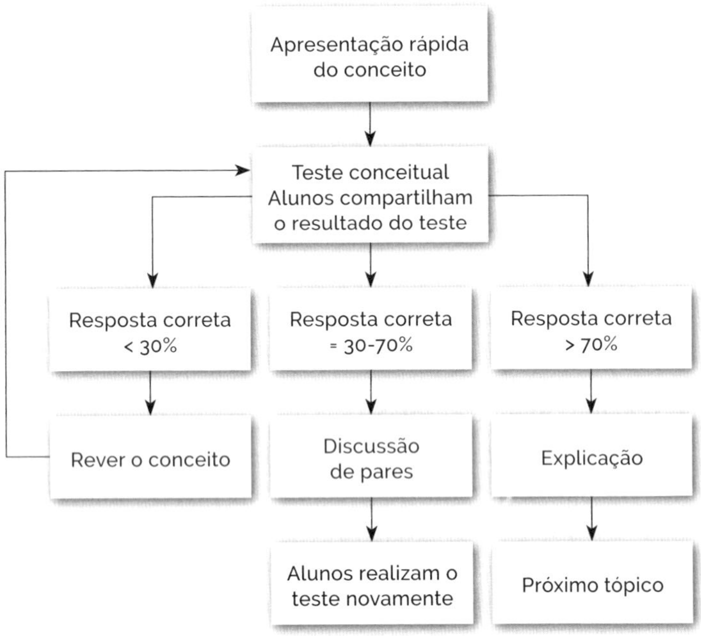

Fonte: adaptada pela autoras de CENTRE FOR ENHANCED TEACHING & LEARNING (CETL). Disponível em: https://unb.ca/fredericton/cetl/services/teaching-tips/instructional-methods/peer-instruction.html. Acesso em: 15 abr. 2022.

Embora o foco da instrução por pares seja a aprendizagem mais conceitual e na obtenção de respostas "certas" – o que parece contrastar com outras metodologias (cri) ativas que são mais abertas e flexíveis –, esta perspectiva é considerada (cri)ativa na medida em que possibilita que os alunos aprendam uns com os outros, exercendo o papel de instrutores ou professores.

A instrução por pares pode ser utilizada em cursos a distância e híbridos com maior flexibilidade de tempo e espaço. Nesse caso, o professor ou especialista apresenta conceitos em um texto ou videoaula curta, que ficarão disponíveis no AVA, por exemplo. A seguir, os estudantes respondem ao teste conceitual, que ficará no AVA por determinado tempo. Logo, os resultados do teste podem ser verificados pelo professor, que, se necessário, promove o encaminhamento da discussão do conceito, próximo passo da abordagem. Essa discussão pode ser realizada por pequenos grupos ou pela turma toda em uma sessão de *chat* ou em fórum. Em seguida, os estudantes devem responder ao teste conceitual novamente e, por fim, o professor apresenta a resposta do conceito na ferramenta de sua preferência.

FAÇA FÁCIL

------ Coaching reverso ------

O Coaching reverso é uma adaptação ou variação da instrução por pares. Tem sido especialmente utilizado na educação corporativa para motivar adultos a trocarem conhecimentos e desenvolverem competências de forma colaborativa, integrando diferentes gerações. Por exemplo, colaboradores novos e jovens atuam como *coaches* em questões tecnológicas para executivos mais experientes e com menor fluência digital. Por outro lado, adultos

FAÇA FÁCIL

com maior vivência e experiência em determinada área profissional ajudam jovens profissionais em questões relacionadas ao ambiente de trabalho e à postura profissional.[54]

Apesar de o Coaching reverso ser tradicionalmente adotado em contextos organizacionais, pode ser utilizado também na educação básica (por exemplo, alunos do 7º ano apoiam colegas do 6º ano, que estão ingressando no Ensino Fundamental II) e no Ensino Superior (por exemplo, alunos da área de humanidades, que têm mais facilidade na comunicação escrita, agem como *coaches* de alunos das áreas de ciências exatas, dando dicas sobre a escrita do Trabalho de Conclusão de Curso – TCC).

A estratégia possibilita que pessoas de idades e/ou características variadas (de gênero, fluência digital, padrão socioeconômico, formação acadêmica, conhecimento sobre determinado tema e tempo de experiência profissional) se relacionem, compartilhem perspectivas e, nesse processo, aprendam umas com as outras.

O Coaching reverso pode ser adotado em um curto período (uma aula ou unidade de estudo, por exemplo) para alcançar objetivos pontuais. Além disso, também pode ser aplicado durante um período longo (como um módulo ou bimestre), quando se tratar de objetivos de aprendizagem mais complexos e que demandam interação mais longa entre as duplas.

Para implementar o Coaching reverso, siga estes passos.

1

Levante as características dos estudantes que compõem uma turma ou dos profissionais participantes de uma capacitação ou formação.

---

54 CAVALCANTI, C. C. et al. Coaching reverso na educação a distância corporativa. In: Congresso Internacional ABED de Educação a Distância, 23. 2017, Foz do Iguaçu. *Anais...* Foz do Iguaçu: Abed, 2017.

FAÇA FÁCIL

2

Forme duplas de pessoas com perfis diferentes. Você pode separar os perfis de acordo com:

a. níveis distintos de conhecimento sobre determinado tema, identificados em pré-teste (por exemplo, iniciante, aprendiz e mestre);

b. faixa etária, gênero ou outro dado demográfico informado no perfil;

c. fluência digital ou em idioma estrangeiro;

d. interesse declarado pelo aluno com respeito aos objetivos do curso (por exemplo, domínio de conteúdos, interação social e aplicação prática)

e. origem ou filiação (por exemplo, para um público corporativo, nível funcional ou setor a que pertence; para o público de pós--graduação, formação universitária...).

3

Explique o objetivo para uso do Coaching reverso segundo objetivos de aprendizagem traçados para o curso.

4

Organize um cronograma de atividades a serem desenvolvidas pelas duplas, destacando ações pertinentes a cada perfil.

5

Acompanhe as atividades desenvolvidas por cada membro da dupla, orientando as ações a serem realizadas individualmente.

FAÇA FÁCIL

6

No final do processo, solicite que as duplas discutam ou elaborem um relatório reflexivo, indicando quais foram as principais aprendizagens obtidas com a experiência.

7

Avalie o engajamento e o comprometimento de cada membro da dupla em relação a participar das atividades propostas segundo ações previstas para seu perfil.

O curso livre on-line de educação corporativa Liderança para Anciãos foi criado para capacitar líderes voluntários que atuam em ambientes eclesiásticos. Foi produzido pelo Campus Virtual do Centro Universitário Adventista de São Paulo (Unasp), e em seu modelo pedagógico o Coaching reverso foi adotado para transpor dois grandes desafios:

1) muitos dos líderes mais experientes não sabiam usar as tecnologias;
2) era preciso formar novos líderes para atuar nas comunidades em curto e médio prazo.

As duplas foram formadas por um líder experiente e um colega pelo menos 10 anos mais jovem que apresentasse fluência digital. Durante todo o curso as duplas realizaram atividades específicas, denominadas "desafios", utilizando espaços digitais do AVA e redes sociais. Resultados de pesquisa realizada por Cavalcanti et al. sobre essa experiência revelam que o uso da estratégia está correlacionado à permanência das duplas no curso, à participação mais ativa nas atividades propostas, ao melhor desempenho geral e ao maior índice de certificação quando comparados a participantes que estudaram individualmente.

Fonte: CAVALCANTI et al., 2017.

1.4.5 Alunos como *designers*

O conceito de alunos como *designers* foi inicialmente discutido por David Jonassen[55] em um artigo no qual o autor defende que os computadores devem ser usados como ferramentas que promovem novas aprendizagens. Assim, cabe ao aluno o papel de desenhar (ser *designer* de) sua própria aprendizagem.

Educadores que concebem experiências de aprendizagem a serem vividas por aprendizes somente a partir de sua visão, objetivos e perspectiva podem impor um conjunto de valores que não são engajadores ou significativos para os alunos.[56] Por outro lado, quando os estudantes e os profissionais conseguem se envolver na tomada de decisão sobre sua aprendizagem, são empoderados para construir novos conhecimentos por meio da cocriação e da interação com seus pares, o professor ou o especialista.

Prensky,[57] que retoma a ideia de alunos como *designers*, mas no âmbito da aprendizagem baseada em *games*, enumera sete regras a serem seguidas com o objetivo de engajar os alunos nesse novo papel, como segue.

> Quando os estudantes e os profissionais conseguem se envolver na tomada de decisão sobre sua aprendizagem, são empoderados para construir novos conhecimentos por meio da cocriação e da interação com seus pares, o professor ou o especialista.

- **Objetivos** – definição clara dos objetivos da atividade educacional a ser desenvolvida.
- **Decisões e discussões** – possibilidades de os estudantes decidirem e discutirem os passos a serem adotados enquanto aprendem e vivenciam o ciclo: decisão-ação-*feedback*-reflexão.
- **Conexão emocional** – relevância do elo emocional que conecta os estudantes e os mantém motivados.
- **Cooperação e competição** – articulação desses dois elementos aparentemente divergentes, que, quando adotados em contextos educacionais, podem ser altamente engajadores.

---

55 JONASSEN, D. H. Technology as cognitive tools: learners as designers. ITForum Paper #1, 1994. Disponível em: https://citeseerx.ist.psu.edu/viewdoc/download?doi=10.1.1.467.4199&rep=rep1&type=pdf. Acesso em: 16 abr. 2022.

56 LIM, C. P. Spirit of the game: empowering students as designers in schools? *British Journal of Educational Technology*, v. 39, n. 6, p. 996-1003, 2008.

57 PRENSKY, M. Students as designers and creators of educational computers games. *British Journal of Educational Technology*, v. 39, n. 6, 2008. Disponível em: https://bera-journals.onlinelibrary.wiley.com/doi/10.1111/j.1467-8535.2008.00823_2.x. Acesso em: 16 abr. 2022.

- **Personalização** – integração dos conteúdos curriculares com conhecimentos prévios e estilos de aprendizagem dos estudantes para que estes tenham a percepção de que estão vivenciando uma experiência de aprendizagem personalizada.
- **Revisão e interação** – apresentação de *feedback* que indique se a proposta elaborada pelos estudantes está certa, errada ou precisa de ajustes. Para isso, a interação, que é a relação entre indivíduos, é fundamental, por ser um processo complexo, permeado de significações e trocas entre seres humanos.
- **Diversão** – possibilidade de os estudantes se divertirem enquanto atuam como *designers* de sua aprendizagem.

Outra perspectiva inovadora relacionada à mudança de papéis vislumbra que os alunos atuem como design thinkers (pensadores do *design*, numa tradução livre), como veremos a seguir.

1.4.6 Design thinking

> O DT é composto de um processo cujas etapas preveem a escuta, a observação, a investigação, a projeção de soluções, a prototipagem e a implementação das melhores soluções criadas.

O design thinking (DT) é uma abordagem centrada no ser humano que promove a solução de problemas complexos, estimula a criatividade e facilita a inovação. É humanista, pois busca compreender, de forma empática, os desejos e necessidades de pessoas impactadas por um problema analisado.

O termo **design thinking** pode ser traduzido literalmente por "pensamento de *design*". Isso se refere ao modo de pensar dos *designers*, que é aprendido e adotado por meio de colaboração e cocriação, quando soluções são projetadas, testadas e implementadas.

O DT é composto de um processo cujas etapas preveem a escuta, a observação, a investigação, a projeção de soluções, a prototipagem e a implementação das melhores soluções criadas. Cavalcanti e Filatro[58] explicam que o DT pode ser aplicado em contextos educacionais, como os que seguem.

---

58 CAVALCANTI; FILATRO, 2017.

- **Metodologia de solução de problemas** – possibilita enfrentar problemas comuns no campo educacional a partir de um novo olhar; por exemplo, evasão, falta de motivação dos alunos para aprender, relação da instituição educacional com a comunidade, entre outros.
- **Abordagem de inovação** – permite a criação, o teste e a implementação de processos, serviços e soluções educacionais que promovam a inovação incremental e/ou disruptiva.
- **Estratégia de ensino-aprendizagem** – orienta grupos de alunos no desenvolvimento de projetos por meio da adoção do modo de pensar e de estratégias de *design*. Um ciclo processual de DT pode ser realizado em algumas horas (como em um *workshop*) ou em alguns meses (durante um bimestre ou semestre letivo, por exemplo). O tempo de duração de um projeto com DT desenvolvido por estudantes depende da complexidade do problema real a ser investigado para que soluções sejam criadas, testadas e até mesmo implementadas. O caso dos cursos de graduação da Univesp, apresentado neste capítulo, é um exemplo do uso do DT como estratégia de ensino e aprendizagem em cursos de graduação a distância.

> O DT pode começar a ser utilizado visando somente a uma aplicação (como solucionar um problema, por exemplo) e, ao final do processo, os design thinkers irão experimentar as três aplicações da abordagem em menor ou maior grau.

Dependendo do problema analisado, o DT pode começar a ser utilizado visando somente a uma aplicação (como solucionar um problema, por exemplo) e, ao final do processo, os design thinkers (pessoas diretamente envolvidas no desenvolvimento de um projeto utilizando DT)[59] irão experimentar as três aplicações da abordagem em menor ou maior grau.

---

59 Essas pessoas podem ser alunos, colaboradores de uma instituição educacional ou consultores contratados para isso.

Design do "Aprender por toda a Vida"

O Instituto Teya se propõe a ser um ecossistema de aprendizagem que conecta pessoas, organizações, conteúdos e estratégias que apoiem profissionais a praticar o "aprender por toda a vida". Promove encontros pautados no diálogo e cocriação enquanto facilita experiências de aprendizagem a partir dos princípios da heutagogia e conectivismo. No programa *Connect the dots* (conecte os pontos), por exemplo, as pessoas aprendem a adotar uma metodologia própria para serem designers de sua própria aprendizagem. Isso acontece a partir do mapeamento de tendências, comportamentos, experiências, produtos que fomentam o levantamento de questões a serem respondidas em um processo de aprendizagem autodirigida que pode ocorrer em ambientes formais (como escolas de negócio, formações, cursos) ou informais (como comunidades de prática, mentorias, autoestudo).

Fonte: TEYA. *O poder do aprendizado*. Teya, s.d. Disponível em: https://www.teya.us/. Acesso em: jul. 2022.

Existem diversas abordagens processuais para o DT.[60] Cavalcanti e Filatro organizam o processo de DT adotado na educação presencial, a distância e corporativa conforme Figura 1.10.

Figura 1.10 – Quatro etapas do design thinking aplicado à educação

Fonte: CAVALCANTI; FILATRO, 2017, p. 118.

---

60 As perspectivas mais conhecidas e disseminadas são: IDEO. *HCD – Human Centered Design*: kit de ferramentas. Palo Alto: Ideo, 2009. Disponível em: http://brazil.enactusglobal.org/wp-content/uploads/sites/2/2017/01/Field-Guide-to-Human-Centered-Design_IDEOorg_Portuguese-73079ef0d58c8ba42995722f1463bf4b.pdf. Acesso em: 16 abr. 2022. D.SCHOOL. *The bootcamp bootleg*, 2011. Disponível em: https://dschool.stanford.edu/resources/the-bootcamp-bootleg. Acesso em: 16 abr. 2022. BROWN, T. *Design thinking*: uma metodologia poderosa para decretar o fim das velhas ideias. Rio de Janeiro: Elsevier, 2010.

Na etapa *Compreender o problema*, os design thinkers devem entender o problema em profundidade. A equipe se divide para observar o contexto analisado, documentar situações e aspectos relevantes, conversar com especialistas, entrevistar os *stakeholders*[61] e participar das experiências deles. A seguir, os design thinkers compartilham informações e impressões coletadas para que os dados sejam analisados e interpretados. Com isso, obtêm subsídios para refinar o problema analisado.

Na etapa *Projetar soluções*, os design thinkers participam de sessões de *brainstorming*, em que devem gerar uma grande quantidade de ideias. Posteriormente, as ideias são compartilhadas e categorizadas. Finalmente, eles selecionam as melhores soluções, que são prototipadas.

Na etapa *Prototipar*, os design thinkers confeccionam protótipos que representam visualmente as soluções criadas. A elaboração de protótipos rápidos viabiliza o teste das soluções criadas para que sejam aprimoradas e refinadas.

Na última etapa, *Implementar a melhor opção*, os design thinkers realizam uma análise de praticabilidade e viabilidade, uma análise de inovação, e pilotos são testados por *stakeholders*. Finalmente, depois que o protótipo é refinado algumas vezes, a solução é efetivamente implementada.

FAÇA FÁCIL

DT express

A estratégia DT express é uma versão rápida e simplificada das etapas do design thinking que podem ser facilmente incorporadas a contextos educacionais presenciais e digitais. Essas etapas são descritas a seguir.

---

61 Neste contexto, *stakeholders* são as partes interessadas, ou seja, quaisquer pessoas envolvidas direta ou indiretamente com o problema analisado durante o projeto em que se adota DT.

FAÇA FÁCIL

1

Separe os alunos em grupos de 3 a 4 participantes. É importante incluir pessoas com perfis variados no mesmo grupo, pois a diversidade enriquece o processo de criação.

2

Explique aos alunos os objetivos do projeto a ser desenvolvido, além do conceito de DT e as etapas do processo.

3

Apresente o cronograma de desenvolvimento do projeto. Se for o caso, também é importante apresentar as ferramentas tecnológicas adotadas para dar suporte às atividades realizadas em cada etapa do DT (exemplo: fórum, *chat*, glossário, editores colaborativos de texto, de apresentação, repositórios, redes sociais etc.).

4

Explique as atividades de DT a serem realizadas pelo grupo e o tempo disponível para isso. Considere os seguintes passos.

a. Definir um problema identificado em um contexto real.
b. Fazer uma pesquisa exploratória observando e conversando informalmente com as pessoas impactadas pelo problema analisado.
c. Elaborar uma *persona* (personagem fictício) que represente as características de grupos de pessoas impactadas pelo problema. Dê um nome a cada *persona* e indique suas características, sonhos, motivações e desafios.
d. Participar de uma sessão de *brainstorming* para conceber soluções criativas e inovadoras.
e. Criar protótipos rápidos, com materiais acessíveis e baratos, que representem visualmente as melhores soluções concebidas.
f. Testar os protótipos criados e obter *feedback* dos *stakeholders*.

Observação: para uma aplicação ainda mais rápida da DT express (como em uma aula, por exemplo), adote somente as etapas: a, c, d, e.

FAÇA FÁCIL

5

Solicite que os protótipos criados sejam apresentados e que os alunos preparem uma reflexão (escrita ou em vídeo) sobre as principais aprendizagens durante cada etapa do processo.

6

Avalie, considerando o envolvimento do grupo no desenvolvimento do projeto, tanto a elaboração do protótipo quanto a reflexão sobre a aprendizagem.

FECHAMENTO

Neste capítulo exploramos o potencial das metodologias (cri)ativas para promover inovações incrementais em práticas pedagógicas, andragógicas e heutagógicas aplicadas em escolas, universidades, empresas e outras organizações ligadas à educação. Esse potencial advém de sua característica acessível, adaptável e moldável à organização de tempo e espaço que tem estruturado a educação formal e corporativa por tanto tempo. Vimos ainda que as metodologias (cri)ativas são consideradas inovadoras por estarem ancoradas em abordagens humanistas elaboradas por teóricos que questionaram os modelos tradicionais de ensino centrados na figura do professor.

Sabemos que muitos educadores e especialistas que atuam em contextos presenciais, híbridos e a distância não receberam uma formação específica para transformar uma prática centrada no ensino transmissivo naquela que promove o protagonismo do aluno. Por isso, ao longo do capítulo, buscamos evidenciar nos casos apresentados, na descrição de

CAPÍTULO 1 Metodologias (cri)ativas   73

estratégias, tendências e abordagens e na seção **Faça fácil**, maneiras simples de sistematizar a aplicação de metodologias (cri)ativas na educação.

Assim, concluímos o capítulo apresentando três princípios que consideramos fundamentais para a aplicação de metodologias (cri)ativas. Esses princípios estão apresentados na Figura 1.11.

Figura 1.11 – Princípios essenciais das metodologias (cri)ativas

METODOLOGIAS (CRI)ATIVAS

Fonte: elaborada pelas autoras.

A experiência de empregar metodologias (cri)ativas na educação pode ser transformadora; entretanto, outras perspectivas inovadoras e com maior potencial ainda mais disruptivo são apresentadas nos capítulos seguintes, nos quais exploramos concepções, práticas, abordagens e estratégias das metodologias ágeis, imersivas e analíticas.

REFERÊNCIAS

ABREU, J. R. P. Contexto atual do Ensino Médio: metodologias tradicionais e ativas. Necessidades pedagógicas dos professores e da estrutura das escolas. 2011. 105 f. Dissertação (Programa de Pós-graduação em Ciências da Saúde) – Universidade Federal do Rio Grande do Sul. Porto Alegre, 2009.

ARAÚJO, U. F.; GENOVEVA, S. *Aprendizagem baseada em problemas*. São Paulo: Summus, 2009.

ARAÚJO, U.F. et al. Formação de engenheiros no Brasil pela Universidade Virtual do Estado de São Paulo. In: GUERRA, A. et al. (Org.). *Aprendizaje basado en problemas y educación en engeniería*: panorama latinoamericano. Aalborg: Aalborg University Press, 2017. p. 59-68.

ARDUINO. Disponível em: www.arduino.cc. Acesso em: 14 abr. 2022.

AUSUBEL, D. P. *Educational psychology*: a cognitive view. New York: Holt, Rinehart & Winston, 1968.

BATES, T. *Educar na era digital*. São Paulo: Artesanato Educacional, 2016.

BELLONI, M. L. *Educação a distância*. Campinas: Autores Associados, 2003.

BITTENCOURT, J. P. *Arquiteturas pedagógicas inovadoras nos mestrados profissionais em administração*. 2016. Tese (Doutorado em Administração) – Faculdade de Economia, Administração e Contabilidade, Universidade de São Paulo, São Paulo, 2016.

BLIKSTEIN, P. Digital fabrication and "making" in education: the democratization of invention. In: J. WALTER-HERMANN, J.; BÜCHING, C. (Ed.). *FabLabs*: of machines, makers and inventors. Bielefeld: Transcript Publishers, 2013.

BONWELL, C. C.; EISON, J. Active learning: creating excitement in the classroom, 1991. Disponível em: https://eric.ed.gov/?id=ED336049. Acesso em 15 de abr. 2022.

BROWN, T. *Design thinking*: uma metodologia poderosa para decretar o fim das velhas ideias. Rio de Janeiro: Elsevier, 2010.

CAVALCANTI, C. C.; FILATRO, A. *Design thinking na educação presencial, a distância e corporativa*. São Paulo: Saraiva Uni, 2017.

CAVALCANTI, C.C; MÜCKENBERGER, E.; FILATRO, A.; BONSANTO, F. P. Coaching reverso na educação a distância corporativa. In: CONGRESSO INTERNACIONAL ABED DE EDUCAÇÃO A DISTÂNCIA (CIAED), 23., 2017, Foz do Iguaçu. *Anais...* Foz do Iguaçu: Abed, 2017.

CETL. Disponível em: https://unb.ca/fredericton/cetl/services/teaching-tips/instructional-methods/peer-instruction.html. Acesso em: 15 abr. 2022.

CONGRESSO INTERNACIONAL ABED DE EDUCAÇÃO A DISTÂNCIA (CIAED), 23, 2017, Foz do Iguaçu. *Anais...* Foz do Iguaçu: Abed, 2017.

DANIELS, H. *Vygotsky e a pedagogia*. São Paulo: Loyola, 2003.

DAMÁZIO, M. Um arduíno para a escola. Estação, s. d. Disponível em: https://infograficos.estadao.com.br/focas/movimento-maker/professor-cria-arduino-no-ceara.php. Acesso em 5 de abril de 2022.

DEELMAN, A.; HOEBERIGS, B. A ABP no contexto da Universidade de Maastricht. In: ARAÚJO, U.; SASTRE, G. *Aprendizagem baseada em problemas*. São Paulo: Summus, 2010.

DEWEY, J. *Vida e educação*. 10. ed. São Paulo: Melhoramentos, 1978.

DIESEL, A.; BALDEZ, A. L. S.; MARTINS, S. N. Os princípios das metodologias ativas de ensino: uma abordagem teórica. *Revista Therma*, v. 14, n. 1, p. 268-288, 2017.

D.SCHOOL. *The bootcamp bootleg*, 2011. Disponível em: https://dschool.stanford.edu/resources/the-bootcamp-bootleg. Acesso em: 16 abr. 2022.

ENGESTRÖM, Y. Activity theory and individual and social transformation. In: ENGESTROM, Y.; MIETTINEM, R.; PUNAMAKI, R. L. *Perspectives on activity theory*. Cambridge: Cambridge University Press, 1999. p. 19-38.

ENGESTROM, Y.; MIETTINEM, R.; PUNAMAKI, R. L. Expansive learning at work: toward an activity theoretical reconceptualization. *Journal of education and work*, v. 14, n. 1, p. 133-156, 2001.

ENGESTROM, Y.; MIETTINEM, R.; PUNAMAKI, R. L. *Learning by expanding*: an acti-vity-theoretical approach to development research. Helsinki: Orienta-konsultit, 1987.

EYCHENNE, F.; NEVES, H. *Fab Lab*: a vanguarda da nova revolução industrial. São Paulo: Editorial Fab Lab Brasil, 2013.

FAB LAB LIVRE SP. Disponível em: http://fablablivresp.art.br/o-que-e. Acesso em: 16 fev. 2018.

FILATRO, A. *Design instrucional na prática*. São Paulo: Pearson Education, 2008.

FILATRO, A. *Produção de conteúdos educacionais*. São Paulo: Saraiva, 2016.

FONTANA, D. *Psychology for teachers*. London: MacMillan/British Psychological Society, 1981.

FRANCHESCHIN, T. How can transmedia learning transform education? (2016). Edu4Me. Disponível em: http://edu4.me/how-can-transmedia-learning-trans-form-education/. Acesso em 3 mai 2022.

FREIRE, P. *Pedagogia da autonomia*: saberes necessários à prática educativa. São Paulo: Paz e Terra, 1996.

GARBIN, M. et al. Prototipagem como estratégia de aprendizagem em cursos de graduação. In: CONGRESSO INTERNACIONAL ABED DE EDUCAÇÃO A DISTÂNCIA (CIAED), 23, 2017, Foz do Iguaçu. *Anais...* Foz do Iguaçu: Abed, 2017. Disponível em: www.abed.org.br/congresso2017/trabalhos/pdf/468.pdf. Acesso em: 16 abr. 2022.

HASE, S.; KENYON, C. (2000). From Andragogy to Heutagogy. Ultibase Articles, 5, 1-10.

IDEO. *HCD – Human Centered Design*: kit de ferramentas. Palo Alto: Ideo, 2009. Dis-ponível em: http://brazil.enactusglobal.org/wp-content/uploads/sites/2/2017/01/ Field-Guide-to-Human-Centered-Design_IDEOorg_Portuguese-73079ef0d58c8ba-42995722f1463bf4b.pdf. Acesso em: 16 abr. 2022.

JONASSEN, D. H. Technology as cognitive tools: learners as designers. ITForum Paper #1, 1994. Disponível em: https://citeseerx.ist.psu.edu/viewdoc/downloa-d?doi=10.1.1.467.4199&rep=rep1&type=pdf. Acesso em: 16 abr. 2022.

JOHNSON, L. et al. *NMC Technology outlook for Brazilian universities*: a horizon pro-ject regional report. Austin, Texas: New Media Consortium, 2014.

JORNAL DA USP. Coleção explica como criar espaços makers de baixo custo em escolas públicas. Jornal da USP, 29 set. 2021. Disponível em: https://jornal.usp.br/ universidade/colecao-explica-como-criar-espacos-makers-de-baixo-custo-nas-es-colas-publicas/.Acesso em: 17 de abril de 2022.

KNOWLES, M. S. *Andragogy in action*: applying modern principles of adult educa-tion. San Francisco: Jossey Bass, 1984.

KOLB, D. A. *Experiential learning*: experience as the source of learning and develop-ment. New Jersey: Prentice-Hall, 1984.

LabCon. Educação Transmídia- UFMG. 2018. Disponível em: http://labcon.fafich. ufmg.br/educacao-transmidia/. Acesso em: 16 abr. 2022.

LABORATÓRIOS VIRTUAIS UAITEC. Disponível em: http://laboratorios.uaitec.mg. gov.br. Acesso em: 16 fev. 2018.

LIM, C. P. Spirit of the game: empowering students as designers in schools? *British Journal of Educational Technology*, v. 39, n. 6, p. 996-1003, 2008.

LOYOLLA, W. P. D. C. et al. Organização do trabalho pedagógico nos cursos de graduação da Univesp. In: CONGRESSO INTERNACIONAL ABED DE EDUCAÇÃO A DISTÂNCIA (CIAED), 22, 2016, Águas de Lindoia. *Anais...* Águas de Lindoia: Abed, 2016.

MAASTRICHT UNIVERSITY. Problem Based Learning (PBL). Disponível em: www.maastrichtuniversity.nl/pbl. Acesso em: 8 mar. 2018.

MASCARENHAS, P. M., LOPES, V. M., SILVA, M. S., SILVA, G.R.; DUARTE, A.C.S.; BOERY, R.N.S.O. OFICINA PEDAGÓGICA NA CONSTRUÇÃO DE CONHECIMENTOS SOBRE ARBOVIROSES. *Revista Baiana de Enfermagem*, v. 31, n. 2, 2017.

MAZUR, E. *Peer instruction*: a users manual. São Paulo: Pearson, 1997.

MIT ICAMPUS. Disponível em: https://icampus.mit.edu/projects/teal/. Acesso em: 14 mar. 2022.

MORAN, J. Mudando a educação com metodologias ativas. *Convergências midiáticas, educação e cidadania*: aproximações jovens, v. 2, 2015.

NOVA ESCOLA. Seed Lab, venha criar conosco. Disponível em: https://novaescola.org.br/conteudo/9705/seed-lab-venha-criar-conosco. Acesso em: 14 mar. 2022.

PAULA, H. F.; MOREIRA, A. F. Atividade, ação mediada e avaliação escolar. *Educação em Revista*, Belo Horizonte, v. 30, n. 1, p. 17-36, mar. 2014. Disponível em: www.scielo.br/scielo.php?script=sci_arttext&pid=S0102=46982014000100002-&lng=en&nrm-iso. Acesso em: 14 mar. 2022.

PRENSKY, M. Students as designers and creators of educational computers games. *British Journal of Educational Technology*, v. 39, n. 6, 2008. Disponível em: https://bera-journals.onlinelibrary.wiley.com/doi/10.1111/j.1467-8535.2008.00823_2.x. Acesso em: 16 abr. 2022.

PRETI, O. Autonomia do aprendiz na educação a distância. In: PRETI, O. (Org.). *Educação a distância*: construindo significados. Cuiabá: NEAD/IE-UFMT; Brasília: Plano, 2000. p. 247-268.

PROJECT ZERO. See / Think / Wonder: a routine for exploring works of art and other interesting things. Disponível em: https://pz.harvard.edu/sites/default/files/See%20Think%20Wonder.pdf Acesso em: 19 abr. 2022.

SANDERS, K. et al. Folk pedagogy: nobody doesn't like active learning. In: ICER 2017, 2017, Tacoma. *Proceedings...* Tacoma: ACM, 2017.

STANFORD ONLINE. Design Thinking Action Lab. Disponível em: https://online.stanford.edu/course/design-thinking-action-lab. Acesso em: 14 mar. 2022.

SIEMENS, G. *Knowing knowledge*. Mountain View, CA: Creative Commons, 2006.

SILVA, J. C. X.; LEAL, C. E. S. Proposta de laboratório de física de baixo custo para escolas da rede pública de ensino médio. *Revista Brasileira de Ensino Física*, São Paulo, v. 39, n. 1, 2017. Disponível em: https://doi.org/10.1590/1806-9126-R-BEF-2016-0167. Acesso em: 15 abr. 2022.

TEYA. *O poder do aprendizado*. Teya, s.d. Disponível em: https://www.teya.us/. Acesso em: jul. 2022.

TISHMAN, S.; PALMER, P. *Visible thinking*. Project zero, Harvard, 2005. Disponível em: https://pz.harvard.edu/projects/visible-thinking. Acesso em: jul, 2022.

VALENTE, V. A.; ALMEIDA, M. E. B.; GERALDINI, A. F. S. Metodologias ativas: das concepções às práticas em distintos níveis de ensino. *Revista Diálogo Educacional*, Curitiba, v. 17, n. 52, p. 455-478, abr./jun. 2017.

VYGOTSKY, L. *Mind and society*: the development of higher mental processes. London: Englewood, 1978.

WEF, *World Economic Forum. Future of Jobs: Employment, Skills and Work force Strategy for the Fourth Industrial Revolution.* 2016. Disponível em: https://www3.weforum.org/docs/WEF_Future_of_Jobs.pdf . Acesso em: 26 abr. 2021.

METODOLOGIAS

MOBILIDADE E CONEXÃO

MICROTUDO

2

ágeis

ECONOMIA DA ATENÇÃO

> # TIME IS NOT MONEY.
> # TIME IS LIFE.
>
> Atualização da frase de **BENJAMIN FRANKLIN** em *Advice to a young tradesman*, 1748

Que o tempo é uma das variáveis mais importantes no mundo educacional é difícil contestar. Carga horária, ano letivo, hora/aula são expressões tão entranhadas nas escolas e universidades que parecem até ter ganhado *status* próprio. Educadores são remunerados por quanto tempo passam diante de uma turma; temas de estudo são distribuídos no plano de aulas com base em bimestres, semestres e férias; diplomas e certificações são expedidos com base na carga horária cursada. E, mesmo na educação corporativa, o sucesso é medido em termos de número de colaboradores atendidos e... horas de treinamento efetuadas.

Mas o tempo atual não é o mesmo tempo do passado. A dimensão virtual traz ao tempo uma nova configuração. A clássica situação didática, em que ensinar e aprender são tarefas simultâneas, não é mais a única forma de aprender. A linearidade, a sequencialidade, a sincronicidade têm sido desafiadas.

Sim, o bem mais escasso do mundo, inegociável, não renovável é o tempo. Mas, no mercado ubíquo das informações, a moeda corrente é a atenção, ou o tempo de qualidade, aquele que faz valer seu consumo, que gera significado e produz marcas duradouras.

Tempo. Tempo para aprender. Esse é o tema deste capítulo, que abrange diferentes perspectivas sobre a mentalidade ágil aplicada ao campo educacional.

Sob o guarda-chuva das metodologias ágeis, encontramos conceitos como economia da atenção, teoria da carga cognitiva e microaprendizagem, só para citar alguns. A esses conceitos relacionam-se abordagens e práticas educacionais como aprendizagem móvel (m-learning), aprendizagem ubíqua (u-learning) e aprendizagem no tempo exato (just-in-time learning).

Vemos exemplos dessas metodologias em projetos como o OpenLearn, da UK Open University (Ukou), o Erasmus+: Minha cidade em códigos QR, o Duolingo, o #EuroMicroMOOC e a *smartphysics*.

E, formatadas para adoção imediata por professores e alunos, apresentamos seis estratégias **Faça fácil** – Minute paper, Pecha Kucha e Discurso de elevador (Elevator pitch), e as novas estratégias desta edição EduScrum, Canvas mania e *Hackathon*, selecionadas para este capítulo com o objetivo de permitir uma breve experimentação do potencial das metodologias ágeis.

ESTUDO DE CASO

Projeto OpenLearn, da UK Open University

O OpenLearn é uma plataforma de aprendizagem gratuita, mantida pela The Open University do Reino Unido. Desde o seu lançamento em 2006, tornou-se parte integrante da Open University, atraindo mais de 100 milhões de visitantes (dados de 2022).

O projeto tem por objetivo quebrar as barreiras de acesso à educação ao alcançar milhões de pessoas em todo o mundo. Oferece recursos educacionais gratuitos sobre os tópicos mais variados, como Finanças e Negócios, Educação e Desenvolvimento, Saúde, Esportes e Psicologia, História e Artes, Idiomas, Natureza e Meio Ambiente, Ciências, Matemática e Tecnologia, Sociedade, Política e Direito.

Figura 2.1 – Página inicial do projeto OpenLearn

Fonte: THE OPEN UNIVERSITY. *OpenLearn*, 2022. Disponível em: www.open.edu/openlearn/. Acesso em: 25 abr. 2022.
Obs.: texto em português traduzido com o recurso Google Chrome.

Por meio desse projeto, qualquer pessoa de qualquer lugar do mundo pode se inscrever gratuitamente e experimentar os mesmos conteúdos disponíveis para os alunos matriculados oficialmente na Open University.

O OpenLearn exemplifica bem a oferta de pequenas unidades de estudo, que podem ou não compor cursos completos, à escolha do aprendiz. Assim, em vez de cursar um programa inteiro sobre inovação, por exemplo, o aprendiz monta seu próprio percurso de aprendizagem sobre o tema, fazendo escolhas em um cardápio de pequenas unidades de estudo. Por exemplo, ele pode cursar uma unidade sobre o conceito de inovação, outra sobre a relação entre inovação e criatividade, outra sobre a comparação entre inovação e invenção, e mais uma sobre o que é inovação tecnológica, e assim por diante.

Figura 2.2 – Página de curso de curta duração do OpenLearn

Fonte: THE OPEN UNIVERSITY. Making creativity and innovation happen. *OpenLearn*, 2022. Disponível em: https://www.open.edu/openlearn/money-business/making-creativity-andinnovation-happen/. Acesso em: 25 abr. 2022. Obs.: texto em português traduzido com o recurso Google Chrome.

Não existem tutores, mas os alunos podem se conectar um ao outro por meio de uma seção de Comentários, que permite o compartilhamento de ideias, visualizações e perguntas. E, após a conclusão das atividades previstas – que incluem questões abertas com chave para autocorreção, testes automatizados e acesso a materiais complementares –, os inscritos recebem uma declaração livre de participação.

Os alunos ainda podem baixar o curso em diferentes formatos (Word, PDF, Kindle, Epub 2 e 3, entre outros), incluindo pacotes do Moodle para rodar em outros servidores, sob a licença Creative Commons.

Figura 2.3 – Diferentes formatos em que um curso do OpenLearn pode ser baixado e utilizado

Fonte: THE OPEN UNIVERSITY. Making creativity and innovation happen. *OpenLearn*, 2022. Disponível em: https://www.open.edu/openlearn/money-business/makingcreativity-and-innovation-happen/. Acesso em: 25 abr. 2022.
Obs.: texto em português traduzido com o recurso Google Chrome.

2.1 A MENTALIDADE ÁGIL NA APRENDIZAGEM

No início dos anos 2000, discussões sobre um modo mais ágil de trabalhar na área de desenvolvimento de *software* começaram a apontar para um conjunto de princípios e práticas voltados a melhorar o trabalho colaborativo em grupo. Em 2001, Kent Beck, Martin Fowler, Dave Thomas e 14 outros líderes publicaram o Agile Manifesto (manifesto para o desenvolvimento ágil de *software*), uma breve declaração que reúne os princípios da mentalidade ágil no desenvolvimento de *software*. Esse manifesto valorizava:[1]

- mais indivíduos e interações que processos e ferramentas;
- mais *softwares* em funcionamento que documentação abrangente;
- mais colaboração com o cliente que negociação de contratos;
- mais resposta a mudanças que seguir um plano.

Embora concebido inicialmente para o uso no desenvolvimento de *softwares*, anos depois, ecos do manifesto ágil começaram a soar no campo educacional, em várias instâncias – das escolas às universidades, passando por manifestos mais genéricos que abrangiam não só alunos mas também docentes, equipe de apoio e gestores.

Em 2011, líderes da área educacional, como Steve Peha, fundador da Teaching That Makes Sense (ensino com significado), propuseram a elaboração do The Agile Schools Manifesto (Manifesto das Escolas Ágeis), com base nos seguintes valores:

- mais indivíduos e interações que processos e ferramentas;
- mais aprendizagem significativa que mensuração da aprendizagem;
- mais colaboração das partes interessadas que negociação complexa;
- mais resposta à mudança que seguir um plano.

> Ecos do manifesto ágil começaram a soar no campo educacional, em várias instâncias – das escolas às universidades, passando por manifestos mais genéricos que abrangiam não só alunos mas também docentes, equipe de apoio e gestores.

---

1 A íntegra do manifesto pode ser encontrada, em português, no *site* https://agilemanifesto.org/iso/ptbr/manifesto.html. Acesso em: 25 abr. 2022.

Nesse manifesto, foram elencados os Doze Princípios das Escolas Ágeis, considerando particularmente o contexto da educação escolar.[2]

1. A maior prioridade é satisfazer às necessidades dos estudantes e de suas famílias por meio da entrega precoce e contínua de aprendizagem significativa.
2. Requisitos de mudança são bem recebidos, mesmo ao final de um ciclo de aprendizagem, em benefício dos alunos e suas famílias.
3. As escolas ágeis oferecem frequentemente aprendizagem significativa, no espaço de alguns dias e até algumas semanas, com preferência para o prazo mais curto.
4. A escola e a família trabalham juntas cotidianamente para criar oportunidades de aprendizagem para todos os participantes.
5. As escolas ágeis criam projetos em torno de indivíduos motivados, dão-lhes o ambiente e apoio de que precisam, e confiam neles para fazer o trabalho.
6. As escolas ágeis reconhecem que o método mais efetivo de transmitir informações para e dentro de uma equipe é a interação face a face.
7. A aprendizagem significativa é a principal medida de progresso.
8. Seus processos promovem a sustentabilidade. Educadores, estudantes e famílias devem ser capazes de manter indefinidamente um ritmo constante.
9. As escolas ágeis acreditam que a atenção contínua à excelência técnica e ao bom design aumenta a capacidade de adaptação.
10. Simplicidade – a arte de minimizar a quantidade de trabalho realizado – é essencial.
11. As melhores ideias e iniciativas emergem de equipes auto--organizadas.
12. Em intervalos regulares, as equipes refletem sobre como se tornar mais eficazes, depois sintonizam e ajustam seu comportamento como necessário.

---

2   Livre tradução dos princípios encontrados em BRIGGS, S. Agile based learning: what is it and how can it change education? *Informed*, fev. 2014.

Na mesma época, Kamat propôs o Manifesto Ágil no Ensino Superior, primordialmente visando às escolas de Engenharia e exigindo nova ênfase em:[3]

- professores e alunos mais que em administração e infraestrutura;
- competência e colaboração mais que em conformidade e concorrência;
- empregabilidade e empreendedorismo mais que em programas de estudos e notas;
- atitude e capacidade de aprender mais que em aptidão e certificação.

Literalmente, Kamat afirma: "O princípio mais importante na mentalidade ágil é prover *feedback* contínuo, aprender a partir das iterações anteriores e dispor-se a tentar e melhorar na próxima iteração".[4] Além disso, a ideia é, além de favorecer a aprendizagem, permitir aos alunos uma transição mais suave para o mundo do trabalho – particularmente no caso de setores como a Engenharia, em que os candidatos já equipados com esse modo de pensar são especialmente bem avaliados no mercado.

Mais recentemente, Royle e Nikolic buscaram aplicar a mentalidade ágil ao mundo da educação de forma mais genérica. Para esses autores, a aprendizagem ágil implica a criação de conteúdo pelos alunos e o desenvolvimento de habilidades em um ambiente colaborativo e competitivo, mediado pela tecnologia. O papel do professor é o de facilitador e direcionador dos projetos, de uma perspectiva informada, enquanto os alunos se tornam autodirigidos, resilientes, orientados para a equipe e aprendizes ao longo da vida. Em seu Manifesto de Pedagogia Ágil, os autores explicitam os valores apresentados na Figura 2.4.[5]

> A ideia da mentalidade ágil é, além de favorecer a aprendizagem, permitir aos alunos uma transição mais suave para o mundo do trabalho – particularmente no caso de setores como a Engenharia, em que os candidatos já equipados com esse modo de pensar são especialmente bem avaliados no mercado.

---

3   KAMAT, V. Agile manifesto in higher education. In: IEEE FOURTH INTERNATIONAL CONFERENCE ON TECHNOLOGY FOR EDUCATION, 2012, Hyderabad. *Proceedings...* Hyderabad: IEEE, 2012. p. 231-232.

4   KAMAT, 2012, p. 2.

5   ROYLE, K.; NIKOLIC, J. A modern mixture, Agency, Capability, technology and "scrum": agile work practices for learning and teaching in schools. *Journal of Education & Social Policy*, v. 3, n. 3, set. 2016.

Figura 2.4 – Valores do Manifesto de Pedagogia Ágil

PRÁTICA
mais que teoria

ESCOLHA DO ALUNO
mais que informação e controle

APRENDER E APLICAR HABILIDADES
mais que aprender fatos

COLABORAÇÃO
mais que concorrência

APRENDIZAGEM PERSONALIZADA
mais que modelos padronizados

APRENDIZAGEM COCONSTRUÍDA
mais que aprendizagem liderada por professores

Fonte: ROYLE; NIKOLIC, 2016.

Para os autores, esses valores resultam em mais diversão para os estudantes, maior independência e mais apoio e colaboração no ambiente de aprendizagem.

À luz dessas diversas declarações, Krehbiel et al. propõem seu próprio Manifesto Ágil para o Ensino e a Aprendizagem, expandindo a mentalidade ágil para alcançar não só o que acontece dentro da sala de aula mas também no seu entorno, com os valores destacados a seguir.[6]

- **Adaptabilidade mais que métodos de ensino prescritivo** – aprender é um processo de descoberta que evolui à medida que os participantes são expostos a diferentes contextos e experiências. Como educadores, devemos ser flexíveis para atender às necessidades dos alunos em vez de aplicar de forma rigorosa um programa

---

6   KREHBIEL, T. C. et al. Agile manifesto for teaching and learning. *The Journal of Effective Teaching*, v. 17, n. 2, p. 90-111, 2017.

predeterminado. Do mesmo modo, devemos procurar desenvolver a capacidade dos alunos de agir em um ambiente de incerteza.

- **Colaboração mais que realizações individuais** – aprender de forma colaborativa geralmente produz melhores resultados do que qualquer indivíduo poderia alcançar sozinho. Como educadores, devemos valorizar uma abordagem em que todos os participantes se envolvam em um esforço conjunto para alcançar os resultados almejados. A experiência com o trabalho colaborativo também prepara os alunos para trabalharem efetivamente em equipes em sua vida pessoal e profissional.
- **Alcance dos resultados de aprendizagem mais que teste e avaliação do aluno** – a avaliação regular é um elemento essencial para a melhoria instrucional e do desenvolvimento curricular, mas definitivamente não é um fim em si mesma. Como educadores, devemos nos esforçar para usar a avaliação como uma ferramenta para promover a aprendizagem e o domínio dos alunos sobre conhecimentos e habilidades disciplinares. Também devemos procurar mover o foco dos alunos do curto para o longo prazo, visando à aplicabilidade do que é aprendido nos contextos de atuação futuros de cada indivíduo.
- **Investigação dirigida por estudantes mais que apresentação em sala de aula** – a aprendizagem profunda ocorre quando os alunos estão interessados, engajados e motivados para aprender. A motivação muitas vezes surge em resposta a perguntas e problemas que os estudantes encontram ao longo de sua jornada e estão inclinados a explorar. Como educadores, devemos cultivar o empoderamento e a individualidade dos alunos, ajudando-os com tarefas de aprendizagem ativa e oportunidades experienciais do mundo real.

> A motivação muitas vezes surge em resposta a perguntas e problemas que os estudantes encontram ao longo de sua jornada e estão inclinados a explorar. Como educadores, devemos cultivar o empoderamento e a individualidade dos alunos.

Vemos aqui uma forte conexão com as metodologias (cri)ativas tratadas no **Capítulo 1**, particularmente a aprendizagem baseada em problemas.

- **Demonstração e aplicação mais que acúmulo de informações** – quando os alunos produzem evidências tangíveis de suas realizações, eles constroem autoconfiança, aprendem mais profundamente, mantêm essa aprendizagem por um período mais longo e se adaptam mais facilmente a uma realidade em mudança. Como educadores, sabemos que o conhecimento dos campos disciplinares específicos está em constante evolução e expansão. Assim, queremos criar oportunidades contínuas para os alunos não só dominarem os conteúdos disciplinares mas também demonstrarem seus conhecimentos e habilidades à medida que os desenvolvem.
- **Melhoria contínua mais que manutenção de práticas atuais** – tanto os professores como os estudantes podem aprender muito com seus erros e com avaliações frequentes e comentários formativos. Como educadores, devemos nos esforçar para fomentar ambientes de aprendizagem seguros, que incentivem o enfrentamento de riscos, a criatividade e a inovação.

Muitos desses valores, como colaboração, alcance dos resultados da aprendizagem, investigação dirigida, demonstração de aplicação do conhecimento, aprender com os erros, também são contemplados nas metodologias (cri)ativas apresentadas no **Capítulo 1**.

Tendo em mente esse diversificado panorama, podemos dizer que a mentalidade ágil na educação se baseia no desejo de tornar a aprendizagem mais centrada no aluno, com foco na colaboração. Implica, ainda, contar com o envolvimento das várias partes interessadas, acompanhado de reflexão e ação adaptativa, a fim de permitir maior senso de propriedade e uma experiência de aprendizagem melhorada.

No entanto, como destacam Noguera, Guerrero e Appel, construir conhecimento de forma colaborativa é uma tarefa complexa, que requer alto nível de compromisso e gerenciamento de tempo, além da capacidade de levar em consideração outros pontos de vista, negociar significados, distribuir papéis e planejar, ceder e tomar decisões compartilhadas. Isso não é algo fácil e se torna ainda mais difícil quando a colaboração ocorre totalmente on-line, como acontece na educação a distância. Por essa razão, a tarefa deve ser desenhada de tal modo que os benefícios de trabalhar colaborativamente superem os custos. Segundo as autoras, a aprendizagem ágil pode ser útil para projetar e suportar práticas colaborativas mais eficazes e satisfatórias.[7]

Assim, em várias aplicações da mentalidade ágil em educação, vemos a questão do tempo tratada de forma mais explícita.

Um exemplo é Metodologia de Ensino-Aprendizagem Ágil (do inglês, Agile-Teaching/Learning Methodology – ATLM), desenvolvida por Chun, um dos pioneiros no uso de metodologias ágeis em educação. A ATLM concentra-se em três elementos essenciais:[8]

1. **agilidade** – os professores devem adaptar-se rapidamente às habilidades e necessidades dos alunos;
2. **princípios da XP**[9] – se algo for bom para o ensino-aprendizagem – por exemplo, dar *feedback* aos alunos –, deve ser empregado com frequência; e
3. **independência** – os alunos devem assumir a responsabilidade por seu próprio processo de aprendizagem.

> Em várias aplicações da mentalidade ágil em educação, vemos a questão do tempo tratada de forma mais explícita.

Para a aplicação concreta desses elementos, a ATLM envolve o uso extensivo de *blogs*, wikis, mensagens instantâneas e outras tecnologias para apoiar a colaboração, o compartilhamento de conhecimentos e o *feedback* rápido.

Outro exemplo da mentalidade ágil em educação é a chamada *pedagogia extrema*, que adapta os princípios da XP e a mentalidade ágil ao processo de ensino e aprendizagem.

---

7   NOGUERA, I.; GUERRERO, A. E.; APPEL, C. The UOC's educational model: from collaborative learning to agile learning. In: D4|LEARNING INTERNATIONAL CONFERENCE: INNOVATIONS IN DIGITAL LEARNING FOR INCLUSION, 2015, Aalborg. *Proceedings...* Aalborg: Aaalborg University Press, 2015.

8   CHUN, A. H. W. The agile teaching/learning methodology and its e-Learning platform. *Lecture Notes in Computer Science – Advances in Web-Based Learning*, v. 3143, p. 11-18, 2004.

9   XP – eXtreme Programming (Programação Extrema) é uma das metodologias de desenvolvimento de *software* ágil mais populares. As 12 práticas recomendadas para entregar o *software* ao cliente de forma incremental podem ser vistas em D'SOUZA, M. J.; RODRIGUES, P. Extreme pedagogy: an agile teaching-learning methodology for engineering education. *Indian Journal of Science and Technology*, v. 8, n. 9, p. 828-833, 2015.

CAPÍTULO 2 Metodologias ágeis   91

Por afinidade, essa metodologia ágil requer que os educadores enfatizem três elementos da filosofia ágil em sua prática educativa.[10]

1. **Aprender fazendo (*learning by doing*) continuamente** – por tradição, os métodos de instrução têm sido fortemente baseados em conferências, e os alunos têm que ouvir palestras passivamente. Para sustentar o interesse e a motivação, eles devem estar ativamente envolvidos na sala de aula. As atividades de aprendizagem precisam ajudá-los a se deslocar da memorização de fatos conhecidos como "aprendizado de superfície" em direção à "aprendizagem profunda", na qual o conhecimento é construído por meio de processos ativos. Aprender a fazer continuamente envolve todas as metodologias (cri)ativas que fazem os alunos participarem ativamente da proposta de ensino e aprendizagem.
2. **Aprender por colaboração contínua** – ao contrário de aprender individualmente, em um ambiente de aprendizagem colaborativo, os alunos interagem continuamente uns com os outros, compartilham ideias, conhecimentos, habilidades e contribuem para o sucesso de todos em um grupo. Aprender de forma colaborativa promove a aprendizagem profunda e o pensamento crítico, incentiva a autoestima e a aceitação dos outros, e o interesse dos alunos em aprender.

 Neste ponto também observamos uma interface com um dos princípios das metodologias (cri)ativas – a aprendizagem colaborativa, como descrito no **Capítulo 1**.

3. **Aprender por meio de testes contínuos** – o teste é um método amplamente utilizado na educação para avaliar a aprendizagem dos alunos e dar *feedback* para orientar as atividades futuras. O que é único na pedagogia extrema é que os testes são muito frequentes e podem ocorrer diariamente, gerando *feedbacks* valiosos à instituição de ensino

---

10 D'SOUZA; RODRIGUES, 2015, p. 828-833.

para revisar sua proposta de design instrucional e ajudando os alunos a monitorar a própria aprendizagem e a assumir responsabilidade pelos resultados.

§ O **Capítulo 4** aborda com mais profundidade a questão dos testes e *feedback* recebidos pela instituição, que, por meio deles, pode reavaliar suas práticas educacionais.

De interesse ainda mais particular para o tema deste capítulo, algumas técnicas utilizadas na área de desenvolvimento de *software* com base na mentalidade ágil são recomendadas para uso também no campo educacional, em suas diversas instâncias.

- **Sprint** – intervalo de tempo no qual um grupo se compromete a alcançar um conjunto determinado de resultados. Assim como a corrida de velocidade (do inglês, *sprint*) no atletismo, a técnica envolve um desafio de curta duração, com uma linha de partida e uma linha de chegada, mas, no caso da mentalidade ágil, a linha de chegada é o *deadline* (tempo-limite) estabelecido para a conclusão do desafio. Esse intervalo normalmente é de uma semana, mas pode variar de um dia ou uma hora/aula até um mês.
- **Stand-up** – encontro diário dos membros de uma equipe ou grupo realizado com a finalidade de reunir informações sobre o *status* de um projeto. Propõe que os participantes respondam a três perguntas básicas: O que fizemos ontem? O que faremos hoje? Quais obstáculos estão impedindo nosso avanço? Dessa forma, podem acompanhar em que passo está um projeto ou desafio e coordenar esforços para resolver problemas difíceis e/ou demorados. O termo *stand-up* deriva da prática de manter os participantes em pé, pois o desconforto de se manter nessa posição por um longo período ajuda-os a tornar essas reuniões curtas.
- **Retrospectiva** – induz os alunos, no início de um curso (ou aula, unidade de estudo ou disciplina), a refletir sobre o que gostaram em seus cursos anteriores, o que mudariam e o que buscam obter no curso presente.

CAPÍTULO 2 Metodologias ágeis   93

Métodos ágeis foram aplicados pelo professor e pesquisador Pat Reed, da Universidade de Woodbury, Califórnia, em um curso de Análise e Design de Sistemas. Já em 2008, o uso de aulas expositivas foi minimizado por ele, com cada sessão iniciada com um *stand-up* e encerrada com uma retrospectiva, dando aos alunos a oportunidade de oferecerem *feedback* imediato. O professor também encorajou a interação entre os alunos e compartilhou experiências de aprendizagem. Os resultados relatados por ele incluíram estudantes altamente motivados e *feedback* bastante favorável deles.

Fonte: REED, P. An agile classroom experience. In: AGILE 2008 CONFERENCE, 2008, Washington. *Proceedings.* Washington: IEEE Computer Society, 2008.

- **Scrum** – em oposição à abordagem tradicional e sequencial, o *scrum* possibilita a criação de equipes auto-organizadas e a comunicação verbal entre todos os membros, reconhecendo que é possível mudar de opinião ao longo de um projeto. A técnica propõe um processo iterativo em que as decisões são tomadas em momentos diferentes, o que significa poder retroceder e fazer mudanças em qualquer ponto. As principais características são: papéis efêmeros (as funções mudam entre os membros da equipe), *sprints* (entregas parciais de trabalho no período de 1 a 4 semanas), flexibilidade (cada entrega é avaliada e, se necessário, o curso do projeto é modificado), reuniões regulares, trabalho dividido em blocos e responsabilidade compartilhada por toda a equipe.

FAÇA FÁCIL

EduScrum

EduScrum é uma abordagem proposta por Delhij, van Solingen e Wijnands (2015)[11] com base na metodologia ágil Scrum para desenvolvimento de softwares. Aplicada ao contexto educacional, funciona como uma estratégia de aprendizagem em que os estudantes resolvem problemas complexos de maneira criativa.

A responsabilidade pela aprendizagem é delegada aos estudantes, que trabalham em grupos independentes e são responsáveis pelos seus próprios resultados. Entregas incrementais garantem um caminho seguro em direção aos objetivos de aprendizagem.

O professor desempenha o papel de facilitador. Entre suas atribuições estão determinar o que precisa ser aprendido (os objetivos de aprendizagem) e avaliar as atividades e resultados entregues pelos estudantes, facilitando e incentivando o processo de desenvolvimento pessoal e a cooperação.

De forma simplificada, estes são os passos para implementar o EduScrum:

1 Defina um projeto com os grupos de estudante, deixando claro quais são os objetivos de aprendizagem a serem alcançados.

2 Em colaboração com os estudantes, liste todas as atividades que devem ser realizadas até a conclusão do projeto.

---

11 DELHIJ, A.; VAN SOLINGEN, R.; WIJNANDS, W. The eduScrum guide. *The rules of the game*, 2015. Disponível em: https://eduscrum.com.ru/wp-content/uploads/2020/01/The_eduScrum-guide-English_2.0_update_21-12-2019.pdf. Acesso em: 25 jun. 2022.

FAÇA FÁCIL

3

Cada membro do grupo escolhe proativamente a tarefa que deseja realizar, cabendo ao professor verificar se a distribuição de atividades contribui para o desenvolvimento de todos e se essas atividades se inter-relacionam para chegar ao resultado de aprendizagem desejado.

4

Estabeleça prazos para a conclusão e a entrega das atividades do projeto, lembrando que a administração do tempo é crucial para o EduScrum. Assim, as atividades devem ser distribuidas em *sprints* com desafios de curta duração (1 semana, por exemplo).

5

Oriente os grupos a realizar, para cada *sprint*, uma reunião rápida, com a duração de até 5 minutos, a fim de reunir informações sobre o status do projeto.

6

Crie e disponibilize um quadro visual de atividades (físico ou virtual), que deve ser atualizado pelos grupos a cada *sprint*, algo semelhante à imagem a seguir:

A FAZER	FAZENDO	FEITO

Fonte: elaborado pelas autoras.

FAÇA FÁCIL

7

Peça que os grupos compartilhem com os outros estudantes os resultados alcançados, demonstrando o que aprenderam até aquele momento e confrontando este aprendizado com os objetivos estabelecidos para o projeto.

Outras técnicas advindas do mundo do desenvolvimento de *software* aplicadas à aprendizagem ágil incluem os itens a seguir.

- **Ensino emparelhado (*paired teaching*)** – método inspirado na programação em pares, na qual dois programadores trabalham juntos, dois professores trocam experiências ou compartilham atividades de classe cruzada.
- **Relâmpagos de valor** – representações gráficas que permitem aos alunos avaliar a importância relativa de suas próprias escolhas na educação (por exemplo, a importância da aprendizagem *versus* notas altas, da colaboração *versus* trabalho individual, da flexibilidade *versus* rigidez).
- **Contratos sociais** – documentos que estabelecem regras explícitas sobre como os participantes (professores e alunos) se relacionarão uns com os outros.
- **Declarações de missão do curso** – afirmações que indicam, em um único documento, os valores e objetivos básicos a serem seguidos coletivamente no curso específico em questão.
- **Kanban** – método pelo qual a tarefa ou projeto de aprendizagem é dividida em partes, cada uma delas registrada por escrito em um cartão e publicada em um mural virtual. Para cada item define-se uma coluna do tipo (o que fazer, em progresso, feito) a fim de poder visualizar o *status* do projeto e o tempo médio para completar cada tarefa.

CAPÍTULO 2 Metodologias ágeis **97**

FAÇA FÁCIL

Canvas mania

Canvas é uma palavra inglesa que significa "tela" (ou prancha). Popularizou-se pelo uso do Business Model Canvas (BMC)[12] criado inicialmente para o mundo dos novos negócios, das startups, seu espírito sintético, visual e abrangente gerou uma verdadeira febre de utilização de *templates* visuais para geração de ideias.

No campo educacional, ao conferir aos desafios didáticos completude e coerência, contribui para acelerar a realização de atividades de aprendizagem (e de avaliação) complexas, em que os aprendizes precisem criar algo novo a partir de uma estrutura mínima fornecida.

Isso porque, na perspectiva ágil, espera-se que não apenas a entrega de conteúdos seja rápida, focada e precisa, mas também as orientações de atividades de aprendizagem propostas aos alunos precisam ir "direto ao ponto", contemplando todos os itens esperados, de preferência apresentados de forma gráfica.

Nesse sentido, *templates*, modelos e gabaritos antecipam o que se espera dos estudantes, provendo um enquadramento visual que torna explícito o desafio proposto em uma atividade individual ou colaborativa.

Segue um exemplo de Canvas criado para orientar o planejamento de projeto de pesquisa na Especialização em Inovação em Educação e Tecnologias ofertada pela ENAP – Escola Nacional de Administração Pública (2019):

---

12 O Canvas do Modelo de Negócios (Business Model Canvas) foi criado por Alex Osterwalder como a base de uma metodologia para promover a inovação e geração nos modelos de negócios.

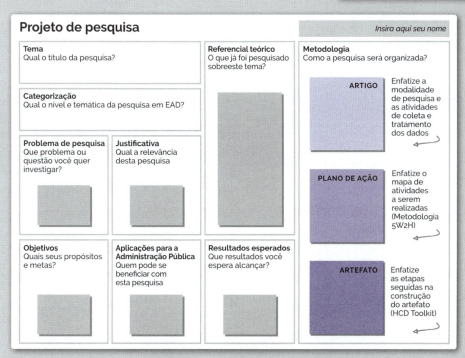

Fonte: ENAP, 2019.

Como recurso cognitivo, nada mais é do que uma folha em branco dividida em alguns blocos, que representam aspectos distintos de um problema ou tema. Canvas mania nada mais é do que uma estratégia de criação de Canvas que se adaptem aos diversos campos de conhecimento e prática, e que traduzam visualmente os objetivos de aprendizagem relacionados a uma atividade proposta.[13]

Veja a seguir alguns passos sugeridos para elaborar um Canvas para uma atividade ou projeto de aprendizagem:

---

13 Inspire-se com uma extensão coleção de *templates* no site Canvas collection I: a list of visual templates: http://masterfacilitator.com/canvas-collection/, http://masterfacilitator.com/canvas-collection-2/ e http://masterfacilitator.com/canvas-collection-iii-a-list-of-visual-templates/. Veja também sites especializados em fornecer Canvas prontos: https://thecanvasrevolution.com/, https://canvanizer.com/, https://www.canvasgeneration.com/. Acesso em: 25 jun. 2022.

FAÇA FÁCIL

1

Selecione um problema ou tema a ser explorado pelos alunos individualmente ou em grupos.

2

Prepare um mapa mental simples em uma página ou tela em branco, posicionando o problema ou tema no centro e derivando ideias ou tópicos relacionados.

3

Analise o mapa e verifique quais tópicos representam desafios que os alunos devem discutir, pesquisar, criar – estes serão os blocos em branco que você deve nomear e prover espaço para registro de ideias pelos alunos.

4

Agora crie o Canvas que seus alunos vão utilizar. Para isso, organize os blocos em uma página ou tela em branco, procurando dar algum sentido ao layout. Utilize para isso lápis e papel, ou a ferramenta de edição de sua preferência. Ao distribuir os blocos, aplique uma sequência lógica (se houver) ou posicione mais próximos uns dos outros os blocos que se relacionam mais diretamente. Aumente ou reduza o espaço de preenchimento dos blocos conforme o que você espera que seus alunos respondam.

5

Agregue a cada nome de bloco uma imagem representativa – um ícone que expresse visualmente o que aquele bloco enfatiza, de modo a agilizar sua identificação. Há dezenas de sites para baixar ícones gratuitos, como FlatIcon, FreePick e Noun Project, entre muitos outros.

FAÇA FÁCIL

6

Teste o Canvas com potenciais usuários para verificar se o objetivo de cada bloco está claro, se os espaços reservados para preenchimento são suficientes e se o resultado global faz sentido.

7

Revise o Canvas e escolha um dos formatos de entrega aos alunos:

- Imprima o Canvas em formato A4 para uso individual ou em tamanho A0 para facilitar o trabalho colaborativo.
- Desenhe o Canvas no quadro negro ou flip-chart, uma vez que sua estrutura é simples de ser replicada.
- Salve o Canvas em um formato colaborativo e compartilhe por meio do recurso Compartilhar dos aplicativos Office ou as ferramentas do Google Docs ou Google Apresentações.
- Utilize uma plataforma colaborativa como o Google Jamboard, o Miro ou o Microsoft Whiteboard, que oferece espaço on-line e recursos para inserção de textos, imagens e notas adesivas. Na maioria dessas plataformas, você pode carregar o Canvas como imagem de fundo sobre a qual os alunos publicam suas ideias.

Por mais significativos que sejam os princípios, as técnicas e os exemplos de adoção da mentalidade ágil gestados na área do desenvolvimento de *software*, eles não são a única influência sobre as metodologias ágeis em educação. Como veremos a seguir, outros fatores influenciadores são a necessidade urgente de gerenciamento da atenção frente à abundância de informações, o perfil das novas gerações nascidas e criadas em uma cultura predominantemente digital e considerações sobre o binômio aprendizagem profunda × aprendizagem superficial. Esses são os temas abordados nas seções seguintes.

2.2 EXPLOSÃO INFORMACIONAL E ECONOMIA DA ATENÇÃO

Em seu livro *The critical path*[14] (O caminho crítico), o arquiteto, filósofo e matemático R. Buckminster Fuller já formulava uma teoria para explicar o crescimento exponencial do conhecimento humano. Sua curva de duplicação do conhecimento partia do ano 1 d.C., momento em que todo o conhecimento humano era representado pelo que ele chamou de "unidade de conhecimento". Até 1500, o conhecimento humano dobraria para 2 unidades de conhecimento. A segunda duplicação, acelerada pela invenção da imprensa e dos navios marítimos oceânicos, ocorreria em 1750, derivando em 4 unidades. Em 1900, duplicaria novamente, agora para 8 unidades. A próxima duplicação, para 16 unidades, se daria em 1950, e a seguinte, para 32 unidades, em 1970, e então haveria 64 unidades no final da década de 1980.[15] Em 2006, a IBM estimava que, em quatro anos, a base de informação mundial duplicaria a cada 11 horas.[16] A estimativa é endossada por Eric Schmidt, CEO da Google, em palestra proferida na conferência Guardian's Activate, de 2010, sobre sociedade, humanidade e tecnologia *web*: "Do início da civilização até 2003, 5 exabytes de dados foram criados. A mesma quantidade foi gerada nos últimos dois dias".[17]

> A atenção humana é um recurso finito, assim como o tempo é um recurso inelástico, e a quantidade de informação que as pessoas conseguem administrar individualmente tem representado uma sobrecarga cognitiva.

 O **Capítulo 4**, sobre metodologias analíticas, apresenta um dos clássicos gráficos que sintetizam a imensa quantidade de dados gerados em 1 minuto na internet.

Por mais difícil que seja comprovar a exatidão desses dados, não podemos negar a explosão de conteúdos produzidos e armazenados em velocidade vertiginosa. O problema é que a atenção humana é um recurso finito, assim como o tempo é um recurso inelástico, e a quantidade de informação que as pessoas conseguem administrar individualmente tem representado uma sobrecarga cognitiva.

---

14 FULLER, R. B. *The critical path*. New York: St. Martin's Press, 1981.
15 FULLER, 1981.
16 IBM. *The toxic terabyte*: how data-dumping threatens business efficiency. [s.l.] IBM Global Technology Services, jul. 2006.
17 CARLSON, B. Quote of the day: Google CEO compares data across millennia. *The Atlantic*, 3 jul. 2010.

Estudiosos da atenção como Bagherian e Thorngate explicam que, "embora a informação continue a crescer, a atenção permanece como um recurso fixo, simplesmente porque 'prestar' atenção significa 'gastar' tempo, e a natureza não expande o tempo de vida para dar conta das informações disponíveis".[18] Ou seja, à medida que a quantidade de informação aumenta, conseguimos prestar menos atenção em tudo. Assim, quanto maior a riqueza da informação, maior a pobreza da atenção.[19]

Para Herbert Simon, economista norte-americano que provavelmente foi o primeiro teórico a formular o conceito de economia de atenção, economia é a disciplina que estuda como a sociedade aloca seus recursos escassos. Se a informação não é escassa, pelo contrário, nós nos afogamos no oceano de informações disponíveis. Qual é o problema, então? A mercadoria escassa é a atenção humana necessária para dar sentido ao *tsunami* de dados. Simon há muito argumentava que "o que a informação consome é a atenção de seus destinatários. Daí uma riqueza de informações gerar uma pobreza de atenção".[20]

Outro expoente da área, Lanham, interpreta a atenção como "a ação que transforma os dados brutos em algo que os seres humanos podem usar".[21] Por consequência, em condições de saturação informacional, o trabalho da atenção humana é principalmente enquadrar, selecionar e organizar, com base em vastas quantidades de dados brutos disponíveis, aqueles que permitem o movimento da informação rumo ao conhecimento, à compreensão e à sabedoria.

A economia da atenção afeta consideravelmente os modelos de educação tradicional focados em transmissão de informações, pois nenhum professor ou especialista em conteúdo no mundo é capaz de competir em quantidade de dados com a *web*. Hoje, todo aluno pode ter um *smartphone* e acessar, dentro e fora da sala de aula, qualquer conteúdo da internet.

> **A moeda principal da sociedade da informação – na qual a informação é o principal produto produzido, comercializado e consumido – é necessariamente a atenção.**

---

18 BAGHERIAN, F.; THORNGATE, W. Horses to water: student use of course newsgroups. *First Monday*, v. 5, n. 8, 2000. Disponível em: http://firstmonday.org/issues/issue5_8/thorngate/index.html. Acesso em: 25 abr. 2022.

19 GABRIEL, M. *Educ@R*: a (r)evolução digital na educação. São Paulo: Saraiva, 2013.

20 SIMON, H. Designing organizations for an information-rich world, in computers, communication and the public interest. In: GREENBERGERE, M. (ed.). *Computers, communications, and the public interest*. Baltimore, MD: The Johns Hopkins Press, 1971.

21 LANHAM, R. A. The Economics of Attention. *Michigan Quarterly Review*, v. 36, n. 2, p. 270-284, 1997.

A moeda principal da sociedade da informação – na qual a informação é o principal produto produzido, comercializado e consumido – é necessariamente a atenção. Assim, nessa nova economia, qualquer pessoa que tenha "acesso" a televisão, filmes, publicidade, jogos de computador e, acima de tudo, internet (não importa se é um adulto ou uma criança), detém e controla uma quota econômica de sua própria atenção.

A educação sempre teve a atenção como moeda primária. Nas escolas, por exemplo, a atenção sempre foi e continua a ser capturada e mantida por leis escolares obrigatórias e, mais tradicionalmente, pelo medo do fracasso, da punição e da desaprovação.[22] Além disso, até os dias atuais, nas salas de aula escolares, universitárias e até corporativas, os professores/especialistas tipicamente se posicionam como o centro das atenções, à frente dos aprendizes, como as figuras essenciais na distribuição de informações. E, na maioria dos casos, eles exercem o poder de avaliar e certificar os resultados da aprendizagem também.

Por essas razões, a educação presencial tem sofrido sérios golpes em sua capacidade de capturar e manter a atenção, e se vê ameaçada por novos letramentos e novas epistemologias digitais.[23] É certo que mudanças culturais rumo a uma educação centrada no aluno têm alterado esse quadro a ponto de inverter essa lógica: se antigamente os alunos precisavam "merecer" a atenção de seus professores, hoje em dia cada vez mais é o professor que – entre tantos estímulos concorrentes – deve ganhar a atenção dos alunos.

> Mesmo quando pensamos na educação a distância – cercada por mídias e tecnologias, portanto com uma interface muito mais contemporânea –, a atenção também é uma condição essencial para seu funcionamento.

Mesmo quando pensamos na educação a distância – cercada por mídias e tecnologias, portanto com uma interface muito mais contemporânea –, a atenção também é uma condição essencial para seu funcionamento. Um exemplo disso são os textos digitais, que só aparecem como textos legíveis de fato quando os usuários ativam a barra de rolagem para navegar por eles. Assim, na educação apoiada por mídias e

---

22 CASTELL, S.; JENSON, J. Paying attention to attention: new economies for learning. *Educational Theory*, v. 54, n. 3, 2004.

23 CASTELL; JENSON, 2004. As autoras incluem aí novas tecnologias em rede digital para construção, representação, expressão e comunicação, bem como novas ferramentas multimodais atuais.

tecnologias, a própria existência dos materiais didáticos virtuais depende da atenção do usuário.

E o que dizer da educação corporativa, que precisa capturar a atenção das pessoas entre tantas demandas impositivas do ambiente de trabalho? Não se tratando da atividade-fim da organização, as ações de aprendizagem por vezes se resumem a confinar as pessoas em salas de aula corporativas para ouvir especialistas proferindo palestras ou, quando muito, convocá-las a assistir a uma série de vídeos ou animações organizacionais.

De fato, as práticas educativas tradicionais vêm sendo questionadas há tempos por teóricos e praticantes. Mas se antes esse questionamento era uma opção por uma outra corrente pedagógica, hoje ele se impõe pelas características das gerações mais novas, que lidam com o conhecimento, a aprendizagem e as instituições de uma forma totalmente diferente das gerações anteriores.

2.3 AS NOVAS GERAÇÕES

Quando discutimos o aproveitamento do tempo na educação, um tema ganha cada vez mais relevância: a questão geracional. Don Tapscott, por exemplo, já registrava, antes da virada do século, o perfil de uma nova geração nascida e criada na cultura digital.[24] Conhecidos como Geração Y, Millennials, Geração Dotcom, Geração Net ou nativos digitais, são os indivíduos nascidos pós-internet, urbanos, bem informados e fluentes no mundo digital. Para esse público, mídias e tecnologias não são apenas meios de comunicação sem fronteiras geográficas ou limitações temporais, mas também ferramentas de socialização e de acesso a informações.[25]

Alguns defendem que essas mudanças de estilo cognitivo não são tão recentes assim. Prensky, por exemplo, menciona as "crianças Nintendo", que nasceram depois de 1970 e foram criadas com *video games*, os primeiros PCs e dispositivos móveis, como os *walkmans*.[26]

> Quando discutimos o aproveitamento do tempo na educação, um tema ganha cada vez mais relevância: a questão geracional.

---

24 TAPSCOTT, D. *Geração digital*. São Paulo: Makron Books, 1999.
25 FILATRO, A. *Produção de conteúdos educacionais*. São Paulo: Saraiva, 2015.
26 PRENSKY, M. *Digital game-based learning*. Minnesota: Paragon House, 2007.

Outros, como Rosen, identificam uma geração pós-Millenials – a iGeração, com o "i" representando as tecnologias móveis (em referência direta à empresa Apple e a seus produtos iPhone, iPod, iTunes) e o fato de que essas tecnologias são usadas principalmente de forma individualizada.[27] Essa geração engloba as crianças e os adolescentes nascidos entre 1995-2000 e que estão imersos em mídias e tecnologias.

Apontar semelhanças e diferenças geracionais é algo arriscado, pois nenhum indivíduo se encaixa perfeitamente no perfil de uma geração específica. E, pelo menos no que diz respeito ao Brasil, desigualdades socioeconômicas e culturais tornam essas categorizações um tanto artificiais, se pensadas em nível nacional. Adicionalmente, há que se considerar que essa categorização não é estática, há gerações intermediárias compartilhando características das predecessoras e sucessoras.

Apesar disso, as pesquisas sugerem que a maioria das pessoas cuja data de nascimento se situa na mesma década ou período realmente compartilha muitas características,[28] as quais comentaremos a seguir, considerando contribuições de vários autores para delinear o perfil das "novas gerações".

De especial interesse para o tema deste capítulo é a constatação de que as gerações mais novas são capazes de realizar processos diversos em velocidades maiores do que suas antecessoras. Apesar de sempre terem existido pessoas com esse perfil, como pilotos de avião e de carros de corrida, o diferencial é que agora essa habilidade está disseminada por toda uma geração, e em uma idade precoce. Essa "necessidade de velocidade" se manifesta em ambientes de aprendizagem e locais de trabalho de várias maneiras, em especial pela demanda de tecnologias que possam acelerar os processos (por exemplo, fornecendo dados em tempo real).

Outro traço definidor das novas gerações é a capacidade de fazerem muitas coisas ao mesmo tempo, num verdadeiro esquema multitarefa. Embora alguns teóricos argumentem

---

A "necessidade de velocidade" se manifesta em ambientes de aprendizagem e locais de trabalho de várias maneiras, em especial pela demanda de tecnologias que possam acelerar os processos (por exemplo, fornecendo dados em tempo real).

---

27 ROSEN, L. D. *Rewired*: understanding the iGeneration and the way they learn. New York: Palgrave Macmillan, 2010.

28 WELLER, W. A atualidade do conceito de gerações de Karl Mannheim: perspectivas para a análise das relações entre educação e trabalho. In: XXIX ENCONTRO ANUAL DA ANPOCS, Caxambu, 25 a 29 de outubro de 2005. STRAUSS, W.; HOWE, N. *Generations*: The history of America's future, 1584-2069. New York: William Morrow, 1991.

que isso compromete o nível de atenção dedicado a cada tarefa (veja a seguir a teoria da carga cognitiva), Prensky,[29] por exemplo, afirma que a mente humana pode processar muitas faixas ao mesmo tempo e que qualquer "tempo ocioso" presente em tarefas prioritárias pode ser usado para lidar com outras coisas. O autor destaca ainda a capacidade das novas gerações de explorarem randomicamente estruturas hipertextuais, caminhos aleatórios e fazerem novas conexões, em vez de se manterem restritas a um único percurso, de modo linear, passo a passo.

Além disso, as novas gerações literalmente direcionam sua atenção às novas ferramentas multimodais concebidas especialmente para elas. Desde a infância, elas têm sido continuamente expostas à televisão, aos vídeos, aos jogos de computador e à internet, que lhes mostram gráficos muito expressivos e de alta qualidade, com pouco ou nenhum texto de acompanhamento. Além disso, elementos sonoros e também gestuais, táteis e espaciais são selecionados, produzidos e adaptados e então distribuídos, recebidos, interpretados e reproduzidos em um processo contínuo de recepção e interpretação de significados que vai muito além da comunicação textual unimodal.[30] E, para completar o cenário, a visualização da informação tem, mais recentemente, permitido que grandes conjuntos de dados sejam apresentados de forma consolidada em gráficos dinâmicos e atualizáveis em tempo real.

Assim, nascidas em uma cultura de excesso e diversidade de conteúdos – à qual se soma a escassez de tempo –, as novas gerações desenvolveram recursos de gerenciamento de informações que muitas vezes espantam seus pais, seus professores e até seus superiores no mundo corporativo. São esses os jovens que agora povoam o Ensino Superior e o mercado de trabalho e, acostumados desde a infância a controlar como seu tempo é empregado, se veem ante os desafios da educação por toda a vida (*lifelong learning*).

> Nascidas em uma cultura de excesso e diversidade de conteúdos – à qual se soma a escassez de tempo –, as novas gerações desenvolveram recursos de gerenciamento de informações que muitas vezes espantam seus pais, seus professores e até seus superiores no mundo corporativo.

---

29 PRENSKY, 2007.
30 FILATRO, 2015. Ver também KRESS, G. R.; VAN LEEUWEN, T. *Multimodal discourse*: the modes and media of contemporary communication. London: Bloomsbury Academic, 2001.

FAÇA FÁCIL

---- Discurso de elevador ----
-------- (Elevator pitch) --------

A técnica Discurso de elevador é muito comum no contexto de *startups* (empresas iniciantes, geralmente na área de tecnologia), em que *pitch* é uma apresentação rápida de uma ideia ou oportunidade de negócio a um possível investidor ou parceiro de negócio. Remete ao cenário em que há um encontro inesperado com alguém de muito interesse dentro de um elevador, que é um local onde temos poucos minutos para expressar ou vender uma ideia. Ou seja, é preciso ser rápido e efetivo, mas antes simplificar uma mensagem complexa.

Adaptada ao contexto educacional, a técnica pode ser usada no lugar dos tradicionais seminários, em que alunos individualmente ou em grupos apresentam suas reflexões sobre um problema, um texto ou um tema estudado ao longo de um bimestre ou semestre.

O diferencial do Discurso de elevador é que os alunos têm um período curto (de 3 a 5 minutos, conforme definido no planejamento da técnica) para apresentar um pequeno discurso aos demais colegas.

Para aplicação da técnica, este é o passo a passo recomendado.

1

Oriente os alunos sobre a dinâmica do Discurso de elevador:

a. defina o problema, texto ou tema a ser estudado, em alinhamento aos objetivos de aprendizagem de um curso ou unidade de estudo;
b. defina um período para que os alunos estudem, individualmente ou em grupo, o assunto em questão;
c. agende um dia para a apresentação dos discursos de elevador pelos alunos individualmente ou em grupos, ressaltando a duração-limite de cada discurso.

FAÇA FÁCIL

2

Durante o período de preparação, subsidie os alunos com referências bibliográficas e exemplos práticos relacionados. Oriente-os também com relação aos tópicos-chave a serem abordados durante o discurso.

3

Sugira estratégias para ensaio e aprimoramento do discurso, como apresentação-teste para alunos selecionados e *checklist* de avaliação (ver item 5).

4

Coordene a apresentação dos discursos pelos alunos.

5

Avalie as apresentações levando em consideração os critérios elencados no *checklist* de avaliação fornecido aos alunos.

Exemplo de *checklist* para a estratégia Discurso de elevador

- ☐ qualidade do conteúdo apresentado
- ☐ capacidade de síntese
- ☐ expressão oral
- ☐ aproveitamento do tempo
- ☐ espírito de colaboração (para atividade em grupo)
- ☐ ...
- ☐ ...

CAPÍTULO 2 Metodologias ágeis 109

> Apesar de todas as novidades tecnológicas, de todas as mudanças socioculturais e de todas as descobertas científicas, precisamos ser realistas: a aprendizagem é um desafio que consome tempo, principalmente no que diz respeito a assuntos complexos.

Parece absurdo pensar que os alunos queiram manter os olhos fixos em um professor ou no quadro-negro à frente enquanto podem surfar na *web*, interagir nas redes sociais e usufruir dos inúmeros aplicativos disponíveis, respondendo aos estímulos engajadores das mídias que lutam ferozmente para atrair sua atenção.

Sabemos que, na educação presencial convencional, muitos alunos cultivam uma espécie de "atenção ilusória", prestando menos do que sua plena atenção a professores, textos e tarefas.[31] Mas agora estamos testemunhando estratégias de atenção parcial, subsidiária e intermitente utilizadas rotineiramente pelos alunos da educação básica, por exemplo, que aprenderam a fazer as tarefas de casa enquanto assistem à televisão e ouvem música em fones de ouvido. Conectados simultaneamente com o trabalho e os *games*, surfando na internet enquanto também batem papo nos aplicativos da moda, ao mesmo tempo que superam os níveis de desafios de seu *game* preferido, eles alternam rapidamente telas e dispositivos para minimizar qualquer perda de tempo associada à espera de processamento, carregamento e conexão.[32]

O **Capítulo 3**, sobre metodologias imersivas, destaca o potencial engajador e interativo dos jogos para promover a aprendizagem.

Apesar de todas as novidades tecnológicas, de todas as mudanças socioculturais e de todas as descobertas científicas, precisamos ser realistas: a aprendizagem é um desafio que consome tempo, principalmente no que diz respeito a assuntos complexos.[33]

---

31 CASTELL; JENSON, 2004.
32 O fenômeno da "segunda tela" no Brasil é comprovado por pesquisa feita pelo YouTube em 2015, cujos resultados mostram que 86% dos jovens brasileiros usuários do *site* fazem sempre uma segunda atividade enquanto assistem à TV. Destes, 70% estão on-line navegando nas redes sociais ou consumindo vídeos em outras plataformas. Alguns dispensam completamente os canais tradicionais, e esse número cresce a cada dia (PRADO, T. O novo jeito de ver TV. *Veja Digital*, 30 set. 2016. Disponível em: https://veja.abril.com.br/entretenimento/o-novo-jeito-de-ver-tv/. Acesso em: 22 abr. 2022).
33 BRANSFORD, J. D. et al. (Ed.). *How people learn*: brain, mind, experience, and school. Expanded edition. Washington, DC: The National Academic Press, 2000.

Por essa razão, é necessário considerar neste capítulo quanto as metodologias ágeis podem contribuir para uma aprendizagem realmente significativa.

2.4 APRENDIZAGEM PROFUNDA E DE SUPERFÍCIE

Estima-se que os mestres de xadrez de classe mundial precisem de 50 mil a 100 mil horas de prática para atingir esse nível de experiência. Eles contam com uma base de conhecimento com cerca de 50 mil padrões familiares de xadrez para orientar sua seleção de movimentos.[34] Em todos os domínios de aprendizagem, a quantidade de tempo necessário para aprender algo é aproximadamente proporcional à quantidade de conteúdo que está sendo aprendido.[35]

Os alunos, especialmente no Ensino Fundamental, muitas vezes são confrontados com tarefas que não têm sentido ou lógica aparente.[36] Pode ser difícil para eles aprenderem com compreensão (ou em profundidade) a princípio; talvez precisem de tempo para explorar conceitos subjacentes e gerar conexões com outros conhecimentos adquiridos. Tempo para aprender significa tempo suficiente para processar as informações, como veremos a seguir.

Tempo para aprender significa tempo suficiente para processar as informações.

Nicholas Carr, que escreve sobre tecnologia e cultura, é bastante crítico quanto à atual explosão de tecnologia digital. Segundo esse autor, as tecnologias não estão mudando apenas a maneira como buscamos informações e nos comunicamos, estão também modificando rápida e profundamente nosso cérebro.[37]

De fato, a capacidade de processamento e memória dos computadores expande nosso cérebro – hoje guardamos números de telefone e outras informações relativas à nossa agenda nos celulares, nos *notebooks*, na nuvem. Nosso ser se amplia

---

34 CHASE, W. G.; SIMON, H. A. Perception in chess. *Cognitive Psychology*, v. 4, p. 55-61, 1973. SIMON, H. A.; CHASE, W. G. Skill in Chess. *American Scientist*, v. 61, n. 4, p. 394-403, jul.-aug. 1973.

35 SINGLEY, M. K.; ANDERSON, J. R. *The transfer of cognitive skill.* Cambridge, MA: Harvard University Press, 1989.

36 KLAUSMEIER, J. K. *Educational psychology.* New York: Harper and Row, 1985.

37 CARR, N. *A geração superficial:* o que a internet está fazendo com os nossos cérebros. Trad. M. G. F. Friaça. Rio de Janeiro: Agir, 2011.

por meio de perfis nas redes sociais. Assim, quanto mais conectados estivermos e quanto mais funcionalidades do ambiente digital incorporarmos, mais expandiremos nosso ser.

Além disso, estudos apontam para as contribuições do uso de computadores para a saúde mental de idosos, por exemplo, na medida em que esse uso ajuda a preservar os laços familiares e sociais (pelo uso, por exemplo, de programas de comunicação como Zoom, Microsoft Teams, Google Meets e similares) e facilita a estimulação cognitiva diária por meio da leitura de notícias, gerenciamento das finanças e atividades similares. Assim, quando são utilizados de forma "sistêmica", repetida e continuada, os computadores podem se tornar uma fonte robusta de estimulação cognitiva que ajuda a retardar problemas de memória ou outros processos mentais.

> O uso diário de computadores, *smartphones*, sites de buscas e outras ferramentas semelhantes estimula a alteração de células neurais e a liberação de neurotransmissores, fortalecendo gradualmente novos caminhos neurais em nosso cérebro, enquanto enfraquece outros.

De fato, o uso diário de computadores, *smartphones*, sites de buscas e outras ferramentas semelhantes estimula a alteração de células neurais e a liberação de neurotransmissores, fortalecendo gradualmente novos caminhos neurais em nosso cérebro, enquanto enfraquece outros.[38]

E para Nicholas Carr é justamente aqui que reside o problema: o que *não* estamos fazendo quando estamos on-line também tem consequências neurológicas: o tempo que gastamos varrendo uma infinidade de páginas *web*, trocando minúsculas mensagens de texto e saltando entre numerosos *links*, deixamos de gastar lendo livros, compondo sentenças e parágrafos complexos e dedicando-nos à contemplação e à reflexão. Como realizamos algumas ações em detrimento de outras, o cérebro recicla os neurônios e sinapses que não estão sendo usados e os direciona a outras tarefas que exigem resposta mais imediata.[39]

Do ponto de vista desse autor, interagir com a *web* hipertextual e hipermidiática requer uma forma intensiva de multitarefa mental, que cobra um alto preço a cada vez que mudamos nosso foco de atenção e precisamos reorientá-lo para uma nova direção. A conclusão é que, de certa forma,

---

38 SMALL, G.; VORGAN, G. *IBrain*: surviving in the technological alteration of the modern mind. New York: Collins, 2008 apud CARR, N. *The shallows*: what Internet is doing to our brains. New York: W.W. Norton & Company, 2010.

39 CARR, 2011.

a *web* apequena nossa capacidade de conhecer, em profundidade, um assunto por nós mesmos, e construir, dentro da nossa própria mente, um conjunto rico e idiossincrático de conexões que perdure por um longo tempo e possa ser recolocado em ação quando necessário.

Vamos pensar um pouco melhor na distinção entre aprender em profundidade e aprender superficialmente (não por acaso, o título em português do livro de Carr aqui citado é *A geração superficial*).[40]

De acordo com o professor Fredric Michael Litto, presidente da Associação Brasileira de Educação a Distância, as pesquisas dos últimos anos contrapõem dois "estilos" de ensino ou aprendizagem, um designado "aprendizagem profunda" e o outro "aprendizagem de superfície", cujas características básicas são mostradas no Quadro 2.1.[41]

Quadro 2.1 – Aprendizagem profunda *versus* aprendizagem de superfície

A aprendizagem profunda ocorre quando os alunos...	A aprendizagem de superfície ocorre quando os alunos...
• têm alta motivação intrínseca (satisfação e prazer em aprender e sensação de poder ao adquirir novo conhecimento); • usam capacitações cognitivas de alta ordem (como análise e síntese, julgamento e interpretação); • procuram compreender profundamente o conteúdo estudado; • integram novos conceitos a conhecimentos e experiências anteriores; • procuram o contexto e o "sentido" do conteúdo estudado (visão holística); • demonstram retenção em longo prazo e capacidade de transferir o conhecimento para domínios diferentes e novos; • participam da escolha daquilo que deverão estudar; • veem sua aprendizagem como algo relevante para sua vida ou carreira futura.	• são motivados extrinsecamente (receber uma boa nota do professor, um novo carro ao passar de ano ou uma promoção ao obter uma certificação); • focalizam pedaços de informação de forma atomista, memorizando detalhes ou características específicas; • acreditam que "conhecimento" é uma coletânea de fatos ou dados isolados a serem memorizados; • estão preocupados com "respostas certas" e cobertura completa do conteúdo, e não com inter-relações entre os elementos ou fatos; • têm compreensão limitada de conceitos, dificuldade em reconhecer as ideias mais significativas, desenvolver argumentos convincentes e distinguir princípios de exemplos; • esquecem rapidamente os fatos ou conceitos memorizados; • não veem uma relação clara entre sua aprendizagem e seu futuro.

Fonte: adaptado de LITTO, [s.d].

---

40 CARR, 2011.
41 LITTO, F. M. Aprendizagem profunda e aprendizagem de superfície. *Aprendiz*, [s.d.]. Disponível em: https://groups.google.com/g/baproees/c/5v-lAAzwVKA?pli=1. Acesso em: 25 abr. 2022.

Ainda segundo Litto, não devemos esperar que alunos estudem todos os conteúdos de forma profunda. Seymour Papert observou que os conjuntos de ideias que aprendemos são como os relacionamentos humanos: tratamos algumas pessoas como amigos do peito, outras apenas como "conhecidos", e outras ainda em algum lugar entre esses dois pontos. Mas é justo esperar que os alunos demonstrem aprendizagem profunda em pelo menos algumas áreas do saber, por escolha própria.[42]

Porém, uma coisa é usarmos a distinção entre aprendizagem profunda e de superfície para mostrar que alguns alunos adotam um ou outro estilo preferencial, outra é usar essa distinção em termos de estilo de ensino (ou de design instrucional), que influenciará como o conteúdo é apresentado e como as atividades de aprendizagem são propostas. Ou seja, podemos tomar decisões de planejamento e apoio à aprendizagem que considerem os aspectos teóricos levantados até aqui.

Vejamos: a tentativa de cobrir muitos tópicos de forma muito rápida pode dificultar a aprendizagem e a transferência subsequente porque os alunos:

a) aprendem apenas conjuntos isolados de fatos que não estão organizados nem conectados; ou
b) são instados a organizar princípios que eles não conseguem entender porque não têm conhecimento específico suficiente para torná-los significativos.

Na verdade, John Sweller,[43] um psicólogo educacional australiano, vem estudando há décadas como nossa mente processa a informação e, em particular, como as pessoas aprendem. Seguindo a tradição cognitivista, ele explica como a internet e outras mídias influenciam o estilo e a profundidade de nosso pensamento.

 No **Capítulo 1**, sobre metodologias (cri)ativas, abordamos de forma mais detalhada os pressupostos que fundamentam as abordagens teóricas cognitivistas.

---

42 LITTO, [s.d].
43 SWELLER, J. *Instructional design in technical areas*. Camberwell: Acer Press, 1999.

Em primeiro lugar, nosso cérebro incorpora dois tipos de memória: a memória de curto prazo, por meio da qual lidamos com impressões imediatas, sensações e pensamentos, e que tende a durar alguns segundos; e a memória de longo prazo, na qual armazenamos tudo aquilo que aprendemos de maneira consciente ou inconsciente, e que pode permanecer em nosso cérebro por dias, anos ou mesmo pela vida toda.

A memória de curto prazo se divide na memória sensorial, por meio da qual estímulos sensoriais são recebidos e selecionamos quais deles são importantes para nós (aqui a informação é retida por não mais de 1 segundo); e na memória de trabalho, que desempenha um papel instrumental em transferir as novas informações para a memória de longo prazo, e que representa o conteúdo da nossa consciência em determinado momento.

É como se a memória de trabalho fosse um caderno de rascunho e a memória de longo prazo, um sistema de arquivos. E, a fim de nos permitir pensar em algo que aprendemos ou vivenciamos anteriormente, o cérebro precisa transferir as novas informações da memória de longo prazo para a memória de trabalho.

Na verdade, armazenamos na memória de longo prazo não apenas fatos, mas conceitos complexos ou "esquemas" que organizam pedaços de informação em padrões de conhecimento, conferindo profundidade e riqueza ao nosso pensamento. Aí está o maior gargalo em nosso cérebro. Diferentemente da memória de longo prazo, que tem capacidade praticamente ilimitada, a memória de trabalho é capaz de lidar simultaneamente com uma pequena quantidade de informação. Em um artigo publicado em 1956, com o título "The Magical Number Seven, Plus or Minus Two" (O mágico número sete, mais ou menos dois), o psicólogo cognitivista e professor da Universidade de Harvard George A. Miller observou que a memória de trabalho pode lidar tipicamente com apenas sete "pedaços" de informação.[44]

> É como se a memória de trabalho fosse um caderno de rascunho e a memória de longo prazo, um sistema de arquivos. E, a fim de nos permitir pensar em algo que aprendemos ou vivenciamos anteriormente, o cérebro precisa transferir as novas informações da memória de longo prazo para a memória de trabalho.

---

44 MILLER, G. A. The magical number seven, plus or minus two. Some limits on our capacity for processing information. *Psychological Review*, American Psychological Association, v. 101, n. 2, p. 343-352, 1994.

A informação que flui na nossa memória de trabalho em determinado momento é chamada de carga cognitiva. Quando a carga excede nossa capacidade de armazenar e processar a informação, somos incapazes de reter a informação ou de fazer conexões com a informação já armazenada em nossa memória de longo prazo, ou seja, somos incapazes de traduzir a nova informação em esquemas.

Uma vez que nossa atenção depende da nossa memória de trabalho, uma carga cognitiva elevada amplia a distração que experimentamos. E experimentos mostram que, quando alcançamos os limites da nossa memória de trabalho, torna-se mais difícil distinguir informação relevante de irrelevante, e passamos a ser meros consumidores de dados sem significado.

De acordo com Sweller, há muitas fontes possíveis de sobrecarga cognitiva, que ocorrem quando várias fontes de informação competem entre si pela limitada capacidade de processamento humano.[45] Para o autor, contudo, as fontes mais importantes são: a solução de problemas estranhos e a atenção dividida. O primeiro caso se evidencia nos efeitos cognitivos da navegação hipertextual. A necessidade de avaliar *links* e relacioná-los a nossas escolhas navegacionais, ao mesmo tempo que processamos uma multiplicidade de estímulos sensoriais, requer constante coordenação mental e tomada de decisão, distraindo o cérebro do seu trabalho de interpretar texto ou outra informação. O segundo caso acrescenta o fator multimídia, que apresenta e faz o *hiperlink* eletrônico não apenas de palavras mas também de imagens, sons e figuras em movimentos. Para Sweller, a divisão de atenção requerida pela multimídia drena nossos recursos cognitivos, diminuindo nossa aprendizagem e enfraquecendo nossa compreensão.

> Da teoria da carga cognitiva derivam princípios que favorecem uma aprendizagem efetiva. Em linhas gerais, é possível balancear a carga cognitiva por meio de cuidadoso design instrucional para apresentação de conteúdos educacionais e proposição de atividades de aprendizagem.

Da teoria da carga cognitiva derivam princípios que favorecem uma aprendizagem efetiva. Em linhas gerais, é possível balancear a carga cognitiva por meio de cuidadoso design instrucional para apresentação de conteúdos educacionais e proposição de atividades de aprendizagem. Entre os princípios recomendados, incluem-se:

---

45 FILATRO, 2016. Ali recuperamos a distinção de Sweller sobre diferentes tipos de carga cognitiva.

- reduzir tudo o que for irrelevante para a aprendizagem;
- aumentar a carga relevante (os desafios de aprendizagem que estimulam o aluno a alcançar os objetivos educacionais); e
- gerenciar a carga intrínseca natural a determinada área de conhecimento (pela estruturação e sequenciamento dos conteúdos).

E, de acordo com a teoria da carga cognitiva, também é possível combinar informação visual e auditiva de modo que nosso cérebro use canais diferentes para processar o que vemos e o que ouvimos. Ou seja, porque existem memórias de trabalho separadas – uma auditiva e outra visual, podemos reduzir os efeitos da atenção dividida e aumentar a capacidade da memória de trabalho se utilizarmos ambos os processadores em vez de um.

Com esse pano de fundo em mente, vamos analisar uma metodologia considerada inov-ativa por responder à necessidade contemporânea de aproveitar da melhor maneira possível a atenção humana e proporcionar aprendizagem efetiva, seja ela profunda ou de superfície.

2.5 MICROAPRENDIZAGEM

Segundo Gabrielli et al., a microaprendizagem visa explorar novas maneiras de responder à crescente necessidade de aprendizagem ao longo da vida (*lifelong learning*) ou de aprendizagem sob demanda (*learning on-demand*) apresentada pela sociedade atual.[46] Baseia-se na ideia de que as pessoas podem aprender melhor e de forma mais eficaz quando o conteúdo é dividido em partes digeríveis e a aprendizagem assume a forma de pequenas unidades de estudo.[47] Também considera o uso de tecnologias flexíveis, que permitam aos alunos acessar recursos de aprendizagem mais facilmente,

> A microaprendizagem visa explorar novas maneiras de responder à crescente necessidade de aprendizagem ao longo da vida (*lifelong learning*) ou de aprendizagem sob demanda (*learning on-demand*) apresentada pela sociedade atual.

---

46 GABRIELLI, S.; KIMANI, S.; CATARCI, T. The design of microlearning experiences: a research agenda. In: HUG, T.; LINDNER, M.; BRUCK, P. A. (Ed.). *Microlearning*: emerging concepts, practices and technologies after e-learning: proceedings of Microlearning Conference 2005 – learning & working in new media. Innsbruck, Áustria: Innsbruck University Press, 2006. p. 45-53.

47 SIMON, H. A. How big is a chunk? *Science*, v. 183, n. 4124, p. 482-488, 1974.

em condições e momentos específicos, por exemplo, durante intervalos de atividades ou enquanto estão se deslocando.

No entanto, a microaprendizagem não se limita ao tamanho (ou granularidade) dos conteúdos; inclui também o tempo como segunda dimensão. Ou seja, o conteúdo a ser aprendido é estruturado em pequenas unidades de estudo para serem realizadas dentro de um curto período, visando evitar uma possível sobrecarga cognitiva.

> O Duolingo é um aplicativo multiplataforma gamificado que oferece aos usuários microlições para apoiar a aprendizagem de um novo idioma. Lançado em 2011, desde então cresceu para mais de 300 milhões de usuários, sendo considerado por muitos anos o aplicativo de aprendizagem mais baixado do mundo. Oferta cerca de 60 cursos, incluindo línguas pouco conhecidas como o havaiano, o navajo e o gaélico. A promessa é de que, ao estudar de 5 a 20 minutos por dia, a qualquer hora e em qualquer lugar, o usuário comece a ganhar proficiência em uma língua estrangeira. As microlições são basicamente uma combinação de testes de múltipla escolha e atividades de ouvir e falar, que oferecem *feedbacks* imediatos aos usuários.

Assim, a dimensão temporal de aprender em pequenos passos está alinhada tanto ao modelo de processamento de informações quanto ao tamanho da tela (pequeno) de dispositivos móveis.

Da perspectiva tecnológica, a microaprendizagem se adequa aos padrões de uso dos dispositivos portáteis e das redes de comunicação móvel. Assim, o conteúdo entregue na forma de pequenas unidades ajusta-se à tela pequena dos *smartphones* e *tablets* e ao contexto de mobilidade em que esses aparelhos são usados.

Em termos educacionais, a microaprendizagem é particularmente apropriada à retenção de informação e, assim, à construção de conhecimento factual. Também se ajusta bem à aprendizagem informal, em atividades nas quais os aprendizes estão mais interessados em conteúdos curtos e específicos do que no acesso a um sólido corpo de conhecimentos relativo a um campo disciplinar.

Em sentido amplo, microaprendizagem é uma modalidade cujo foco está no nível micro (micromomentos, microconteúdos, microatividades, microcertificações). De acordo com Hug e Friesen, refere-se ao que ocorre em nível de segundos, minutos ou poucas horas, em oposição à meso e macroaprendizagem, que ocorreria em dias, semanas ou meses. O foco também está em sentenças, títulos ou clipes, e não em parágrafos, artigos, programas ou apresentações. E a microaprendizagem se realiza com o apoio de tecnologias portáteis e ambientes distribuídos, em lugar de sistemas integrados ou monolíticos.[48]

> **Microaprendizagem é uma modalidade cujo foco está no nível micro (micromomentos, microconteúdos, microatividades, microcertificações).**

A Gerência de Educação e Inovação da Fundação Dom Cabral criou, durante a pandemia do COVID 19, o movimento *A gente avança juntos* para mobilizar profissionais da área acadêmica e de gestão a aprofundar e expandir seus conhecimentos sobre diferentes aspectos da aprendizagem em ambientes digitais. O movimento visa apresentar tendências, temas e caminhos relevantes para que os profissionais da FDC aprendam de forma autônoma e apliquem os novos conhecimentos nos projetos educacionais em que atuam ou lideram.

O movimento é composto por ações educacionais independentes, de participação eletiva, organizadas em ciclos temáticos que tratam de design de experiência, engajamento, humanização, *storytelling*, ciência de dados na educação executiva e gamificação, entre outros. Cada ciclo é composto por um Meet Up, microconteúdos no Ambiente Virtual de Aprendizagem (AVA) e publicações no Telegram. Os Meet Ups são encontros síncronos mensais que ocorrem via Zoom, nos quais um professor convidado faz uma minipalestra sobre o tema do ciclo, além de responder a perguntas dos participantes. No AVA ficam disponíveis microconteúdos relacionados que podem ser acessados a qualquer momento: microvídeos, curadoria de materiais de aprofundamento, podcasts etc. Por fim, o Telegram é usado para compartilhar textos autorais curtos e direcionar as equipes para ferramentas e representações visuais inéditas (imagens, gráficos, templates).

---

48 HUG, T.; FRIESEN, N. Outline of a microlearning agenda. In: HUG, T. (Ed.). *Didactics of microlearning*: concepts, discourses and examples. Münster: Waxmann Verlag, 2007. p. 15-31.

 Fergunson et al. apresentam experiências com o método da aprendizagem espaçada (*spaced learning*), no qual, em vez de uma longa sessão de ensino, como uma palestra, os alunos aprendem uma série de pequenos "pedaços" de conteúdo, com lacunas entre eles. De forma mais específica, um professor apresenta um conjunto de informações por um período de 20 minutos; os alunos fazem uma pausa de 10 minutos para participar de uma atividade prática desconexa, como educação física ou música; pede-se, então, a eles que relembrem as informações-chave durante 20 minutos, que são seguidos por nova pausa de 10 minutos; por fim, os alunos aplicam seus novos conhecimentos por 20 minutos finais. Estudos mostram um aumento significativo na aprendizagem comparada à verificada em uma sessão de ensino típica.

Fonte: FERGUSON, R. et al. Spaced learning: building long-term memories in minutes. *Innovating Pedagogy 2017*: Open University Innovation Report 6. Milton Keynes, UK: The Open University, 2017. p. 3.

Por definição, as *microatividades* dependem do acesso a recursos e conteúdos, podendo ocorrer em momentos de pausa ou de intervalo nas atividades da vida diária e de trabalho dos alunos. Uma vez que esses intervalos podem acontecer em lugares e situações diferentes, as microatividades são a forma típica de resolver uma necessidade específica no momento exato em que ela ocorre.

FAÇA FÁCIL

Minute paper

A técnica Minute paper,[49] como diz o nome, ocupa apenas um minuto dos alunos, requer pouca tecnologia ou preparação e permite um *insight* imediato de como o grupo está caminhando. Pode ser adotada em dois formatos: versão básica (realizada presencialmente) e versão on-line (utilizando *chats* ou serviços de mensagem instantânea, como Skype, Twitter e WhatsApp, entre outros).

O Minute paper possibilita a participação anônima de estudantes (ao menos na versão básica presencial e usando ferramentas nas quais não há necessidade de *login*). Favorece a espontaneidade nas respostas, a metacognição e desenvolve a habilidade de síntese. Além disso, permite que todos contribuam em uma tarefa específica em iguais condições de participação (mesmo tempo, mesmo recurso). Os alunos obtêm *feedback* consolidado do *feedback* individual solicitado e podem descobrir sua posição em relação ao grupo, assim como a posição do professor em relação a determinado tópico. Adicionalmente, a técnica tem o poder de estabelecer uma relação interativa entre professor e alunos, e entre alunos.

Versão básica (presencial)

A ideia básica é que, durante ou ao final de uma unidade de estudo (por exemplo, uma palestra), o professor peça aos alunos que gastem 1 minuto escrevendo sua resposta pessoal a uma ou duas questões, por exemplo: "O que ficou menos claro nesta palestra?". A seguir, o professor recolhe os registros (pequenos papéis ou cartões padronizados) e faz uma consolidação, retornando com *feedback* na sessão seguinte.

Um roteiro simples para uso da técnica presencial é composto dos passos a seguir.

---

[49] Mais informações sobre a técnica podem ser encontradas em FILATRO, A. *Design instrucional na prática*. São Paulo: Pearson/Prentice-Hall, 2008. DRAPER, S. W. *One minute papers*. Disponível em: https://www.psy.gla.ac.uk/~steve/resources/tactics/minute.html. Acesso em: 22 abr. 2022. Acesso em: 15 fev. 2018. CROSS, P.; ANGELO, T. The one-minute paper. In: ANGELO, T.; CROSS, P. *Classroom assessment techniques*: a handbook for college teachers. Ann Arbor, MI: National Center for Research to Improve Postsecondary Teaching and Learning, 1988.

FAÇA FÁCIL

1

Explique a dinâmica do Minute paper – questões curtas propostas por você a serem respondidas em 1 minuto e enviadas após a expiração do prazo.

2

Proponha agora uma questão de interesse do grupo, podendo abranger:

- levantamento de expectativas sobre um curso ou unidade de estudo;
- questões sobre conteúdos abordados;
- citação de exemplos da vida real;
- consolidação de estratégias para solução de problemas;
- ao final de estudos de caso, solicitação de justificativas para decisões;
- conjuntos fixos de alternativas (questões de múltipla escolha);
- pré-teste sobre temas novos ou desconhecidos.

3

Passados os 60 segundos, informe aos alunos que o prazo para a redação das respostas está esgotado e que eles devem entregá-las a você.

4

Reserve um tempo para ler as respostas e elaborar um *feedback* consolidado.

5

Apresente suas observações às respostas entregues, abrindo espaço para a participação dos alunos.

Versão on-line

A ideia central é a mesma, de proposição de uma ou mais questões (não necessariamente interrogativas), com tempo determinado para entrega (60 segundos) via *chat* ou serviço de mensagem instantânea. Como as ferramentas síncronas identificam o emissor e exibem as respostas enviadas em um espaço comum, sugere-se que os alunos aguardem o aviso de expiração do prazo para enviar sua resposta. Você consolida as mensagens e dá um *feedback* coletivo.

Um roteiro simples para uso da técnica on-line é composto dos passos a seguir.

1
Explique aos alunos a dinâmica do Minute paper: questões curtas propostas por você a serem respondidas em 1 minuto e enviadas após o aviso de expiração do prazo. (Adapte as orientações de acordo com a ferramenta de comunicação utilizada.)

2
Proponha uma questão de teste (por exemplo: "Qual é o educador brasileiro de maior projeção internacional?") e oriente os alunos a responder em 60 segundos, sem enviar a resposta ao grupo.

3
Passados os 60 segundos, informe aos alunos que o prazo para a redação das respostas está esgotado e que eles devem enviar as respostas.

4
Corrija eventuais inadequações (alunos que enviam as respostas antes do tempo ou então depois que todos já publicaram suas mensagens), visando refinar a técnica para as próximas questões.

5

Proponha agora uma questão real de interesse do grupo. Pode variar de "Qual sua expectativa sobre o curso?", aplicada no início das aulas para verificar o que os alunos esperam de uma situação didática, até "O que você entende por...?", aplicada ao fim de uma unidade de estudo para verificar a compreensão dos alunos em relação a determinado conceito.

6

Passados os 60 segundos, informe aos alunos que o prazo para a redação das respostas está esgotado e que eles devem enviar as respostas.

7

Reserve um tempo para que todos leiam as mensagens enquanto você elabora rapidamente um *feedback* consolidado.

8

Apresente suas observações às mensagens publicadas, abrindo espaço para a participação dos alunos.

Versão em grupo

Os alunos podem trabalhar em pares ou trios, compartilhando respostas ou formulando questões uns aos outros (considerando sempre o limite de tempo cronometrado).

Os grupos podem preparar, aplicar, tabular, analisar e apresentar resultados de questões de one minute papers.

Os chamados *micromomentos* são viabilizados pela massificação dos telefones celulares, que ocuparam o lugar dos computadores de mesa na promoção de interações fragmentadas. Se antes era preciso esperar para buscar informações ou tomar decisões quando estivéssemos conectados a um PC, agora podemos tê-las nas pontas dos dedos a qualquer momento e em qualquer local por meio das conexões contínuas.

As ferramentas de localização disponíveis nos *smartphones* nos ajudam a encontrar o que queremos, a fazer o que desejamos e nos levam aonde precisamos chegar. Nos micromomentos, as pessoas usam seus *smartphones* para satisfazer a uma vontade pontual de aprender, de fazer, de descobrir, de assistir ou de comprar algo. São instantes em que decisões são tomadas e preferências são moldadas em questão de minutos ou segundos.[50]

Um tema relacionado à microaprendizagem, que aos poucos está sendo introduzido na educação, são os *microconteúdos*. A ideia também é fragmentar o conteúdo a ser aprendido para torná-lo mais adequado aos dispositivos móveis.

Existem vários tipos de microconteúdo: imagens, *podcasts*, vídeos, páginas wiki, comentários e revisões, postagens em *blogs* e mensagens curtas nas mídias sociais, incluindo-se nessa definição recursos digitais compostos de elementos sonoros, visuais e verbais, comumente criados, publicados e compartilhados na *web*.

O #EUROmicroMOOC é um projeto da Sociedade Espanhola de Microbiologia (SEM) baseado no primeiro curso mundial de microbiologia de acesso aberto ministrado através do Twitter. A característica "micro" se refere tanto ao assunto em foco, microbiologia, quanto ao formato reduzido de 280 caracteres de um tweet, enquanto "Mooc" significa Massive Online Open Course (cursos abertos massivos on-line). Ministrado por 14 professores e pesquisadores de 12 universidades da Espanha, México, Chile, Colômbia e El Salvador, o curso consiste em um conjunto de 30 a 40 tweets que são transmitidos sequencialmente em determinada data e horário. Ágil, visual e divertido, tem por público-alvo estudantes do ensino médio, professores de ciências nos níveis pré e universitário, profissionais de ciências, jornalistas científicos e o público em geral.

Para saber mais sobre o projeto, ver LÓPEZ-GOÑI, I. Twitter as a tool for teaching and communicating microbiology: The #microMOOCSEM Initiative. *Journal of Microbiology & Biology Education*, v. 17, n. 3, p. 492-494. dez. 2016.

---

50 RAMASWAMY, S. A revolução dos micromomentos: como eles estão mudando as regras. *Think with Google*, ago. 2015.

De naturezas tão diferentes, o que os distingue como microconteúdos? O Quadro 2.2 apresenta cinco características comuns: foco, estrutura, autossuficiência, indivisibilidade e endereçamento.

Quadro 2.2 – Características comuns aos microconteúdos

Características	Descrição
Foco	Refere-se a uma única ideia, um único tópico.
Estrutura	Possui metadados que o detalham, como título, descrição, palavras-chave, autor, data de criação, permitindo a busca e o compartilhamento em bases de dados.
Autossuficiência	Engloba todas as informações necessárias para sua compreensão e execução (por exemplo, um cartão de visitas ou uma receita culinária contém todos os dados para que possam ser utilizados pelas pessoas, sem necessidade de explicações complementares).
Indivisibilidade	Não pode ser quebrado em pedaços menores sem que haja perda de significado.
Endereçamento	Pode ser identificado por um nome/título único, que o distingue dos demais conteúdos.

Fonte: adaptado de SOUZA, M. I. F. *Modelos de produção de microconteúdo educacional para ambientes virtuais de aprendizagem com mobilidade.* Tese (Doutorado – Ciências Sociais na Educação) – Faculdade de Educação, Universidade Estadual de Campinas, Campinas, 2013. LEENE, A. Microcontent is everywhere (on microlearning). In: HUG, T., LINDNER, M., BRUCK, P. A. (Ed.). *Micromedia & e-learning 2.0: gaining the big picture:* proceedings of Microlearning Conference 2006. Innsbruck, Áustria: Innsbruck University Press, 2006.

Além dessas características, os microconteúdos guardam estreita relação com a hipermídia: a natureza híbrida (linguagens sonora, visual e verbal), a arquitetura hipertextual e a interatividade.

No contexto educacional, o microconteúdo é considerado, então, uma unidade de aprendizagem, que "é uma unidade atômica ou elementar que contém os elementos necessários ao processo de ensino/aprendizagem".[51] Assim, não pode ser subdividido em partes, sob pena de perder o significado; possui tamanho e tempo limitados; é autocontido no que se refere a objetivos e conteúdos; e visa a um ou mais objetivos de aprendizagem (ou resultados esperados).

Essa definição também corresponde ao conceito de (micro) objeto de aprendizagem, observando-se as restrições de tamanho e duração. Nesse sentido, também permite e facilita o uso/reúso de conteúdos.

---

51 FILATRO, 2008, p. 43 apud SOUZA, M. I. F. *Modelos de produção de microconteúdo educacional para ambientes virtuais de aprendizagem com mobilidade.* Tese (Doutorado em Ciências Sociais na Educação) – Faculdade de Educação, Universidade Estadual de Campinas, Campinas, 2013. p. 111.

FAÇA FÁCIL

-------- Pecha Kucha --------

Pecha Kucha (PK)[52] é um termo japonês usado para descrever o som produzido durante uma conversa (o popular burburinho ou blá-blá-blá). A PK nada mais é que um formato de apresentação ágil e criativa. Ela segue um padrão visual e temporal que consiste em 20 *slides*, cada qual com uma imagem e uma ideia central, acompanhados de apresentação oral limitada a rigorosos 20 segundos cada.

O formato foi criado em 2003 por Astrid Klein e Mark Dytham, do escritório de arquitetura e *design* Klein Dytham, sediado em Tóquio, no Japão. A ideia original era criar uma forma de compartilhamento de ideias que fosse divertida, inteligente e criativa. Hoje a PK vem sendo utilizada em inúmeras aplicações, inclusive como estratégia de ensino e aprendizagem e de avaliação.

Segue um exemplo de estrutura básica para construir uma apresentação impactante no formato PK.

1	2	3
Apresentar o tema.	Justificar a importância do tema para o objetivo geral do curso/programa.	Apresentar a ideia central e os subtópicos relacionados ao tema.

---

[52] Mais informações sobre a técnica podem ser encontradas em: EDWARDS, R. L. Pecha Kucha in the classroom: tips and strategies for better presentations. *Remixing the Humanities*, nov. 2010. Disponível em: http://remixhumanities.wordpress.com/2010/11/03/pecha-kucha-in-the-classroom-tips-and-strategies-for-better-presentations/. Acesso em: 25 abr. 2022. JONES, J. B. Challenging the presentation paradigm (in 6 minutes, 40 seconds): Pecha Kucha. *ProfHacker*. The chronicle of higher education, nov. 2009. Disponível em: https://www.chronicle.com/blogs/profhacker/challenging-the-presentation-paradigm-in-6-minutes-40-seconds-pecha-kucha. Acesso em: 23 abr. 2022.

FAÇA FÁCIL

4

Contextualizar o tema historicamente (quando surgiu, onde surgiu, por que surgiu) ou em relação ao quadro teórico mais amplo (como se relaciona com outros temas e com um ou mais campos de conhecimento).

5

Apontar uma ou mais características distintivas do tema.

6

Exemplificar as características do tema.

7

Fazer uma contraposição com outros temas relacionados.

8

Indicar limitações ou restrições do tema.

9

Apresentar possibilidades de aplicação ou desdobramentos.

10

Concluir com uma reflexão pessoal sobre o tema.

Por meio dessa estrutura básica, prepara-se o texto de locução que guiará a fala. Paralelamente, ou ao final dessa preparação, é hora de buscar imagens que representem a ideia principal de cada *slide*.

Há total liberdade para modificar ou mesmo subverter essa estrutura básica. O importante é que, ao final:

> a apresentação seja consistente e mantenha o foco no tema principal;
> o tema e seus subtópicos sejam distribuídos proporcionalmente no *slide*;
> o texto falado abarque as ideias principais relacionadas ao tema;
> as imagens ilustrem ou complementem a fala.

FAÇA FÁCIL

Boa parte das apresentações PK é feita ao vivo, porém cada vez mais elas têm sido registradas na forma de vídeo ou mesmo de aula narrada e disponibilizadas em serviços de compartilhamento de vídeos, como o YouTube e o Vimeo.

Veja a seguir uma rubrica de avaliação simples que possibilita uma autoavaliação ou uma avaliação por pares da PK.

Critério de avaliação	5 Excelente	4 Muito bom	3 Regular	2 Fraco	1 Insuficiente
Consistência e foco					
Clareza e objetividade na fala					
Pertinência e criatividade na seleção das imagens					
Pontuação total					

Completando o ciclo da microaprendizagem, Securato utiliza o termo "educação no formato Lego" (*educational Lego*, em inglês) para retratar a tendência de fracionar o ensino, apontando novas formas de certificação da aprendizagem como uma megatendência disruptiva em educação. As nanocertificações gradativas são seguidas de certificações intermediárias mais abrangentes que o aprendiz obtém até chegar a uma certificação final reconhecida pelos órgãos competentes.

A essa prática de modularização e flexibilização das certificações atribui-se o nome de credenciais empilháveis (do inglês *stackable credentials*). As nanocertificações estão alinhadas com a aprendizagem em micromomentos. Nas palavras do autor, não há "desperdício" de aprendizagem quando se microcertifica cada unidade de estudo capturada, processada e validada.[53]

A EdX oferece microcertificações ou micromestrados em Gestão da Cadeia de Suprimentos, que podem ser feitos isoladamente ou usados como créditos em um mestrado do MIT. Os alunos podem completar as certificações intermediárias quando e onde quiserem e ganhar credenciais reconhecidas por empresas de nível superior e aceitas como créditos para mestrado em várias universidades do mundo.[*]

[*] Detalhamento do programa em: *EDX*. Disponível em: www.edx.org/micromasters. Acesso em: 25 abr. 2022.

Como podemos notar, a microaprendizagem desenvolve uma forma de entrega de conteúdo em pequenos "pedaços", com alto nível de interação e *feedback* instantâneo após cada ação do usuário, que se ajusta bem tanto à aprendizagem móvel (m-learning) quanto à aprendizagem ubíqua (u-learning), duas metodologias ágeis que exploraremos com mais detalhes na seção a seguir.

2.6 M-LEARNING E U-LEARNING

Os dispositivos móveis, incluindo os telefones celulares, tornaram-se a tecnologia de crescimento mais rápido na história humana. Uma das razões deve-se ao melhor *design*, ao maior poder computacional, à capacidade de armazenamento de dados, velocidade e confiabilidade da rede. Mas o principal

---

53 SECURATO, J. C. *Onlearning*: como a educação disruptiva reinventa a aprendizagem. São Paulo: Saint Paul Editora, 2017.

fato é que os telefones celulares atuais conseguem combinar em um único dispositivo, a custo acessível, recursos de telefonia, computação, sistema de mensagens e multimídia.

A conexão com o mundo todo, o acesso a todo tipo de conteúdo (texto, áudio, vídeo, imagens), a convergência de mídias, funcionalidades e dispositivos de todos os tipos – de relógios a televisores, de câmeras fotográficas a mapas – e a disponibilidade 24 horas por dia, 7 dias por semana compõem um ecossistema móvel que funciona como uma extensão do nosso ser, ampliando consideravelmente a capacidade humana de processamento e armazenamento.[54]

No campo educacional, esses dispositivos possibilitaram o surgimento de uma nova modalidade de ensino e aprendizagem denominada aprendizagem móvel (ou aprendizagem com mobilidade), uma tradução para mobile learning (ou m-learning), do idioma inglês. No m-learning, o processo de ensino e aprendizagem é intermediado por dispositivos sem fio, como o telefone celular, o *smartphone* e o *tablet*, por exemplo, e permite conectar a experiência formal de educação com o aprendizado situado.

> No m-learning, o processo de ensino e aprendizagem é intermediado por dispositivos sem fio, como o telefone celular, o *smartphone* e o *tablet*, por exemplo, e permite conectar a experiência formal de educação com o aprendizado situado.

Uma definição mais estrita é dada por O'Malley et al: "qualquer tipo de aprendizado que acontece quando o aluno não está em um local fixo predeterminado, ou que ocorre quando o aprendiz aproveita as oportunidades oferecidas pelas tecnologias móveis".[55]

Segundo Saccol et al., o m-learning pode ser caracterizado por:[56]

- maior controle e autonomia do aprendiz sobre a própria aprendizagem;
- aprendizagem em contexto, no local, horário e condições que o aprendiz julgar mais adequados;
- continuidade e conectividade entre contextos nos quais o aprendiz se mover;

---

54 Ver GABRIEL, 2013, p. 25.
55 O'MALLEY, C. et al. *MOBILearn*: guidelines for learning/teaching/tutoring in a mobile environment. Nottingham: University of Nottingham, 2005.
56 SACCOL, A. Z.; SCHLEMMER, E.; BARBOSA, J. *m-learning e u-learning*: novas perspectivas da aprendizagem móvel e ubíqua. São Paulo: Pearson, 2011. p. 24-25.

CAPÍTULO 2 Metodologias ágeis   131

> Na educação corporativa, o m-learning oferece vários benefícios, como permitir que alunos com mobilidade utilizem seu tempo livre enquanto trabalham ou viajam para realizar suas tarefas, não precisando se prender a espaços físicos fixos para ter acesso a materiais didáticos ou para interagir com professores e colegas de estudo.

- aproveitamento de tempos, espaços e quaisquer oportunidades para aprender de forma espontânea, de acordo com seus interesses e necessidades.

Vale lembrar que, dadas as peculiaridades dos aparelhos móveis, especialmente aquelas relacionadas ao tamanho reduzido da tela e do teclado, as propostas educacionais precisam apresentar características da microaprendizagem, atendendo aos aspectos de mobilidade, conectividade, *design*, usabilidade, interatividade, linguagem, entre outros requisitos.

E, no m-learning, além de acessar recursos e materiais, os aprendizes também podem capturar dados, realizar observações e gerar conteúdos, compartilhando-os em tempo real ou armazenando-os para uso posterior.

Nos últimos anos, uma nova linha de pesquisa passou a explorar o uso dos sensores embutidos nos aparelhos de celulares para o ensino de física. É a chamada *smartphysics* ("física inteligente"). Em matéria da revista *Ciência Hoje*, os professores pesquisadores Vitor L. B. de Jesus (IFT-RJ) e Daniel G. G. Sasaki (CEFET-RJ) apresentam três exemplos de experimentos – acelerômetro, giroscópio e sensor de luminosidade – que podem transformar o celular em um verdadeiro laboratório portátil.

* A matéria, publicada em 28 ago. 2018, está disponível em: https://cienciahoje.org.br/artigo/quando-o-celular-e-o-laboratorio-de-fisica/. Acesso em: 25 jun. 2022. https://cienciahoje.org.br/artigo/quando-o-celular-e-o-laboratorio-de-fisica/. Ver mais a respeito em: VIEYRA, R., VIEYRA, C., JEANJACQUOT, P., MARTI, A. e MONTEIRO, M. Turn Your Smartphone Into a Science Laboratory. Science Teacher, 2015. Disponível em: https://www.researchgate.net/publication/315577025_Turn_Your_Smartphone_Into_a_Science_Laboratory. Acesso em: 25 jun. 2022.

Particularmente na educação corporativa, o m-learning oferece vários benefícios, como permitir que alunos com mobilidade utilizem seu tempo livre enquanto trabalham ou viajam para realizar suas tarefas, não precisando se prender a espaços físicos fixos para ter acesso a materiais didáticos ou para interagir com professores, colegas de estudo e demais atores do processo de ensino e aprendizagem. Outro benefício é a provisão de aprendizado em tempo real, no momento exato em que os alunos precisam resolver um problema e buscar conhecimento.

Entre as tecnologias móveis, uma que se destaca por ampliar a conexão entre o mundo on-line e off-line são as *mobiles tags*. Esses códigos de barra podem ser lidos por qualquer dispositivo móvel com câmera *web* e levam o usuário a algum *link*. Os *QR codes* (códigos de resposta rápida)[57] são os tipos mais populares de *mobile tags* e podem ser usados para fins educacionais em atividades de campo, visitas técnicas e experiências em laboratório, entre outros.

O **Capítulo 3** traz mais informações sobre como os *QR codes* podem ser usados em materiais didáticos que usam ferramentas de realidade aumentada.

O projeto Erasmus+: My city in QR codes (Erasmus+: Minha cidade em códigos QR) tem como objetivo compartilhar percepções sobre monumentos de cidades parceiras (Braga, Bruxelas e Castellammare) por meio da criação de vídeos legendados em vários idiomas e divulgados por *QR codes*. O projeto incentiva a interação entre escolas de vários países europeus, com o objetivo de abrir as portas da escola a outras realidades, outras formas de ensino e de atuação, de acordo com a especificidade geopolítica e histórica de cada país parceiro.*

* Detalhes podem ser encontrados em MYCIQR. *Welcome to Erasmus + Project* "My city in QR codes". Disponível em: http://myciqr.webnode.pt/. Acesso em: 25 abr. 2022.

No entanto, apesar do seu potencial para impactar a educação, algumas limitações dos dispositivos móveis, como tamanho de tela reduzido, variações em plataformas, redes de dispositivos móveis e apresentação de informações de forma

---

57 QR é a sigla de *Quick Response*, em inglês, que significa "resposta rápida". É uma espécie de código de barras que pode ser escaneado usando-se dispositivos móveis e computadores. Depois de lido, o código pode abrir rapidamente na tela do dispositivo uma imagem em 3-D, uma página *web*, uma localização georreferenciada, um número de telefone, entre outros.

confiável e amigável, podem dificultar a aceitação do uso da aprendizagem móvel.

Em alguns contextos, o m-learning é visto como uma extensão do e-learning, ou seja, o aprendizado eletrônico acessado por meio de dispositivos móveis. Em outros, é considerado totalmente diferente por superar algumas de suas limitações, como barreiras espaciais e temporais impostas por uma tecnologia fixa que exige acesso a computadores de mesa. Assim, o que diferencia o m-learning do e-learning não é a tecnologia de acesso, mas o conceito de mobilidade acrescido à aprendizagem.

A mobilidade propicia a mudança de ambientes e de contextos – surgem novas necessidades, novas oportunidades, novos grupos sociais, novos horários. Até os chamados "tempos mortos" (por exemplo, quando aguardamos uma consulta médica ou estamos à espera de um transporte) podem ser aproveitados para aprender.

Assim, o conceito de mobilidade se amplia para além da mobilidade física dos aprendizes, incluindo também a mobilidade tecnológica (utilização de diferentes dispositivos conforme as condições do contexto), a mobilidade conceitual (atenção a novos conceitos e conteúdos por meio das movimentações físicas), a mobilidade sociointeracional (interação com familiares, colegas de estudo ou de trabalho) e até mobilidade temporal (eliminação das fronteiras entre horário de trabalho, de estudo e de lazer).

À medida que nosso contexto muda, precisamos adequar a forma de aprender a esse novo contexto. Nesse sentido, Saccol et al. consideram a aprendizagem ubíqua (ou u-learning, do inglês ubiquitous learning)[58] um conceito mais abrangente do que o m-learning, que, por sua vez, representa uma forma diferente do e-learning (aprendizado eletrônico), como mostra a Figura 2.5.

---

58 Inicialmente, o adjetivo **ubíquo** – a capacidade de estar ao mesmo tempo em todos os lugares – referia-se a eventos extraordinários relacionados a deuses, santos e pessoas de elevada espiritualidade. Com o advento das tecnologias da informação e comunicação, qualquer pessoa conectada à internet consegue, virtualmente, estar em vários lugares ao mesmo tempo. Essa possibilidade foi intensificada pela computação em nuvem e será ainda mais potencializada pela "internet das coisas", que envolve sensores ou *microchips* conectados a objetos físicos para permitir interação entre humanos e objetos e entre objetos e objetos (de dispositivos digitais a carros, de brinquedos a roupas).

Figura 2.5 – Elementos que constituem o e-learning, m-learning e u-learning

Fonte: SACCOL, A. Z.; SCHLEMMER, E.; BARBOSA, J., 2011. LIU, G.; HWANG, G. A key step to understanding paradigm shifts in e-learning: towards context-aware ubiquitous learning. *British Journal of Educational Technology*, v. 41, n. 2, 2010.

Essa distinção fica ainda mais clara no quadro apresentado a seguir, que compara as características e potencialidades de cada modalidade educacional.

Quadro 2.3 – Similaridades e diferenças entre e-learning, m-learning e u-learning sensível ao contexto

Variáveis teóricas e práticas	e-learning	m-learning	u-learning sensível ao contexto
Características da aprendizagem	Acesso livre a distância, aprendizagem holística, acesso síncrono e assíncrono	Acesso livre a distância, aprendizagem holística, acesso síncrono e assíncrono, ambiente autêntico, acesso rápido a informações	Acesso livre a distância, aprendizagem holística, acesso síncrono e assíncrono, ambiente autêntico, acesso rápido a informações, suporte de aprendizagem ativo e adaptável
Principais tecnologias	PC, *notebook* e dispositivos suportados pela internet	Dispositivos móveis (por exemplo, PDA, telefone celular, computador portátil) com comunicação sem fio	Tecnologias de sensores (por exemplo, leitores RFID e *tags*, GPS) com dispositivos móveis e comunicação sem fio

CAPÍTULO 2 Metodologias ágeis

Quadro 2.3 – Similaridades e diferenças entre e-learning, m-learning e u-learning sensível ao contexto

Variáveis teóricas e práticas		e-learning	m-learning	u-learning sensível ao contexto
Centro de controle	Interno, com base na perspectiva do aluno	Usuário autodirecionado	Usuário ativo	Usuário ativo ou motivado por sensores
	Externo, com base na aplicação da ferramenta	Orientação baseada em comportamentos on-line	Orientação baseada em comportamentos de aprendizagem sem fio e em rede	Orientação baseada em comportamentos de aprendizagem on-line e autênticos
Principais fontes de informação		Servidores com fio	Servidores sem fio e objetos autênticos	Servidores sem fio e objetos autênticos com sensores incorporados
Campos acadêmicos e industriais aplicáveis		Quase todos os campos e disciplinas	Aprendizagem de conhecimento declarativo, como as observações e a classificação de um conjunto de objetos-alvo	Aprendizagem de conhecimento processual, como completar um experimento complexo
Modos de instrução		Atividades de aprendizagem um a um, um a grupo ou grupo a grupo	Atividades de aprendizagem um a um, um a grupo ou grupo a grupo, com informações de contexto autêntico para conhecimento declarativo, como observação e classificação de metas de aprendizagem do mundo real	Atividades de aprendizagem um a um, um a grupo ou grupo a grupo com informações de contexto autênticas para conhecimento processual, como habilidades ou capacidade para completar uma experiência complexa com vários itens de equipamentos
Formas de avaliação		Julgamento baseado em valores, síncronos ou assíncronos, por si mesmo, pelos pares ou professores, ou classificação artificial do sistema de aprendizagem	Julgamento baseado em valores, ao vivo, por si mesmo, pelos pares ou professores, ou classificação artificial do sistema de aprendizagem	Julgamento baseado em valores, ao vivo, por si mesmo, pelos pares ou professores, ou classificação artificial do sistema de aprendizagem, especialmente adequado para avaliar atividades de aprendizagem do mundo real
Cenários de aprendizagem		Contexto de aprendizagem on-line passivo	Contexto de aprendizagem on-line passivo e do mundo real	Contexto de aprendizagem on-line mais ativo e do mundo real

136 **METODOLOGIAS INOV-ATIVAS** na educação presencial, a distância e corporativa

Quadro 2.3 – Similaridades e diferenças entre e-learning, m-learning e u-learning sensível ao contexto

Variáveis teóricas e práticas	e-learning	m-learning	u-learning sensível ao contexto
Teorias pedagógicas ou estratégias de tutoria relacionadas	Praticamente todos os tipos de teorias pedagógicas ou estratégias de tutoria	Praticamente todos os tipos de teorias pedagógicas ou estratégias de tutoria, especialmente aprendizagem baseada em projetos, aprendizagem autêntica e andaimaria[59]	Praticamente todos os tipos de teorias pedagógicas ou estratégias de tutoria, especialmente aprendizagem baseada em projetos, aprendizagem autêntica, andaimaria e aprendizagem cognitiva[60]

Fonte: adaptado de LIU; HWANG, 2010, p. E3.

Na verdade, o u-learning está relacionado à noção de computação ubíqua proposta por Mark Weiser em 1991 – um conceito usado para descrever a onipresença dos computadores no cotidiano das pessoas. Na computação ubíqua, também chamada de pervasiva, o computador se integra de tal modo à vida das pessoas que elas o usam sem perceber que o estão utilizando.[61]

Em termos tecnológicos, a computação ubíqua envolve diversos computadores interconectados por redes sem fio e protocolos de comunicação que permitem o tráfego de dados entre diferentes dispositivos (incluindo os móveis) e redes espalhadas por diferentes pontos, como prédios, ruas e carros. Além disso, sensores e mecanismos de localização tornam os dispositivos capazes de identificar a posição geográfica de cada usuário e de cada ambiente, melhorando a interface computacional de maneira inteligente.

Em uma definição mais estrita, u-learning refere-se a:

---

59 Andaimaria (do inglês *scaffolding*) é um tipo de intervenção em que professores ou tutores fornecem ajuda provisória na forma de "andaimes", os quais vão sendo retirados à medida que os aprendizes assumem o controle sobre sua aprendizagem.

60 Aprendizagem cognitiva (do inglês *cognitive apprenticeship*) se refere a um modelo instrucional inspirado na forma pela qual um aprendiz aprendia ao trabalhar com um mestre artesão em sociedades tradicionais. Atualmente refere-se também à aprendizagem que ocorre em ambientes informais cotidianos.

61 WEISER, M. The computer for the 21st century. *Scientific America*, v. 265, n. 3, p. 66-75, set. 1991.

[...] processos de aprendizagem apoiados pelo uso de tecnologias da informação ou comunicação móveis e sem fio, sensores e mecanismos de localização, que colaborem para integrar os aprendizes ao seu contexto de aprendizagem e a seu entorno, permitindo formar redes virtuais e reais entre pessoas, objetos, situações ou eventos, de forma que se possa apoiar a aprendizagem contínua, contextualizada e significativa para o aprendiz.[62]

Como podemos perceber na definição, a sensibilidade ao contexto do aprendiz é central para o conceito de aprendizagem ubíqua. "Sensibilidade ao contexto" refere-se à capacidade de os *softwares* se adaptarem à situação na qual eles se encontram. Essa capacidade possibilita um estilo de interação que facilita bastante a comunicação humano-máquina, já que o programa pode se adaptar à sua necessidade.[63]

Para melhor entendimento do que isso significa, Schilit apresenta quatro categorias básicas de contexto:[64]

1. **Contexto computacional** – refere-se a rede, conectividade, custo de comunicação, largura de banda e recursos como impressoras e estações.
2. **Contexto do usuário** – refere-se ao perfil do usuário, sua localização, a velocidade de seu movimento, as pessoas que estão próximas, sua situação social e seu estado de espírito.
3. **Contexto físico** – refere-se a itens como luminosidade, temperatura e umidade.
4. **Contexto de tempo** – refere-se à hora do dia, data específica ou época do ano.

Portanto, no u-learning, tudo o que ocorre ao redor do aprendiz é percebido e capturado para gerar entrega personalizada de microconteúdos, adaptação de atividades de

---

62 SACCOL; SCHLEMMER; BARBOSA, 2011, p. 28.
63 LIMA, J. S.; NASCIMENTO, J. M. F.; SANTOS, V. A. Computação ubíqua aplicada na educação: um mapeamento sistemático. In: Conferência Internacional sobre Informática na Educação (TISE), 19, Fortaleza, 2014. *Anais...*, Fortaleza: Tise, 2014.
64 SCHILIT, W. N. *A system for context-aware mobile computing*. Ph.D. Thesis. New York: Columbia University, 1995 apud PIOVESAN, S. D. et al. U-Sea: um ambiente de aprendizagem ubíquo utilizando *cloud computing*. In: XXII SBIE – XVII WIE, Aracaju, 2011. *Anais...* Aracaju, 2011.

aprendizagem e recomendação de interações com pessoas ou locais próximos.

Veja no Quadro 2.4 um compatativo entre m-learning e u-learning.

Quadro 2.4 – Comparação entre m-learning e u-learning		
Sistema de aprendizagem	**m-learning**	**u-learning**
Verificação do contexto do aprendiz	Pelo acesso ao banco de dados com o portfólio de aprendizagem	Pelo acesso ao banco de dados com o portfólio de aprendizagem e sensibilidade aos contextos pessoais (por exemplo, a localização e a temperatura do corpo) e ambientais do mundo real
Acesso aos recursos ou serviços de aprendizagem	Os aprendizes acessam ativamente serviços do sistema por meio de redes sem fio	O sistema fornece ativamente serviços personalizados com base no contexto do aluno
Conteúdo do portfólio de aprendizagem	Gravação on-line dos comportamentos do aluno	Gravação on-line dos comportamentos do aluno e do ambiente correspondente no mundo real
Suporte personalizado	Com base no perfil do aluno e no banco de dados com comportamentos on-line	Com base nos comportamentos pessoais e situações ambientais do aluno no mundo real
Integração de recursos de aprendizagem	A alteração dos dispositivos móveis eventualmente pode interromper as atividades de aprendizagem	O serviço de aprendizagem não é interrompido enquanto o aluno se move de um lugar para o outro e o ambiente está mudando (incluindo dispositivos de aprendizagem e redes)

Fonte: adaptado de HWANG, G. J.; TSAI, C.-C.; YANG, S. J. H. Criteria, strategies and research issues of context-aware ubiquitous learning. *Educational Technology & Society*, v. 11, n. 2, p. 81-91, 2008.

Quando falamos em m-learning e u-learning, é natural pensar na provisão de soluções de aprendizagem just-in-time, ou seja, no momento exato em que os alunos precisam resolver um problema e buscar conhecimento. Esse é o tema da nossa próxima seção.

2.7 JUST-IN-TIME LEARNING

A expressão just-in-time learning (aprendizagem no momento exato) é tomada de empréstimo da indústria, na qual treinamentos e capacitações são dados aos trabalhadores no local e horário em que eles necessitam. Em vez de ficarem sentados durante horas de treinamento tradicional em sala de aula, os trabalhadores podem acessar tutoriais *web*, multimídia interativa, bancos de dados autoguiados e "pedaços" de informações, conforme necessário, para executar tarefas específicas e resolver problemas à medida que eles surgirem.

O mundo corporativo utiliza já há algum tempo ferramentas específicas de just-in-time learning (ou just-in-time training, como é conhecido em algumas empresas mais antigas), que citamos a seguir.[65]

- **Ajudas de trabalho (*job-aids*)** – oferecem informações de fácil acesso, consistentes e em um formato que permite rápida apreensão. Abrangem recursos como cartões de referência rápida, folhetos, quadros para monitores de computador, listas de abreviaturas ou códigos, cartazes, *checklists* (listas de verificação) e outros materiais utilizados para reforçar a informação aprendida em uma situação de sala de aula. Utilizam informação textual e visual para apresentar, de forma sintética, etapas de um processo, termos e definições, conceitos-chave e informações sobre melhores práticas. Um exemplo clássico são os cartões com instruções de segurança que ficam nos bolsões à frente das poltronas nos voos comerciais.
- **Templates** – ajudam a garantir que a formatação permaneça consistente dentro de um documento; são especialmente úteis quando vários indivíduos são responsáveis por conteúdos que serão mais tarde combinados com outros materiais similares ou que serão avaliados para fins de comparação. Um exemplo são os formulários para envio de currículos. Cada vez mais os *templates* têm sido usados como modelos de entrega de atividades a distância para ajudar os aprendizes a entender mais precisamente o que se espera deles em uma atividade e a "ganhar" tempo na realização de atividades sem se

---

65 McCLURE, R. D. Just-in-time training, 2002. *Academia.edu*. Disponível em: www.academia.edu/718759/JUST-IN-TIME_TRAINING. Acesso em: abr. 2022.

preocupar com questões de estilo ou forma; esse tipo de recurso também agiliza a correção pelo professor ou tutor, uma vez que evidencia o conteúdo das atividades mais que a forma.

- **Macros** – eliminam etapas repetitivas em aplicações de planilhas eletrônicas e programas de processamento de texto, reduzindo bastante o tempo necessário para completar uma atividade.

Pensando de uma forma mais global, o just-in-time learning é inovador ao propor mudanças em três dimensões específicas, como segue.[66]

1. **Do conteúdo padronizado para o conteúdo personalizado** – os programas tradicionais oferecem conteúdo calcificado em cursos específicos, enquanto o just-in-time learning oferece conteúdo personalizado, adaptado aos interesses, estilos e à motivação do aluno.

O **Capítulo 4** mostra de que maneira os conteúdos podem ser personalizados com base em dados obtidos pelo uso de metodologias analíticas.

2. **Da aprendizagem passiva para a aprendizagem ativa** – a sala de aula tradicional, não importa se presencial ou on-line, é baseada em um modelo de transmissão em que os conhecimentos do professor ou especialista são comunicados aos alunos; no just-in-time learning, a aprendizagem é ativa e experiencial, na medida em que os alunos são apresentados a problemas do mundo real e desafiados a encontrar soluções em contexto.

No **Capítulo 4** discutimos em profundidade as metodologias (cri)ativas e, particularmente, a aprendizagem experiencial.

---

66 WIND, J.; REIBSTEIN, D. Reinventing training for the global information age. *Knowledge@Wharton*, 2000.

3. **Do tempo fixo para o tempo fluido** – as novas tecnologias permitem que os alunos aprendam em qualquer lugar e em qualquer intervalo temporal. E, para atender às necessidades de cada instante, não apenas os conteúdos e as atividades são formatados em um tamanho administrável pelos alunos mas também estão atrelados a *feedback* imediato, que encerra o ciclo de interesse, consulta e assimilação de uma única vez. Desta forma, os alunos sabem que concluíram um "pedaço" de aprendizagem, por menor que seja, ou por mais informacional que tenha sido o objetivo naquele curto espaço de tempo.

Como vemos, é a questão da administração do tempo que distingue o just-in-time learning de outras metodologias (cri)ativas. Vejamos.

No modelo tradicional, o conhecimento é produzido nas universidades e organizações de pesquisas, armazenado em livros e materiais didáticos, distribuído às escolas e universidades e então entregue aos estudantes. Na maioria dos casos, os professores ajustam o *timing* e a organização da entrega, mas aceitam que o conteúdo seja determinado por terceiros.

> No just-in-time learning, conceitos, ideias, teorias e ferramentas de aprendizagem são "entregues" diretamente aos alunos, à medida que são necessários para resolver problemas do mundo real.

No just-in-time learning, conceitos, ideias, teorias e ferramentas de aprendizagem são "entregues" diretamente aos alunos, à medida que são necessários para resolver problemas do mundo real. A internet possibilita que os alunos tenham contato direto com produtores de conhecimento e acessem informações quando e onde precisam, com menos dependência de escolas ou professores para mediar o acesso ao conhecimento.

Por essa razão, à primeira vista pode parecer que os professores se tornarão dispensáveis para organizar a experiência de aprendizagem, pois os alunos "aprenderão a aprender" e poderão prosseguir em seus estudos e projetos de forma independente, com pouca necessidade de professores.

Na visão de Riel, contudo, o acesso a informações de tantas perspectivas diferentes aumenta, e não diminui, a necessidade de orientação educacional qualificada por parte de professores. Os alunos precisam aprender a avaliar informações e fontes de informação, quais outros recursos estão disponíveis e como seu trabalho se integra com o de outros para criar uma compreensão abrangente de um campo de estudo.[67]

A autora Riel argumenta que precisamos ser cautelosos ao reduzir a educação a uma atividade de se mover de forma aleatória de um conjunto de conhecimentos e habilidades para o próximo conjunto, conforme necessário. A seu ver, a educação implica um plano que integra a aprendizagem a estruturas intelectuais mais complexas, que servem ao aluno em contextos imediatos e produtivos. Isso requer interações dinâmicas entre professor-aluno em torno de um curso integrado de conhecimento e habilidades, com estrutura influenciada por forças econômicas, acadêmicas e comunitárias. Nesse sentido, embora as ferramentas técnicas possam substituir parte das tarefas rotineiras de fornecer informações no momento necessário, esse trabalho não deve ser confundido com a concepção de um "curso" de desenvolvimento intelectual.

Riel também não concorda que a única consequência do just-in-time learning seja uma aprendizagem mais individualizada. O contrário também é possível – na verdade, a tecnologia de comunicação pode ampliar o diálogo educacional aumentando o acesso a outros professores, estudantes e profissionais, ao formar "comunidades de aprendizagem" que se estendem para além da aprendizagem individualizada e do ensino de sala de aula.

A mídia impressa, a fotografia, o cinema e os computadores tornaram possível que muitas pessoas compartilhassem suas ideias com os alunos sem realmente entrar na escola, mas apenas em um tipo de transmissão unidirecional. Com a comunicação multidirecional e multimodal possibilitada pela internet e por redes sem fio, é possível que os alunos interajam com muitas outras pessoas e ideias. Transformar

> Transformar a sala de aula em uma comunidade de aprendizagem possibilita que muitas pessoas mais façam parte do processo de aprendizagem, em um diálogo aberto e contínuo.

---

67 RIEL, M. Education in the 21st century: just-in-time learning or learning communities. In: Emirates Center for Strategic Studies and Research. *Education and the Arab world*: challenges of the next millennium. Abu Dhabi: Emirates Center for Strategic Studies and Research, 2000. p. 137-160.

a sala de aula em uma comunidade de aprendizagem possibilita que muitas pessoas mais façam parte do processo de aprendizagem, em um diálogo aberto e contínuo.

No âmbito da educação presencial, o modelo em que os alunos assumem o papel de educar-se com módulos de aprendizagem just-in-time remete ao movimento das escolas democráticas da década de 1960 (como a Summerhill School).[68] O pressuposto é que os alunos sabem o que precisam saber, estão automotivados a aprender e são capazes de determinar seu próprio percurso de aprendizagem. Isso contrasta fortemente com a maioria das salas de aula tradicionais, em que o professor define o curso de aprendizagem (com base em diretrizes nacionais, no caso do ensino regular dos níveis Fundamental e Superior) para um grupo de alunos que receberá o mesmo conteúdo, da mesma forma. Convém observar, no entanto, que não são poucas as escolas e universidades que experimentam modelos pedagógicos menos transmissivos e mais centrados nos alunos.

Para a educação corporativa, como vimos, o just-in-time learning é muito mais palatável, visto que raramente a aprendizagem é a principal prioridade institucional, e o caminho das pessoas que aprendem é muito mais individualista. Possivelmente, a ideia de implantar comunidades de aprendizagem soa muito mais disruptiva para esse contexto educacional do que soluções baseadas em tempo fluido e flexível.

---

68 NEILL, A. *Summerhill*: for and against. New York: Hart Publishing Co., 1970.

FAÇA FÁCIL

Hackathon

Os *hackathons*[69] foram criados na década de 1990 e logo se tornaram uma febre mundial nas áreas de tecnologia e negócios. Basicamente, pequenos grupos de pessoas se debruçam sobre um problema e, durante um período intenso de colaboração, realizam tarefas específicas em busca de uma solução criativa, como um aplicativo digital, um projeto piloto, um código de programação, um protótipo ou uma versão demo da solução tecnológica.

Definições mais amplas consideram *hackathon* qualquer evento de qualquer duração no qual as pessoas se reúnem durante um período de tempo delimitado (geralmente um dia ou um final de semana) para resolver problemas ou desenvolver um produto final, não necessariamente envolvendo tecnologia. Existem variações do termo, como os *designathons*, focados na criação de objetos, sistemas ou interações humanas, e ainda os *learnathons* ou *Learn-A-Thons*, verdadeiras maratonas de treinamento, que ainda são empregadas principalmente em empresas de tecnologias, como Microsoft e Cisco.

Como estratégia de aprendizagem, o *Hackathon* é uma oportunidade de os alunos utilizarem suas habilidades e conhecimentos para resolver problemas. Essa estratégia remete à aprendizagem baseada em problemas, em projetos e em pesquisas, e pode utilizar técnicas de design thinking, tudo isso em uma única atividade que combina aspectos práticos, contextuais e sociais em uma experiência engajadora.

Para a realização do *hackathon*, um organizador (professor, coordenador ou especialista) pode seguir alguns passos básicos:[70]

---

[69] O termo combina as palavras *hack*, "programar de forma exploratória", e *marathon*, "maratona" ou "corrida prolongada".

[70] Saiba mais sobre *hackathons* em FIA BUSINESS SCHOLL. Hackathon: o que é, vantagens, desafios e como promover. *FIA*, 24 jun. 2021. Disponível em: https://fia.com.br/blog/hackathon/. Para um guia detalhado de organização, veja TAUBERER, J. *How to run a successful Hackathon*. Disponível em: https://hackathon.guide/. Acesso em: 26 jun. 2022.

FAÇA FÁCIL

1

Identifique claramente uma questão ou um problema que será o foco do *hackathon*, geralmente em consonância com um ou mais objetivos de aprendizagem.

2

Reúna com antecedência o máximo de informações sobre o problema e os recursos necessários para chegar à solução.

3

Defina o formato e o tamanho dos grupos, o cronograma das atividades, as regras de participação e os critérios de entrega e avaliação.

4

Organize o espaço no qual o evento ocorrerá:

> Para um *hackathon* presencial, as acomodações devem ser adequadas ao trabalho em grupos (mesas circulares são a melhor opção), e é preciso providenciar recursos de apoio como uma régua de energia por mesa, Wi-fi, projetor, microfone (em salas grandes) e acessibilidade. Também é importante atentar para os espaços de alimentação, descanso, socialização e banheiros, visto que as atividades podem avançar em horas e até em dias.

> Para um *hackathon* on-line, recomenda-se uma ferramenta de comunicação que permita alternar entre salas simultâneas (para o trabalho concentrado dos grupos) e sessões plenárias (para orientações gerais e compartilhamento das soluções).

FAÇA FÁCIL

5

Comece o evento com as orientações iniciais e o compartilhamento de ideias pelos grupos.

6

Gerencie as atividades de cada grupo de acordo com o cronograma proposto, lembrando que, embora intensivo, o tempo de um *hackathon* é limitado, e o objetivo é que os alunos se sintam realizados, e não frustrados, com os resultados alcançados.

7

Reserve um bom tempo ao final para que os grupos apresentem suas realizações, utilizando para isso formatos ágeis, como Pecha Kucha e Discurso de Elevador (veja nas respectivas seções Faça fácil).

8

As soluções apresentadas podem ser avaliadas pelo professor, pelos pares ou mesmo por convidados, de acordo com os critérios propostos, contribuindo dessa forma para fechar o ciclo de aprendizagem experiencial com a sistematização e consolidação de conhecimentos.

FECHAMENTO

Neste capítulo exploramos o potencial inovador das metodologias ágeis na educação. Ante a explosão informacional e a constatação de que a capacidade de processamento cognitivo humano permanece inalterada, a apresentação de pequenos "pedaços" de conteúdo, as interações rápidas e as tomadas de decisão contextualizadas, na hora e na situação exatas em que se fazem necessárias, são apontadas como a solução para a aprendizagem no mundo contemporâneo.

Boa parte daqueles que atuam na educação presencial, a distância e corporativa foram educados em outros termos e tomam como certas práticas arraigadas no mundo escolar, acadêmico e organizacional baseadas no controle dos tempos, dos espaços e das pessoas. Por essa razão, procuramos ao longo do capítulo trazer ao conhecimento do leitor e da leitora reflexões e casos práticos que ilustram mudanças de paradigma no que se refere à administração do tempo na educação.

Assim, fechamos este capítulo destacando os três princípios fundamentais para a adoção das metodologias ágeis em educação (veja a Figura 2.6).

As metodologias ágeis tocam em um dos valores mais caros ao mundo educacional: administrar a atenção – o tempo – das pessoas. Seu potencial inovador parece, a princípio, confrontar com a demanda por uma aprendizagem profunda, que permaneça por longos períodos e que possa ser aplicada em outros contextos e em contextos futuros, em oposição a uma aprendizagem superficial, rápida e fragmentada.

Mas – longe dos trocadilhos – encontramos abaixo da superfície a clara determinação de respeitar o tempo do aprendiz, de ir direto ao ponto sem rodeios, de dar sentido real àquilo que, nas ações convencionais de ensino, por vezes se perde em longos e repetitivos processos, cristalizados que foram pela tradição como "a" forma correta de aprender. Que os teóricos se debrucem sobre sua efetividade. Que os praticantes experimentem novos tempos e novas formas de aprender e ensinar.

Figura 2.6 – Princípios essenciais das metodologias ágeis

Fonte: elaborada pelas autoras.

REFERÊNCIAS

ALVES, F. *Design de aprendizagem com uso de Canvas*: Trahentem. São Paulo: DVS, 2016.

BAGHERIAN, F.; THORNGATE, W. Horses to water: student use of course newsgroups. *First Monday*, v. 5, n. 8, 2000. Disponível em: http://firstmonday.org/issues/issue5_8/thorngate/index.html. Acesso em: 25 abr. 2022.

BRANSFORD, J. D. et al. (Ed.). *How people learn*: brain, mind, experience, and school. Expanded edition. Washington, DC: The National Academic Press, 2000.

BRIGGS, S. Agile based learning: what is it and how can it change education? *Informed*, fev. 2014.

CARLSON, B. Quote of the day: Google CEO compares data across millennia. *The Atlantic*, 3 jul. 2010.

CARR, N. *A geração superficial*: o que a internet está fazendo com os nossos cérebros. Trad. M. G. F. Friaça. Rio de Janeiro: Agir, 2011.

CASTELL, S.; JENSON, J. Paying attention to attention: new economies for learning. *Educational Theory*, v. 54, n. 3, 2004.

CHASE, W. G.; SIMON, H. A. Perception in chess. *Cognitive Psychology*, v. 4, p. 55-61, 1973.

CHIN, C.; BROWN, D. E. Learning in science: a comparison of deep and surface approaches. *Journal of Research in Science Teaching*, v. 37, n. 2, p. 109-138, 2000.

CHUN, A. H. W. The agile teaching/learning methodology and its e-Learning platform. *Lecture Notes in Computer Science – Advances in Web-Based Learning*, v. 3143, p. 11-18, 2004.

CROSS, P.; ANGELO, T. The one-minute paper. In: ANGELO, T.; CROSS, P. *Classroom assessment techniques*: a handbook for college teachers. Ann Arbor, MI: National Center for Research to Improve Postsecondary Teaching and Learning, 1988.

DELHIJ, A.; VAN SOLINGEN, R.; WIJNANDS, W. *The eduScrum guide*. The rules of the game, 2015. Disponível em: https://eduscrum.com.ru/wp-content/uploads/2020/01/The_eduScrum-guide-English_2.0_update_21-12-2019.pdf. Acesso em: 22 abr. 2022.

D'SOUZA, M. J.; RODRIGUES, P. Extreme pedagogy: an agile teaching-learning methodology for engineering education. *Indian Journal of Science and Technology*, v. 8, n. 9, p. 828-833, 2015.

DRAPER, S. W. *One minute papers*. Disponível em: www.psy.gla.ac.uk/~steve/resources/tactics/minute.html. Acesso em: 25 jun. 2022.

EDUSCRUM. Disponível em: http://eduscrum.org. Acesso em: 25 jun. 2022.

EDX. Disponível em: www.edx.org/micromasters. Acesso em: 25 jun. 2022.

EDWARDS, R. L. Pecha Kucha in the classroom: tips and strategies for better presentations. *Remixing the Humanities*, nov. 2010. Disponível em: http://remixhumanities.wordpress.com/2010/11/03/pecha-kucha-in-the-classroom-tips--and-strategies-for-better-presentations/. Acesso em: 23 abr. 2022.

FERGUSON, R. et al. Spaced learning: building long-term memories in minutes. *Innovating Pedagogy 2017*: Open University Innovation Report 6. Milton Keynes, UK: The Open University, 2017.

FIA BUSINESS SCHOLL. Hackathon: o que é, vantagens, desafios e como promover. *FIA*, 24 jun. 2021. Disponível em: https://fia.com.br/blog/hackathon/. Acesso em: 26 jun. 2022.

FILATRO, A. *Design instrucional na prática*. São Paulo: Pearson/Prentice-Hall, 2008.

FILATRO, A. *Produção de conteúdos educacionais*. São Paulo: Saraiva, 2015.

FULLER, R. B. *The critical path*. New York: St. Martin's Press, 1981.

GABRIEL, M. *Educ@R*: a (r)evolução digital na educação. São Paulo: Saraiva, 2013.

GABRIELLI, S.; KIMANI, S.; CATARCI, T. The design of microlearning experiences: a research agenda. In: HUG, T.; LINDNER, M.; BRUCK, P. A. (Ed.). *Microlearning*: emerging concepts, practices and technologies after e-learning: proceedings of Microlearning Conference 2005 – learning & working in new media. Innsbruck, Áustria: Innsbruck University Press, 2006. p. 45-53.

HUG, T. Microlearning: a new pedagogical challenge (introductory note). ResearchGate. Disponível em: www.researchgate.net/publication/237397162_Microlearning_A_New_Pedagogical_Challenge_Introductory_Note. Acesso em: 25 jun. 2022.

HUG, T.; FRIESEN, N. Outline of a microlearning agenda. In: HUG, T. (Ed.). *Didactics of microlearning*: concepts, discourses and examples. Münster: Waxmann Verlag, 2007. p. 15-31.

HWANG, G. J.; TSAI, C.-C.; YANG, S. J. H. Criteria, strategies and research issues of context-aware ubiquitous learning. *Educational Technology & Society*, v. 11, n. 2, p. 81-91, 2008.

IBM. *The toxic terabyte*: how data-dumping threatens business efficiency. [s.l.] IBM Global Technology Services, jul. 2006.

JONES, J. B. Challenging the presentation paradigm (in 6 minutes, 40 seconds): Pecha Kucha. *ProfHacker*. The chronicle of higher education, nov. 2009. Disponível em: www.chronicle.com/blogs/profhacker/challenging-the-presentation-paradigm-in-6-minutes-40-seconds-pecha-kucha/22807. Acesso em: 23 abr. 2022.

KAMAT, V. Agile manifesto in higher education. In: IEEE FOURTH INTERNATIONAL CONFERENCE ON TECHNOLOGY FOR EDUCATION, 2012, Hyderabad. *Proceedings...* Hyderabad: IEEE, 2012.

KERRES, M. Microlearning as a challenge for instructional design. In: HUGH, Theo. *Didatics of microlearning:* concepts, discourses and examples. Munster: Waxmann Publishing, 2007.

KLAUSMEIER, J. K. *Educational psychology*. New York: Harper and Row, 1985.

KREHBIEL, T. C. et al. Agile manifesto for teaching and learning. *The Journal of Effective Teaching*, v. 17, n. 2, p. 90-111, 2017.

KRESS, G. R.; VAN LEEUWEN, T. *Multimodal discourse*: the modes and media of contemporary communication. London: Bloomsbury Academic, 2001.

LANHAM, R. A. The economics of attention. *Michigan Quarterly Review*, v. 36, n. 2, p. 270-284, 1997.

LANHAM, R. A. What's next for text? *Education, Communication and Information*, v. 1, n. 2, 2001.

LEENE, A. Microcontent is everywhere (on microlearning). In: HUG, T., LINDNER, M., BRUCK, P. A. (Ed.). *Micromedia & e-learning 2.0*: gaining the big picture: proceedings of Microlearning Conference 2006. Innsbruck, Áustria: Innsbruck University Press, 2006.

LIMA, J. S.; NASCIMENTO, J. M. F.; SANTOS, V. A. Computação ubíqua aplicada na educação: um mapeamento sistemático. In: CONFERÊNCIA INTERNACIONAL NA EDUCAÇÃO (TISE), 19. Fortaleza, 2014. *Anais...* Fortaleza: Tise, 2014.

LITTO, F. M. Aprendizagem profunda e aprendizagem de superfície. *Aprendiz*, [s.d.]. Disponível em: https://groups.google.com/g/baproees/c/5v-lAAzwVKA?pli=1. Acesso em: 25 jun. 2022.

LIU, G.; HWANG, G. A key step to understanding paradigm shifts in e-learning: towards context-aware ubiquitous learning. *British Journal of Educational Technology*, v. 41, n. 2, 2010, E1–E9.

MANIFESTO ÁGIL. Disponível em: www.manifestoagil.com.br/. Acesso em: 25 jun. 2022.

McCLURE, R. D. Just-in-time training, 2002. *Academia.edu*. Disponível em: www.academia.edu/718759/JUST-IN-TIME_TRAINING. Acesso em: 25 jun. 2022.

MILLER, G. A. The magical number seven, plus or minus two. Some limits on our capacity for processing information. *Psychological Review*, American Psychological Association, v. 101, n. 2, p. 343-352, 1994.

MYCIQC. Welcome to Erasmus + Project "My city in QR codes". Disponível em: http://myciqr.webnode.pt/. Acesso em: 25 abr. 2022.

NEILL, A. *Summerhill*: for and against. New York: Hart Publishing Co., 1970.

NOGUERA, I.; GUERRERO, A. E.; APPEL, C. The UOC's educational model: from collaborative learning to agile learning. In: D4|LEARNING INTERNATIONAL CONFERENCE: INNOVATIONS IN DIGITAL LEARNING FOR INCLUSION, 2015, Aalborg. *Proceedings...* Aalborg: Aalborg University Press, 2015.

O'MALLEY, C. et al. *MOBILearn*: guidelines for learning/teaching/tutoring in a mobile environment. Nottingham: University of Nottingham, 2005.

OPENLEARN. *The Open University*. Disponível em: www.open.edu/openlearn/. Acesso em: 25 abr. 2022.

PIOVESAN, S. D. et al. u-Sea: um ambiente de aprendizagem ubíquo utilizando cloud computing. In: XXII SBIE – XVII WIE, Aracaju, 2011. *Anais...* Aracaju, 2011.

PRADO, T. O novo jeito de ver TV. *Veja Digital*, 30 set. 2016. Disponível em: https://veja.abril.com.br/entretenimento/o-novo-jeito-de-ver-tv/. Acesso em: 22 abr. 2022.

PRENSKY, M. *Digital game-based learning*. Minnesota: Paragon House, 2007.

RAMASWAMY, S. A revolução dos micromomentos: como eles estão mudando as regras. *Think with Google*, ago. 2015.

REED, P. An agile classroom experience. In: AGILE 2008 CONFERENCE, 2008, Washington. *Proceedings...* Washington: IEEE Computer Society, 2008.

RIEL, M. Education in the 21st century: Just-in-time learning or learning communities. In: EMIRATES CENTER FOR STRATEGIC STUDIES AND RESEARCH. *Education and the Arab world*: challenges of the next millennium. Abu Dhabi: Emirates Center for Strategic Studies and Research, 2000. p. 137-160.

ROSEN, L. D. *Rewired*: understanding the iGeneration and the way they learn. New York: Palgrave Macmillan, 2010.

ROYLE, K.; NIKOLIC, J. A modern mixture, Agency, Capability, technology and "scrum": agile work practices for learning and teaching in schools. *Journal of Education & Social Policy*, v. 3, n. 3, set. 2016.

SACCOL, A. Z.; SCHLEMMER, E.; BARBOSA, J. *m-learning e u-learning*: novas perspectivas da aprendizagem móvel e ubíqua. São Paulo: Pearson, 2011.

SCHILIT, W. N. *A system for context-aware mobile computing*. Ph.D. Thesis. New York: Columbia University, 1995.

SECURATO, J. C. *Onlearning*: como a educação disruptiva reinventa a aprendizagem. São Paulo: Saint Paul Editora, 2017.

SIMON, H. A. How big is a chunk? *Science*, v. 183, n. 4124, p. 482-488, 1974.

SIMON, H. A.; CHASE, W. G. Skill in Chess. *American Scientist*, jul.-aug. 1973, v.61, n. 4, p. 394-403.

SIMON, H. A. Designing organizations for an information-rich world, in computers, communication and the public interest. In: GREENBERGERE, M. (ed.). *Computers, communications, and the public interest*. Baltimore, MD: The Johns Hopkins Press, 1971.

SINGLEY, M. K.; ANDERSON, J. R. *The transfer of cognitive skill*. Cambridge, MA: Harvard University Press, 1989.

SMALL, G.; VORGAN, G. *IBrain*: surviving in the technological alteration of the modern mind. New York: Collins, 2008 apud CARR, N. *The shallows*: what Internet is doing to our brains. New York: W.W. Norton & Company, 2010.

SOUZA, M. I. F. *Modelos de produção de microconteúdo educacional para ambientes virtuais de aprendizagem com mobilidade*. Tese (Doutorado – Ciências Sociais na Educação) – Faculdade de Educação, Universidade Estadual de Campinas, Campinas, 2013.

SOUZA, M. I. F.; AMARAL, S. F. Modelo de produção de microconteúdo para aprendizagem com mobilidade. *Revista InovaEduc*, n. 2, ago. 2013. Disponível em: https://www.embrapa.br/busca-de-publicacoes/-/publicacao/1008232/modelo-de-producao-de-microconteudo-para-aprendizagem-com-mobilidade. Acesso em: 25 jun. 2022.

STRAUSS, W.; HOWE, N. *Generations*: the history of America's future, 1584-2069. New York: William Morrow, 1991.

SWELLER, J. *Instructional design in technical areas*. Camberwell: Acer Press, 1999.

TAPSCOTT, D. *Geração digital*. São Paulo: Makron Books, 1999.

TAUBERER, J. *How to run a successful Hackathon*. Disponível em: https://hackathon.guide/. Acesso em: 26 jun. 2022.

THE OPEN UNIVERSITY. *OpenLearn*, 2022. Disponível em: www.open.edu/openlearn/. Acesso em: 25 abr. 2022.

THE OPEN UNIVERSITY. Making creativity and innovation happen. *OpenLearn*, 2022. Disponível em: https://www.open.edu/openlearn/money-business/making-creativity-andinnovation-happen/. Acesso em: 25 abr. 2022.

WEISER, M. The computer for the 21st century. *Scientific America*, v. 265, n. 3, p. 66-75, set. 1991.

WELLER, W. A atualidade do conceito de gerações de Karl Mannheim: perspectivas para a análise das relações entre educação e trabalho. In: XXIX ENCONTRO ANUAL DA ANPOCS, Caxambu, 25 a 29 de outubro de 2005.

WIND, J.; REIBSTEIN, D. Reinventing training for the global information age. *Knowledge@Wharton*, 2000.

3 METOD IMERSIVAS

DIVERSÃO

ENGAJAMENTO

LOGIAS

EXPERIÊNCIA

imersão

> **NÃO SE PODE TRANSMITIR EXPERIÊNCIA. É PRECISO PASSAR POR ELA.**
>
> Adaptação de frase atribuída a **ALBERT CAMUS**

Recentemente temos ouvido muita especulação sobre o metaverso e como este mundo virtual imersivo vai transformar a forma como vivemos a cultura digital. Segundo o CEO do Facebook, Mark Zuckerberg, o metaverso é uma internet mais imersiva, onde as pessoas possuem avatares que permitem que se comuniquem, comprem, vendam, aprendam, façam investimentos, divirtam-se em variados ambientes. Apesar do termo ter virado uma palavra da moda (*buzz word*) nos últimos tempos, sabemos que ambientes imersivos existem e são utilizados por um número expressivo de pessoas há várias décadas. Um exemplo é o contexto de jogos digitais, onde os *gammers* possuem avatares, usufruem de um mundo próprio onde podem conversar e interagir com outras pessoas, além de receberem frequentes ofertas para comprar produtos vinculados, ou não, ao jogo.

No contexto educacional, as metodologias imersivas têm sido adotadas como ferramentas poderosas por proporcionarem experiências de aprendizagem engajadoras e divertidas. Tais metodologias também não são uma novidade. Só no Brasil, alcançamos em 2022 a 23ª edição do *Symposium on Virtual and Augmented Reality* (SVAR), organizado pela Sociedade Brasileira de Computação. Internacionalmente, o IEEE Virtual Reality Annual International Symposium teve sua primeira edição em 1993, e de lá para cá já se vão quase três décadas. Então, o que faz as metodologias imersivas permanecerem com a aura de algo tão inovador, ao mesmo tempo que parecem tão distantes das mãos dos educadores e dos estudantes?

Talvez uma explicação esteja na elevada demanda computacional por máquinas capazes de rodar os recursos tridimensionais característicos dos ambientes imersivos. Talvez resida no fato de que esse é um mercado muito mais atrelado ao entretenimento, cujos investimentos ombreiam com a avidez dos consumidores por novidades. Ou talvez simplesmente falte entendimento aos educadores de como a realidade virtual, a realidade aumentada, os jogos 3-D e as simulações digitais funcionam – assim como falta à indústria "imersiva" um entendimento avançado de como a educação funciona.

O ponto é que, no caso das metodologias imersivas, a inovação está profundamente relacionada ao emprego de ferramentas – midias e tecnologias – para apoiar a aprendizagem humana. E, considerando o sistema educacional clássico, em que os professores assumem o papel de mediadores da aprendizagem, o fato de estes não dominarem os recursos imersivos acaba por criar uma barreira para sua adoção com propósito educacional.

Tendo esse pano de fundo em mente, procuramos neste capitulo desvendar alguns conceitos fundamentais relacionados às metodologias imersivas – como agência, imersão e fluxo –, aproximando-os do cotidiano escolar, universitário e corporativo. Sob esse guarda-chuva, apresentamos também um panorama de recursos e ambientes imersivos, como a realidade aumentada, a realidade virtual, a simulação, os jogos e a gamificação.

O capítulo se inicia com a apresentação de um estudo de caso sobre o uso de realidade aumentada em livros didáticos, que ilustra o potencial desses recursos para a aprendizagem. Apresentamos ainda minicasos em que as metodologias imersivas são adotadas em diferentes contextos educacionais. Selecionamos seis estratégias de implementação acessíveis aos educadores: Jogos sérios com blocos 3D, *Escape room*, Gamificação estrutural, Gamificação de conteúdo, Roleplaying, Vivência imersiva multissensorial – as quais possibilitam uma experimentação viável das metodologias imersivas em sala de aula presencial, em contextos de educação a distância e na educação corporativa.

Por fim, mas não menos importante, neste capitulo você vai ter acesso a mini casos apresentam resultados de pesquisa da Universidade Stanford sobre o uso óculos de realidade virtual por crianças, simuladores de voo e a formação profissional de pilotos, jogos sérios para desenvolver competências liderança intercultural, uso de recursos de realidade virtual na medicina, minecraft para aprender geografia, gamificação na formação de tutores dentre outros.

ESTUDO DE CASO

Realidade aumentada nos livros didáticos

Os livros didáticos têm sido usados há décadas com o objetivo de apresentar a seus leitores conteúdos de forma clara, estruturada e didática e, com isso, facilitar a aprendizagem. Entretanto, a mídia impressa tem especificações físicas que limitam a exposição e a exemplificação de alguns conceitos, que podem ser mais rapidamente compreendidos pelo uso de imagens tridimensionais vinculadas ou não a outros recursos multimídia (como animações, falas e sons).

Há alguns anos, tecnologias de Realidade Aumentada (RA) passaram a ser incorporadas em livros didáticos, viabilizando a sobreposição de objetos virtuais que podem ser lidos por *softwares* instalados em computadores, *smartphones*, *tablets*, entre outros. Especialmente os dispositivos móveis têm sido usados para leitura de RA disponíveis em livros didáticos devido a seu poder de processamento. Sua câmera acoplada é usada para capturar uma imagem impressa na página de um livro didático e, em contrapartida, objetos virtuais são projetados na própria tela (*display*) do dispositivo.[1]

Diversas iniciativas de editoras nacionais incorporaram RA a livros didáticos para fins específicos. Selecionamos alguns exemplos que abarcam usos variados de RA com enfoque em diferentes públicos.

Por exemplo, para atender ao público do Ensino Fundamental I (1º a 5º anos), a coleção de livros didáticos de inglês Kids Web,[2] da Editora Moderna/Richmond, conta com vários recursos digitais, como RA, *QR codes*, DVDs e CDs com áudio. Os cinco livros da coleção foram escritos por Ana Lúcia Militello, de acordo com a faixa etária das crianças, levando em consideração que a nova geração navega desde cedo em espaços virtuais e deseja aprender se divertindo. Para visualizar os objetos virtuais disponíveis nos livros físicos, é preciso baixar o aplicativo-leitor de RA. A seguir, deve-se apontar a câmera do dispositivo móvel ou computador para as páginas do livro impresso. Assim, o estudante visualiza o mascote em 3-D Webby, que acompanha os alunos nos cinco volumes da coleção. Webby interage e orienta o leitor a participar

1 GALVÃO, M. A.; ZORZAL, E. R. Aplicações móveis com realidade aumentada para potencializar livros. *Novas tecnologias na educação*, v. 10, n. 1, jul. 2012.
2 KIDS WEB. Disponível em: https://www.kidsweb.com.br/. Acesso em: 18 abr. 2022.

de atividades e explorar ambientes e, nesse processo, espera-se que amplie seu vocabulário em inglês, pratique a escuta de palavras e frases e ainda teste seus conhecimentos.

Conheça esses recursos em:

Recursos de RA também foram incorporados à coleção de livros didáticos Ciências Novo Pensar, da editora FTD.[3] A coleção possui 60 recursos de RA para ensinar, de forma lúdica, conceitos complexos de ciências para adolescentes do Ensino Fundamental II (6º a 9º anos). Em cada um dos cinco livros da coleção, estudantes e professores podem interagir com objetos virtuais, como uma colmeia de abelhas, uma célula humana, o sistema respiratório, um eclipse lunar e um microscópio, entre outros. Com isso, podem explorar esses recursos que explicam sistemas, processos, estruturas e atividades observáveis ou não a olho nu.

Conheça esses recursos em:

No âmbito do ensino de Física, encontramos uma iniciativa realizada por educadores e pesquisadores da Indonésia – Fadillah Rahmayani, Heru Kuswanto e Anggi Datiatur Rahmat (2024)[4] – que

---

3 FTD DIGITAL. *Conheça a FTD Digital*. Disponível em: http://digital.ftd.com.br/conheca--realidade-aumentada-cnp.php. Acesso em: 18 abr. 2022.
4 RAHMAYANI, Fadillah; KUSWANTO, Heru; RAHMAT, Anggi Datiatur. *Development of E-Book Integrated Augmented Reality Based on STEM Approaches to Improve Critical Thinking and Multiple Representation Skills in Learning Physics*. International Journal of Information and Education Technology, Vol. 14, No. 4, 2024. Disponível em: https://www.ijiet.org/vol14/IJIET-V14N4-2087.pdf. Acesso em: 14 abril 2025.

ESTUDO DE CASO

produziram um e-book contendo recursos de Realidade Aumentada para desenvolver competências STEAM em estudantes do Ensino Fundamental. STEAM (Science, Technology, Engineering, Arts, and Mathematics, em inglês) é uma abordagem interdisciplinar que integra conhecimentos das áreas de Ciência, Tecnologia, Engenharia, Artes e Matemática por meio da aprendizagem baseada em projetos. Essa abordagem desenvolve nos estudantes o pensamento crítico e a capacidade de resolver problemas complexos.

Um e-book é um recurso didático que consiste em texto digital, imagens ou áudio acessados por meio de computadores ou outros dispositivos eletrônicos, como tablets, smartphones e Android. Eles podem ser integrados com recursos de RA, favorecendo a interação dos estudantes com os conteúdos estudados. Para verificar a eficiência dessa integração foi realizada uma pesquisa com 273 estudantes, distribuídos em três turmas. A primeira usou o livro texto impresso, sem recursos de RA; a segunda turma usou um e-book em PDF sem RA; e a terceira turma usou um e-book com recursos de RA.

Conheça a pesquisa completa em:

Os resultados da pesquisa indicaram que o uso de e-book com Realidade Aumentada foi mais atrativo para os estudantes. Isso ocorreu porque os recursos de RA são novas ferramentas para eles, o que aumentou o interesse, a curiosidade e a motivação para o estudo de Física. Eles indicaram, ainda, que o e-book é interessante porque está equipado com vídeos, materiais sobre energia renovável, artigos adicionais para leitura e experimentos que deveriam ser realizados em seus respectivos smartphones. A pesquisa destaca também que os estudantes com acesso à ferramenta tiveram o pensamento crítico ampliado em até 20% em relação aos estudantes das turmas em que a RA não foi utilizada. Os autores indicaram que os e-books que contêm recursos de RA podem ser poderosos para promover experiências de aprendizagem mais eficazes em STEAM.

§ Formas diferentes de utilizar *QR code* são apresentadas no **Capítulo 2** e **Capítulo 4**, em que tratamos das metodologias analíticas aplicadas à educação.

3.1 AMBIENTES VIRTUAIS IMERSIVOS

Iniciamos a discussão deste capítulo com a apresentação de ambientes virtuais imersivos, que são espaços navegáveis e interativos embasados em um sistema computacional que permite a imersão em mundos virtuais ou outros ambientes. A realidade virtual, a realidade aumentada, os simuladores e os jogos digitais (conhecidos como *games*) são os exemplos mais conhecidos desses ambientes.

Os ambientes virtuais imersivos utilizam os sentidos do corpo humano para simular, no espaço digital, situações que poderiam ou não ser vividas na realidade. Podemos mencionar a possibilidade de "pilotar um avião comercial", por meio de simuladores, como exemplo de situação que pode ser experimentada na realidade. Por outro lado, uma viagem simulada ao centro da Terra corresponde a uma situação impossível de ser vivida na realidade concreta.

Segundo os pesquisadores Sherman e Craig,[5] o termo imersão refere-se à sensação de presença em um ambiente específico. Uma experiência imersiva pode ser:

> Os ambientes virtuais imersivos utilizam os sentidos do corpo humano para simular, no espaço digital, situações que poderiam ou não ser vividas na realidade.

- **mental** – estado psicológico de profundo engajamento e envolvimento estimulado pelo uso de variadas mídias, digitais ou não (como livros e jogos de tabuleiro);
- **física** – estado produzido por estímulos sensório-motores que criam a impressão de contato físico e são promovidos pelo uso de tecnologia; não se refere necessariamente ao uso de todos os sentidos humanos, mas deve contar com a utilização de pelo menos um deles.

---

5   SHERMAN, W.; CRAIG, A. B. *Understanding virtual reality*: interface, application, and design. San Francisco: Morgan Kaufmann, 2003.

A compreensão da diferença entre esses dois tipos de imersão é relevante, pois, segundo Mello Sobrinho,[6] mesmo quando se utiliza a imersão física pelo uso de um aparato de interface, é imprescindível que a imersão psicológica também ocorra. Só assim os usuários de ambientes virtuais imersivos terão a sensação de presença nesses espaços digitais, tridimensionais e interativos.

Figura 3.2 – Página inicial do Second Life, ambiente virtual imersivo lançado na *web* no começo dos anos 2000

Sabemos que o uso de ambientes virtuais imersivos em contextos educacionais ainda é bastante limitado por vários motivos, entre os quais podemos mencionar os custos de produção e de manutenção de recursos em ambientes tecnológicos, a necessidade de formar professores e especialistas para conduzir o uso desses ambientes de modo vinculado aos objetivos de aprendizagem, a capacitação da equipe técnica para dar suporte aos usuários e a possibilidade de acesso de estudantes a ambientes poderosos.[7]

---

6 MELLO SOBRINHO, E. C. *Ambientes virtuais imersivos*: a perspectiva de pesquisadores em relação à linguagem e à tecnologia. Dissertação (Mestrado), UFRJ/CLA/Programa Interdisciplinar de Pós-Graduação em Linguística Aplicada. Rio de Janeiro, 2011.
7 SCAMATI, V. et al. Utilização de ambientes virtuais imersivos para o ensino. In: WORKSHOP DE REALIDADE VIRTUAL E AUMENTADA, 2015. Disponível em: https://www.researchgate.net/publication/283712231_Utilizacao_de_ambientes_virtuais_imersivos_para_o_ensino. Acesso em: 18 abr. 2022.

Buscando entender mais sobre como estes recursos digitais têm sido usados em educação, recentemente o Dr. Jeremy Bailenson, que é diretor e fundador do Laboratório *Human Virtual Interaction* (em português Interação Humano Virtual) da Universidade de Stanford, liderou uma pesquisa intitulada "Acesso à realidade virtual com fins educacionais para crianças durante a pandemia de COVID-19". Durante a fase de coleta de dados, o time de pesquisadores entrevistou os responsáveis legais por 411 crianças e adolescentes de até 17 anos, que tinham um par de óculos e Realidade Virtual em casa. O objetivo da pesquisa era entender como essa tecnologia pode ser usada na educação de forma mais eficaz.[8]

Nas entrevistas os pais disseram que, durante o período de isolamento social, o recurso não foi muito usado em conexão com conteúdos curriculares, mas que possibilitou que as crianças e adolescentes vivessem experiências ricas: visitas a museus em outros países, andar por cidades famosas e até mesmo visitar a lua. Ao falar da pesquisa em um artigo publicado pelo jornal *Washington Post*, Bailenson explicou que os resultados evidenciam que, para fins educacionais, os óculos de RV devem ser usados para "experiências rápidas, intensas – momentos aha". De fato, o ideal é que a criança use o recurso por, no máximo, 30 minutos por vez. Resultados da investigação ainda revelam que crianças pequenas (menores de 7 anos) geralmente lembram de experiências com Realidade Virtual como se fossem reais. Segundo o pesquisador, ainda não existem dados conclusivos sobre os efeitos do uso prolongado RV por crianças pequenas.

A despeito dos aspectos mencionados, a adoção de ambientes imersivos para fins educacionais aponta para um potencial inovador claramente disruptivo. Esse potencial advém da possibilidade de transportar virtualmente estudantes e profissionais para locais diferentes, a fim de que explorem conceitos, processos, fenômenos e circunstâncias de maneiras variadas, engajadoras e motivadoras. Esses ambientes podem

---

8   Fonte: VARGAS, T. Stepping into virtual reality as a parent brings adventures and unknowns. *Washington Post*, 29 jan. 2022. Disponível em: https://www.washingtonpost.com/dc-md-va/2022/01/29/virtual-reality-parents-children/. Acesso em: 19 abr. 2022.

ser compostos de diferentes tecnologias, entre elas a Realidade Virtual (RV) e a Realidade Aumentada (RA), conforme discutiremos com mais detalhes a seguir.

3.1.1 Realidade Virtual (RV)

De acordo com Tori, técnicas para iludir os sentidos humanos vêm sendo desenvolvidas e aplicadas há séculos por artistas, engenheiros, cientistas e até mesmo ilusionistas.[9] O autor cita pelo menos dois marcos na integração entre tecnologia e arte para envolver o público em realidades alternativas: na década de 1920, o Teatro da totalidade,[10] um novo tipo de teatro que integrava música, iluminação, cenografia e composição visual com as tecnologias disponíveis na época, elevando-as ao mesmo grau de importância que a palavra escrita e a presença dos atores no palco cenográfico; e, na década de 1960, o Sensorama, uma máquina cinematográfica multissensorial que envolvia os principais sentidos humanos por meio de visores estereoscópicos, alto-falantes, odores, vento e vibrações.[11]

Desde então, avanços computacionais tornaram possível modelar a realidade de maneira totalmente artificial, proporcionando ao mesmo tempo uma sensação realista de presença e imersão em ambientes projetados com essa finalidade.

Nesse sentido, podemos inicialmente conceituar a Realidade Virtual (RV) como uma realidade simulada, construída com *hardware* e *software* suficientemente poderosos para criar uma experiência imersiva realista (usando, por exemplo, capacetes ou óculos de realidade virtual e *software* tridimensional).

> Avanços computacionais tornaram possível modelar a realidade de maneira totalmente artificial, proporcionando ao mesmo tempo uma sensação realista de presença e imersão em ambientes projetados com essa finalidade.

---

9 TORI, R. Desafios para o design de informação em ambientes de realidade aumentada. *Infodesign*, v. 1, n. 6, 2009. Disponível em: https://www.infodesign.org.br/infodesign/article/view/70. Acesso em: 18 abr. 2022.

10 MOHOLY-NAGY, L. Theater, circus, variety, theater of the Bauhaus [1924]. In: PACKER, R; JORDAN, K. (Ed.). Multimedia: from Wagner to virtual reality. W. W. Norton & Company, 2001, p. 16-26 apud TORI, R. Desafios para o design de informação em ambientes de realidade aumentada. *Infodesign*, v. 1, n. 6, 2009.

11 HEILIG, M. The cinema of the future [1995]. In: PACKER, R; JORDAN, K. (ed.). Multimedia: from Wagner to virtual reality. W. W. Norton & Company, 2001, p. 219-23 apud TORI, R. Desafios para o design de informação em ambientes de realidade aumentada. *Infodesign*, v. 1, n. 6, 2009.

Figura 3.3 – Uso de óculos de realidade virtual com simulador de volante de carro

Rosenblum e Cross apontam três características essenciais de qualquer sistema de realidade virtual, como descrito a seguir.

1. **Imersão** – criada com o envolvimento do usuário em tecnologias e dispositivos virtuais, como óculos virtuais, luvas com sensores de movimento, HMDs,[12] som *surround*[13] e qualquer outro elemento gerador de estímulos sensoriais ou sensores para a captação de estímulo e transmissão de impulsos. Esses recursos permitem que o usuário interaja com um ambiente virtual como se fosse um ambiente real.
2. **Interação em tempo real** – gerada pelo *feedback* imediato ao usuário sobre seus movimentos, posições e sensações, que são captados pelo sistema computacional por meio de rastreadores, luvas, teclados ou qualquer outro

---

12 *Head-mounted display* (HMD) é um dispositivo de exibição usado na cabeça, às vezes como parte de um capacete, que possui uma pequena tela óptica para um olho (HMD monocular) ou os dois (HMD binocular).
13 Som *surround* é uma técnica que cria um ambiente com áudio mais realista, enriquecendo a qualidade de reprodução de som por meio de uma fonte com canais independentes e adicionais de alto-falantes, criando uma sensação de som proveniente de qualquer direção horizontal e em 360° sobre o ouvinte.

dispositivo de entrada que simule as reações do usuário no mundo real.

3. **Ilusão realista** – proporcionada por dispositivos de saída, como dispositivos visuais, auditivos ou táteis de saída, e pela renderização[14] de detalhados cenários virtuais que manipulam a geometria, a textura e os modelos físicos de forma crível ao usuário.[15]

Nesse trinômio, e particularmente pela necessidade de renderização, encontramos a explicação para a exigência de máquinas tão poderosas que sejam capazes de rodar programas de realidade virtual. De modo mais específico e em uma explicação simplificada, a renderização é o processo pelo qual se obtém o produto final de qualquer processamento digital. Na RV, isso envolve modelagem tridimensional (3-D) e, em muitos casos, também tratamento digital de áudio. Essas tarefas consomem enormes recursos dos processadores,[16] podendo tornar-se tão pesadas a ponto de inviabilizarem sua realização em tempo real.

Todo esse aparato reforça o objetivo da RV de propiciar a imersão completa do usuário em um ambiente virtual de tal forma que os elementos e as ocorrências do mundo real sejam bloqueados a fim de proporcionar a sensação de "mergulho" em uma realidade alternativa. Entretanto, a experiência imersiva não precisa ser necessariamente completa e pode compartilhar de elementos do mundo real, conforme proposto pela realidade aumentada.

> A experiência imersiva não precisa ser necessariamente completa e pode compartilhar de elementos do mundo real.

---

14 Ato de compilar e obter o produto final de um processamento digital. Por exemplo, no caso de um vídeo educacional, toda a sequência de imagens, sons e legendas textuais precisa ser condensada em um vídeo.

15 ROSENBLUM L. J.; CROSS, R. A. The challenge of virtual reality. In: EARNSHAW, W. R.; VINCE, J.; JONES, H. (Ed.). *Visualization & modeling.* San Diego, CA: Academic Press, 1997. p. 325-399.

16 O processador, considerado o "cérebro do computador", é o item de *hardware* responsável por calcular e realizar as tarefas determinadas pelo usuário. Quanto mais potente for o processador, maior será sua capacidade de tratar grande quantidade de dados simultaneamente.

3.1.2 Realidade Aumentada (RA)

A Realidade Aumentada (RA) pode ser considerada uma evolução da RV. Com a RA, o usuário não mais precisa ser privado das sensações provindas do mundo exterior, e não há necessidade de recriar um mundo à parte. Ou seja, a RA não requer a existência de uma ilusão realista, mas mistura uma visão do mundo físico com elementos virtuais para gerar, em tempo real, uma realidade misturada. Isso é obtido pela superposição de elementos artificiais, como objetos 3-D, conteúdos multimídia ou informações textuais, a imagens do mundo real, reduzindo os custos de desenvolvimento e aumentando as possibilidades de interação com o usuário.

De acordo com Azuma, um sistema de realidade aumentada deve apresentar três características:[17]

1. integrar elementos virtuais, gerados por tecnologia computacional, a um ambiente real (ou o inverso, integrar elementos reais a ambientes virtuais);
2. ser interativo e responder em tempo real;
3. prover registro, em três dimensões, de elementos reais e virtuais (ou seja, as posições espaciais dos elementos virtuais devem ser bem definidas e consistentes com o ambiente real).

> A RA não requer a existência de uma ilusão realista, mas mistura uma visão do mundo físico com elementos virtuais para gerar, em tempo real, uma realidade misturada.

Uma aplicação bastante comum da RA é a inserção de marcadores, que podem ser tanto *QR codes* como imagens. Os marcadores criam uma ou mais camadas de informação em formato de texto, imagem, vídeo, modelo 3-D, *link* externo etc., às quais podem ser acrescidas informações de geolocalização. Essas camadas informacionais podem, inclusive, exibir orientações sobre o que o usuário deve fazer em determinado contexto, o que, em termos educacionais, revela-se interessante para a proposição de atividades de aprendizagem ou pontos de partida para desafios.

De acordo com Carolei e Tori, além da exibição de conteúdos a respeito de obras de arte expostas em um museu, a consulta de características de materiais utilizados na construção de

---

17 AZUMA, R. et al. Recent advances in augmented reality. *IEEE Computer Graphics and Applications*, v. 21, n. 6, p. 34-47, 2001.

edifícios, crachás virtuais conectados a pessoas reais, instruções sobre montagem de equipamentos ou mobiliário, outros tipos de camada de informações podem ser utilizados na RA, como vemos a seguir:[18]

- **comparações temporais** – por exemplo, para mostrar como um espaço era no passado, via projeção de fotos e vídeos, ou para o tempo futuro de um empreendimento ou reforma, mostrando como ficaria aquele espaço depois da construção;
- **inserções testemunhais** – por exemplo, associar a uma obra de arte, objeto, livro ou invenção um vídeo ou áudio do artista, projetista, autor ou inventor, comentando sua obra ou seu processo de criação;
- **versões e adaptações** – por exemplo, para exibir a mesma informação em outra linguagem ou idioma para que pessoas com algum tipo de limitação ou mesmo preferência tenham outro canal de acesso;
- **projeções em raios X** – por exemplo, para projetar sobre o corpo de um sujeito suas características internas, como tecidos, ossos, vasos e órgãos internos, como acontece em alguns museus que mostram as múmias "por dentro".

Figura 3.4 – RA mostra aspectos da anatomia humana em 3-D

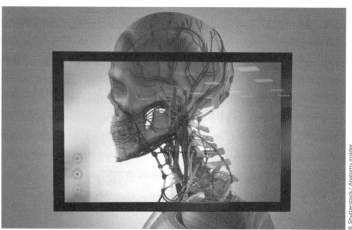

---

[18] Adaptado de CAROLEI, P.; TORI, R. Gamificação aumentada: explorando a realidade aumentada em atividades lúdicas de aprendizagem. *TECCOGS – Revista Digital de Tecnologias Cognitivas*, n. 9, jan./jun. 2014.

Realidade Aumentada para aprendizagem na área da saúde

A Realidade Aumentada (RA) tem sido usada no campo da medicina para vários fins. Na área de ensino de Anatomia, os recursos de RA permitem a visualização e estudo de órgãos e partes internas do corpo humano em 3D. Existem usos mais sofisticados da tecnologia, por exemplo, na área médica, em procedimentos neurocirúrgicos guiados por imagem pelo uso de óculos inteligentes ou capacetes de última geração que permitem que os médicos tenham as mãos livres para realizar o procedimento com o nível de detalhes necessário.

Fonte: GOSWAMI, G. Realidade virtual salva vida nas salas de cirurgia. *Medicina S/A*, set. 2020. Disponível em: https://medicinasa.com.br/realidade-aumentada-gautam-goswami/. Acesso em 19 de abr. 22.

Vimos que tanto a RV quanto a RA adotam recursos de ambientes virtuais imersivos para promover experiências de aprendizagem interativas e com suporte de um ou mais recursos tecnológicos e midiáticos. Mas, afinal, qual é a fronteira que distingue essas duas áreas?

3.1.3 Realidade e virtualidade

Na verdade, não existe uma linha rígida entre RV e RA, e podemos recorrer ao *continuum* de realidade-virtualidade de Milgram & Kishino para estabelecer uma escala contínua entre um ambiente totalmente real e um ambiente totalmente virtual.[19] É o que mostra a Figura 3.5.

---

19 MILGRAM, P. et al. Augmented reality: a class of displays on the reality virtuality continuum. Telemanipulator and telepresence technologies. *SPIE*, v. 2351, 1994.

Figura 3.5 – *Continuum* realidade–virtualidade segundo Milgram & Kishino[20]

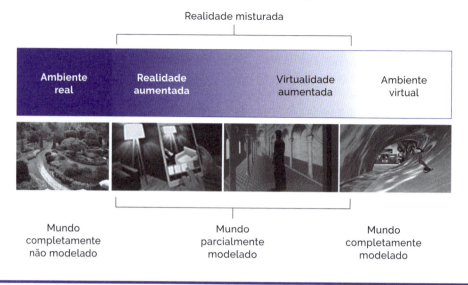

Na esquerda do *continuum*, situam-se aplicações que não utilizam nenhum recurso virtual – ou seja, o mundo real completamente não modelado por computadores. Na direita estão alocados os ambientes totalmente virtuais – ou seja, os sistemas imersivos de realidade virtual totalmente artificiais e modelados computacionalmente. Entre os dois extremos estão dispostos os demais ambientes e aplicações, que misturam elementos virtuais e reais. Eles abrangem desde a realidade aumentada, que propicia a inserção de elementos virtuais em ambientes reais, até a virtualidade aumentada, que se caracteriza pela inserção de elementos reais em mundos virtuais, como uma pessoa interagindo com um *software* projetado em caverna digital 3-D.

Na prática, a classificação de virtualidade aumentada é pouco empregada, e os sistemas que mesclam o real e o virtual, em qualquer proporção, costumam ser citados simplesmente como "realidade aumentada" ou, como preferem alguns autores, "realidade misturada".[21]

---

20 MILGRAM, P.; KISHINO, F. A taxonomy of mixed reality visual displays. *IEICE Trans. Information Systems*, v. E77-D, n. 12, p. 1321-1329, 1994.
21 TORI, 2009.

Basicamente, qualquer sistema de RV ou RA pode ser classificado como *imersivo*, *semi-imersivo* ou *não imersivo*. Os sistemas imersivos criam a sensação de explorar todo um mundo virtual, enquanto os semi-imersivos (que utilizam, por exemplo, várias telas de projeção em vez de óculos) ou os não imersivos (que utilizam, por exemplo, telas de computador) criam algum grau de realismo, mas sem um sentimento tão destacado de "estar lá". A lista a seguir apresenta categorias de tecnologias virtuais que produzem diferentes percepções imersivas.[22]

- **Simuladores de cabine** – usados para recriar e simular uma cabine real, como um *cockpit* (o espaço onde fica o piloto nos aviões, nos carros de corrida e em algumas embarcações), esses simuladores têm as janelas substituídas por monitores de computador de alta resolução e podem ser equipados com som *surround*. E ainda é possível adicionar movimentos para maior realismo, como ação de resposta aos controles do usuário.

Figura 3.6 – Simulador de cabine de avião comercial

- **Realidade projetada** – consiste em um avatar (representação que possibilita ao usuário se comunicar, mostrar

---

22 MARTÍN-GUTIÉRREZ, J. et al. Virtual technologies trends in education. *EURASIA Journal of Mathematics, Science and Technology Education*, v. 13, n. 2, p. 469-486, 2017.

emoções e controlar e criar objetos como se ele estivesse realmente presente naquele ambiente virtual tridimensional) que se move em tempo real e é visualizado em uma tela ampla.

Figura 3.7 – Avatar utilizado em um ambiente virtual imersivo

- **Realidade aumentada** – requer algum dispositivo móvel para se visualizar recursos aumentados que se sobrepõem ao ambiente real.

Figura 3.8 – Realidade aumentada que mostra serviços disponíveis na cidade de Frankfurt

- **Telepresença** – pode ser usada para influenciar ou operar algo real, mas em um local diferente, como um laboratório, uma usina nuclear etc.

Figura 3.9 – Engenheiro controla robô em indústria automotiva com um *tablet*

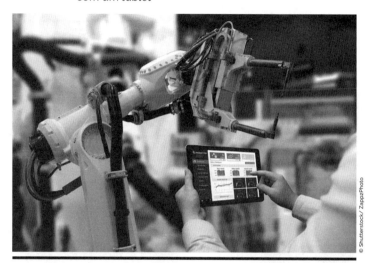

- **Realidade virtual na tela de um computador** – exibição da interação do usuário com o mundo virtual limitada às possibilidades de um *mouse* de computador de mesa ou de um *joystick*, sem o uso de *hardware* ou *software* mais sofisticados.

Figura 3.10 – Jogadores de *video game* usam controles remotos com *joystick*

- **Sistemas acoplados visualmente** – associados principalmente à aviação militar, posicionam as telas de exibição ao nível dos olhos do usuário e conectam o movimento da cabeça dele com a imagem ativada. O sistema inclui sensores para rastrear o movimento dos olhos do usuário que são capazes de determinar o que ele está olhando.

Figura 3.11 – Monitoramento do movimento dos olhos por sensores

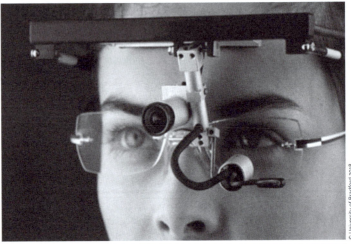

A visualização de RV e RA ganhou mais recentemente um aliado importante: os dispositivos móveis, como os *smartphones*, que têm processadores suficientemente poderosos para rodar aplicações imersivas. A simbiose entre RV, RA e telefonia celular é possível graças ao desenvolvimento de recursos compatíveis com custos acessíveis.

O Instituto Cultural do Google desenvolve há alguns anos o projeto Google Arts & Culture (Google, Artes e Cultura) que permite que pessoas com acesso à internet e a um dispositivo móvel ou computador visitem museus distribuídos em diferentes partes do mundo. A captura de imagens das obras de arte é feita pelo uso de equipamentos de alta definição. Por isso, no portal é possível conferir detalhes das obras de arte e ambientes visitados virtualmente. O objetivo do projeto é divulgar os acervos de museus (como os brasileiros Museu Villa Lobos e Museu da República), obras de arte e documentos históricos. Além disso, no portal é possível realizar visitas em 360 graus em locais famosos como a Ópera Nacional de Paris e o sítio arqueológico de Palmira na Síria.

E, para criar uma sensação imersiva mais profunda, sensores externos capturam gestos e a posição do usuário. Exemplo disso é a Ultraleap que permite que os usuários interajam de forma mais natural em ambientes digitais ao rastrear os movimentos de suas mãos e dedos.

No entanto, não apenas *hardware* e *software* são necessários para a ampla disseminação da RV e da RA, mas também conteúdos que ofereçam experiências virtuais em setores como logística, medicina e educação. Aplicações mais recentes podem transformar a experiência imersiva em algo ainda mais útil em educação, como no caso de simuladores para treinamento em profissões que exigem precisão, como cirurgia, ou manutenção em instalações de alto risco, como redes elétricas e usinas de energia nuclear.

No entanto, observe ainda que a criação de conteúdos em RV e RA pode ser feita pelos próprios usuários: um exemplo são os *smartphones* mais modernos, cujas câmeras integradas permitem filmar vídeos e imagens de 360º.

Figura 3.12 – Engenheiro filma local de trabalho com *smartphone*

3.1.4 Simulações de computador

Uma simulação de computador é um programa que imita um fenômeno ou uma situação complexa do mundo real, como um terremoto, as ondas de um *tsunami*, a demolição de um edifício ou um incêndio de grandes proporções. Na base de um programa de simulação, há um modelo formado por regras e cálculos, que são executados para possibilitar a representação de diferentes situações. Um exemplo bem simples são os programas de simulação financeira, que calculam, por exemplo, quanto é necessário investir mensalmente para alcançar diferentes resultados no futuro. Mas há simulações que, por meio de interface gráfica ou virtual mais complexa, possibilitam ao usuário visualizar ou experimentar o resultado desses cálculos de forma muito mais clara e, em alguns casos, até mesmo interativa.

Figura 3.13 – Imagem de simulação de computador sobre como um terremoto gera um *tsunami*

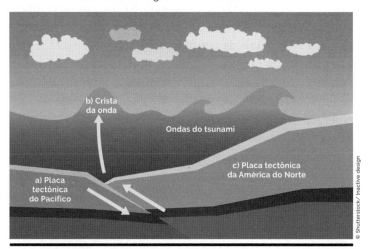

Como todos os modelos, simulações são representações simplificadas ou abstraídas da realidade. Características específicas podem ser incluídas, enfatizadas ou omitidas para apoiar atividades ou tipos de compreensão específicos.

Em geral, as simulações de computador não têm o objetivo de prover uma modelagem visual realista dos sistemas simulados, como acontece na realidade virtual. Alguns desses sistemas são abstratos e, mesmo para os que são concretos, muitas vezes não são projetadas representações gráficas. Quando elas são utilizadas, geralmente representam apenas as características relevantes para os objetivos da simulação, sem aspirar ao realismo e aos detalhes almejados na realidade virtual.

Outra diferença é que as simulações por computador não precisam ser necessariamente interativas. Normalmente, os simuladores determinam uma série de parâmetros no início de uma simulação e então "executam" a imitação da realidade sem nenhuma intervenção humana. Por exemplo, um programa que simula os efeitos do aquecimento solar pode ser executado com a configuração de diferentes níveis de dióxido de carbono na Terra.

Mas existem simulações do tipo interativo, que incluem operadores humanos, como é o caso de um simulador utilizado na área portuária, por exemplo. Nelas, o usuário insere sinais de controle usando um *joystick* para manejar um equipamento. Os sinais de controle são então processados pelo programa, que reage aos sinais alterando a exibição de um cenário em uma tela. Quando a simulação interativa faz uso de gráficos tridimensionais e *feedback* sensorial, pode ser considerada uma forma de realidade virtual.[23]

Simulador de voo

Um estudo recente realizado por pesquisadores do Instituto Tecnológico de Aeronáutica (ITA) buscou compreender o papel os simuladores de voo na formação de pilotos profissionais. Apesar deste recurso ser usado há várias décadas como parte primordial da formação de pilotos, Junior e Garcia indicam que uma grande vantagem do uso de simuladores é a possibilidade de o piloto realizar treinamentos intensivos que replicam variadas condições climáticas e situações emergenciais que podem ser vivenciadas em sua prática profissional. Lidar com questões técnicas e o desenvolvimento de habilidades de manejo das emoções em situações de crise é fundamental para aumentar a segurança nas operações de voo.

Fonte: PANASSOL JR., J. C. Voo de Instrução, importância de simulador de voo para a formação do piloto. *Revista Brasileira de Aviação Civil & Ciências Aeronáuticas*, v.1., n.2., p. 164-191, maio, 2021.

Nas simulações computacionais, o tempo pode ser controlado, expandido ou comprimido, permitindo reproduzir um fenômeno, evento, processo ou sistema de maneira lenta ou acelerada, de modo que seja possível entendê-lo melhor e, no caso das simulações interativas, praticar procedimentos e tomar decisões sem precisar sofrer as consequências reais das intervenções realizadas.

---

23 BREY, P. Virtual reality and computer simulation. In: HIMAMA, K; TAVANI, H. (Ed.). *Handbook of information and computer ethics*. Hoboken, NJ: John Wiley & Sons, 2008.

Especificamente com finalidade educacional, as simulações podem ser usadas para que o aluno explore um fenômeno, processo ou procedimento ajustando vários parâmetros e observando a resposta que o modelo computacional dá. Por meio de interações repetidas, como selecionar uma gama de valores para uma variável e observar as mudanças resultantes, ele pode chegar a uma compreensão do modelo.

Vale lembrar que, em uma simulação, os alunos exploram e investigam variáveis e controlam um sistema construído por terceiros, mas nos chamados micromundos eles têm mais oportunidades de criação e produção, podendo construir seu próprio sistema executável. Os micromundos também têm restrições, uma vez que apenas as ações previstas pelos criadores do programa são possíveis, mas eles são projetados para abrir muitos caminhos de exploração aos alunos, em vez de guiá-los em uma direção específica.

3.1.5 Jogos

De acordo com Huizinga, o jogo é uma atividade inerente ao ser humano, anterior à cultura, e faz parte da vida das pessoas e da sociedade.[24] A raiz da palavra jogo vem do latim *jocus* e quer dizer "divertimento ou brincadeira". Todavia, a dimensão recreativa é apenas um aspecto dos jogos, que também são caracterizados por contarem com pelo menos um jogador, serem orientados por regras e metas a serem cumpridas, possibilitarem a tomada de decisão e pelo uso de ferramentas, entre outros aspectos discutidos a seguir.[25]

Com os avanços tecnológicos, muitos jogos foram transpostos para espaços digitais, outros foram criados para serem jogados com o apoio de ferramentas tecnológicas e outros tantos têm incorporado cada vez mais recursos de realidade virtual (por exemplo, a franquia de jogos comerciais da Fifa)[26] e de realidade aumentada (por exemplo, os jogos baseados

> Os jogos expressam uma característica humana inata, que é o prazer e a motivação pela experimentação, pela vivência, pela imaginação, pelo desejo de se transportar para outros tempos e espaços.

---

24 HUIZINGA, J. *Homo ludens*: o jogo como elemento da cultura. São Paulo: Perspectiva, 1971.

25 SAVI, R.; ULBRICHT, V. R. Jogos digitais educacionais: benefícios e desafios. *Revista Novas Tecnologias Educacionais*, v. 6, n. 2, dez. 2008.

26 A franquia Fifa é uma série de jogos para Playstation e Xbox One e PC (entre outras) em que o *gamer* assume o papel de técnico de um clube de futebol.

em sensores de movimento. Em muitos jogos, as tecnologias imersivas mesclam-se a fim de proporcionar aos usuários experiências multissensoriais interativas, em tempo real e contextualizadas. Ao mesmo tempo, estão mais acessíveis via *smartphones*, *tablets* e dispositivos de *video game*, o que facilita sua adoção em variados contextos, inclusive o educacional.

Os jogos expressam uma característica humana inata, que é o prazer e a motivação pela experimentação, pela vivência, pela imaginação, pelo desejo de se transportar para outros tempos e espaços. O prazer em jogar tem sido explicado em termos de um "estado de fluxo" no qual uma pessoa se percebe capaz de solucionar um desafio que lhe é apresentado, investe tempo e energia para fazê-lo, e espera uma gratificação pessoal ou social ao resolvê-lo.[27]

O jogo propõe desafios artificiais, mesmo tendo fronteiras e referências da vida real; além disso, sempre há conflitos a serem resolvidos, o que pode ocorrer de forma individual e competitiva ou em grupo, de forma colaborativa.

Mihaly Csikszentmihalyi, professor de Psicologia conhecido por seus estudos sobre a felicidade e a criatividade, argumenta que o fluxo é uma condição mental de intensa concentração induzida por metas bem definidas, níveis adequados de desafio e *feedback* claro e consistente.[28] Alcançar um estado de fluxo envolve motivação intrínseca, esforço e atenção sustentada, para que tarefas antes consideradas difíceis se tornem fáceis e tudo o que se faça seja considerado altamente prazeroso.

Como vemos, o que caracteriza um jogo é o fato de ser um sistema do qual jogadores participam de forma ativa. O jogo propõe desafios artificiais, mesmo tendo fronteiras e referências da vida real; além disso, sempre há conflitos a serem resolvidos, o que pode ocorrer de forma individual e competitiva ou em grupo, de forma colaborativa. Igualmente importante é o fato de todo jogo ter regras, sendo possível quantificar e, em muitos casos, automatizar, o resultado de seguir essas regras.[29]

---

27 FILATRO, A. *Produção de conteúdos educacionais*. São Paulo: Saraiva, 2016.

28 CSIKSZENTMIHALYI, M. *Creativity*: flow and the psychology of discovery and invention. New York: HarperCollins Publishers, 1997.

29 SALEN, K.; ZIMMERMAN, E. *Rules of play*: game design fundamentals. Cambridge: MIT Press, 2004.

De acordo com Kapp, listamos a seguir as características dos jogos.[30]

- **Regras** – todo jogo tem regras implícitas ou explícitas e, muitas vezes, o que envolve o jogador é tanto superar os desafios propostos pelas regras como quebrar as próprias regras.
- **Conflito, competição, cooperação** – todo jogo é baseado em desafios, e os participantes podem competir ou colaborar entre si para superá-los.
- **Recompensa e *feedback*** – o jogador sempre espera algum tipo de *score* ou pontuação. Há diversos tipos de "recompensas" e de formas de reforço ou de *feedback* que têm como objetivo estimular o jogador a continuar sua participação.
- **Níveis de dificuldade** – os jogadores são estimulados a melhorar sua atuação com diversos níveis de dificuldade.
- **Narrativas** – a narrativa é um elemento motivador e de engajamento para muitos jogadores que gostam de se identificar com determinado tipo de personagem ou enredo.
- **Formas de quantificação e *score*** – não há jogo sem algum tipo de quantificação; cada ação desempenhada no jogo pode ter seu valor de pontuação para jogadores diferentes, dependendo do grau de dificuldade e da definição na regra do jogo.
- **Diferentes trilhas ou percursos** – outro elemento da gamificação é permitir a cada um a escolha do caminho para resolver os desafios.
- ***Feedback*** – *feedbacks* rápidos geram um movimento contínuo dos jogadores, mantendo o interesse pelos desafios sem, no entanto, provocar ansiedade.

> Os jogos sérios (serious games) destacam-se por combinarem narrativa e simulação para estimular o desenvolvimento de conhecimentos ou habilidades específicas, recorrendo a experiências leves, simples e divertidas para construir algum nível de compreensão de tópicos diversos ou de um específico.

O mundo dos jogos é diversificado e complexo. Da variedade de jogos disponíveis hoje e de interesse direto para a educação, os jogos sérios (serious games) destacam-se por combinarem narrativa e simulação para estimular o desenvolvimento de conhecimentos ou habilidades específicas, recorrendo a experiências leves, simples e divertidas para construir algum nível de compreensão de tópicos diversos ou de um específico. Tratam de

---

30 KAPP, K. M. *The gamification of learning and instruction*: game-based methods and strategies training and education. San Francisco: Pfeiffer Publishers, 2012.

temáticas relevantes (como ética, cidadania, saúde, valores etc.) visando desenvolver a aprendizagem de novos conhecimentos, ou seja, não se limitam ao puro entretenimento.[31]

Jogos sérios para desenvolver competências de liderança intercultural

A professora de Gestão de Recursos Humanos e Liderança Intercultural Marion Festing atua na ESCP Business School de Berlin e desenvolveu com sua equipe um jogo digital que, a partir de experiências imersivas de aprendizagem, promove a diversidade e inclusão nas organizações. A série de jogos denominada *Moving Tomorrow* (Movendo-se para o amanhã, em português) tem por objetivo desenvolver competências de gestão intercultural de empreendedores ou profissionais que atuam em cargos de gestão em empresas.

Os jogadores entram em um mundo virtual 3D e assumem o papel de Lucy, a protagonista da narrativa que norteia o jogo. Eles embarcam em uma jornada de oito horas na qual precisam atuar na tomada de decisão e vencer desafios enfrentados no âmbito da *startup* "Runergy", que tem sede em Berlim, com filiais na China, Índia e Rússia. Durante o jogo, Lucy (ou cada jogador) dialoga com outros personagens (personagens não jogadores) e faz escolhas importantes que impactam o destino da "Runergy" e como o jogo se desenrola. Desta forma, cada jogador aprende a lidar com os desafios da gestão intercultural. Marion declarou: "Como alunos podemos esquecer 100.000 Power Points, mas as experiências de ser Lucy, de assumir o papel de um personagem, são únicas para os jogadores". O jogo recebeu vários prêmios na área da educação executiva.

Fonte: ESCP BUSINESS SCHOOL. *Moving tomorrow*. Disponível em: https://cim.escp-business-school.de/learning/moving-tomorrow/. Acesso em: 16. abr. 22.

Contudo, o objetivo final desses jogos não é meramente a diversão dos jogadores, mas a aprendizagem sobre um conteúdo específico e/ou a resolução de um problema complexo.

---

31 MURTA, C. A. R.; VALADARES, M. G. P.; MORAES FILHO, W. B. Possibilidades pedagógicas do Minecraft incorporando jogos comerciais na educação. In: XII EVIDOSOL e IX CILTEC-ONLINE, 2015. *Anais...* Disponível em: www.periodicos.letras.ufmg.br/index.php/anais_linguagem_tecnologia/article/viewFile/8523/7478. Acesso em: 20 abr. 2022.

Tais jogos combinam elementos lúdicos a elementos sérios e trazem, segundo Savi e Ulbricht,[32] benefícios específicos para o processo de aprendizagem: efeito motivador (diversão e entretenimento) e facilitador do aprendizado (tomada de decisão e exposição a desafios crescentes); desenvolvimento de habilidades cognitivas (elaboração de estratégias e articulação entre elementos do jogo); aprendizagem por descoberta (exploração, colaboração e experimentação); experiência de novas identidades (imersão em outros mundos e contextos); socialização (cooperação e competitividade no mundo virtual); coordenação motora (habilidades espaciais); e comportamento *expert* (conhecimento do tema abordado no jogo). Savi e Ulbricht explicam ainda que é difícil que um único jogo possibilite o desenvolvimento de todas essas potencialidades, mas é comum que explorem e/ou desenvolvam pelos menos algumas delas.

Uso de Minecraft para aprender geografia

O Minecraft é um mundo virtual aberto que pode ser explorado e transformado de forma autônoma pelo jogador, que tem a seu dispor ferramentas e recursos para modificá-lo. Segundo a revista Forbes, em 2022 foi o terceiro game mais popular no mundo, com 95 milhões de participantes acumulados por ano. É um jogo não linear no qual o jogador deve elaborar suas próprias narrativas de forma individual ou com outras pessoas. O portal Nova Escola elaborou um e-book gratuito que contém orientações sobre como educadores têm usado o Minecraft em diversos contextos para trabalhar com componentes curriculares de geografia, matemática e ciências. Uma atividade proposta para a aprendizagem de temas de geografia prevê que os estudantes naveguem no ambiente do Minecraft em busca de rochas e minerais disponíveis no mundo virtual (como ouro, esmeralda, quartzo, granito, ferro, basalto, dentre outros). As rochas e minerais coletados por eles deverão ser fundidos e usados na construção de artefatos e edificações. Com isso, os estudantes começam a aprender conceitos importantes em geologia e entender como juntar componentes disponíveis no solo.

Fonte: PAIVA, T. E-book: explore o jogo minecraft em sala de aula. *Nova Escola*, 2020. Disponível em: https://box.novaescola.org.br/etapa/2/educacao-fundamental-1/caixa/136/trabalho-com-jogos-como-aproveitar-o-interesse-dos-alunos/conteudo/19360. Acesso em: 16 abr 2022.

PACETE, L. Os games mais jogados do mundo até março. *Forbes*, mar. 2022. Disponível em: https://forbes.com.br/forbes-tech/2022/03/os-5-games-mais-jogados-no-mundo-ate-marco/. Acesso em: 15 abr. 2022.

---

32 SAVI; ULBRICHT, 2008.

Figura 3.14 – Minecraft sendo usado para fins educacionais na Malásia

FAÇA FÁCIL

Jogos sérios com blocos 3D

O LEGO é um brinquedo amado por crianças de todo o mundo, que usam blocos tridimensionais de várias cores e tamanhos os quais se encaixam e desencaixam, permitindo que criem inúmeros modelos, estruturas, brinquedos. O uso de blocos também tem inspirado práticas de aprendizagem imersiva entre adultos. A metodologia *Lego serious play* (*Lego jogos sérios*) tem por objetivo engajar equipes de profissionais a compreenderem desafios,

FAÇA FÁCIL

analisarem cenários, criarem soluções e participarem da tomada de decisões. O uso desta estratégia ajuda a tangibilizar concepções e pensamentos. Também facilita a comunicação de significados atribuídos ao desafio analisado, além do compartilhamento de ideias e proposições.

Inspiradas nesta metodologia, propomos uma forma de estruturar e implementar Jogos sérios com blocos 3D por estudantes ou profissionais.

1

Selecione uma situação problema (real ou fictícia) que será apresentada para uma turma. Redija um texto claro e conciso que apresenta elementos importantes do desafio a ser apresentado. Em seguida, elabore algumas perguntas para reflexão sobre o desafio, cuja resposta não é óbvia, e que devem desencadear produções individuais e coletivas durante o jogo.

2

Peça, num segundo momento, que cada pessoa participante do jogo use blocos 3D para criar um ou mais modelos que representem a sua compreensão e significados atribuídos ao desafio apresentado.

3

Oriente que cada participante apresente os modelos criados para um pequeno grupo enquanto relata seus conhecimentos e percepções sobre elementos do desafio analisado.

CAPÍTULO 3 Metodologias imersivas 185

4

Convide cada pequeno grupo a refletir e explorar os diferentes pontos de vista até chegarem numa compreensão coletiva do desafio que deve ser redigida em algumas frases e apresentada para toda a turma. A partir disso, possíveis soluções podem ser criadas pelos pequenos grupos e apresentadas para a turma.

5

A avaliação deve considerar o envolvimento de cada pessoa e dos pequenos grupos nas etapas da metodologia, bem como os resultados obtidos.

Fonte: LEGO® SERIOUS PLAY. *Metodologia*: o que é e como está estruturada no Brasil. Disponível em: http://www.seriousplay.community/brazil/metodologia/. Acesso em: jul. 2022.

Outro formato que vale menção no escopo das metodologias imersivas são os jogos persuasivos, que constroem argumentos sobre como os sistemas funcionam no mundo real, levando o jogador a modificar sua opinião fora do jogo. São uma forma nova de jogar que amplia a experiência dos *video games* e jogos digitais para o mundo físico. A computação pervasiva, baseada no conceito "sempre ativo" (*always on*), permite que jogos sejam executados em dispositivos heterogêneos, fiquem disponíveis sete dias por semana, 24 horas por dia.

Os jogos pervasivos remetem à aprendizagem ubíqua (*u-learning*), que abordamos no **Capítulo 2**, ao explorar as metodologias ágeis no campo educacional.

Em geral, os jogos persuasivos têm como eixo central uma narrativa central fragmentada entre diversas plataformas e dispositivos. Sua estrutura envolve e-mails, mídias sociais, SMS, *sites*, telefonia móvel, entre outros, e até o espaço urbano para distribuir enigmas e desafios.

Ian Bogost,[33] professor de Estudos de Mídia e Computação Interativa no Georgia Institute of Technology, argumenta que os jogos persuasivos, graças à sua estrutura retórica contundente e por estabelecerem regras que orientam as interações entre os participantes, têm um poder único de persuasão que ultrapassa outras formas de persuasão computacional. Por isso, tendem a apoiar estruturas sociais e culturais existentes, mas também podem influenciar, em longo prazo, mudanças sociais potencialmente significativas. Bogost especifica ainda que existem três grandes áreas que já foram impactadas pelo poder persuasivo dos jogos: a política, a publicidade e a aprendizagem.

Existem ainda os Role Playing Games (RPG – jogos de desempenho de papéis), nos quais o jogador assume o papel de um personagem em um ambiente, interage com outros jogadores e, dependendo de suas ações e escolhas, os atributos da narrativa modificam-se, constituindo uma história dinâmica. As situações criadas sempre seguem regras estabelecidas por um mestre (líder do jogo), mas como a proposta é aberta à interação, podem-se experimentar formas diferentes de lidar com essas regras, de propor novos caminhos e novas soluções.

Os RPG podem ser classificados, segundo Schmit,[34] em cinco tipos, como segue.

1. **RPG de mesa** – ocorre quando jogadores se reúnem presencialmente para jogar (em torno de uma mesa) usando materiais como lápis e papel para registrar as características mais importantes de personagens e da narrativa em planilhas ou fichas.

> Em Role Playing Games (RPG – jogos de desempenho de papéis), o jogador assume o papel de um personagem em um ambiente, interage com outros jogadores e, dependendo de suas ações e escolhas, os atributos da narrativa modificam-se, constituindo uma história dinâmica.

---

33 BOGOST, I. *Persuasive games*: the expressive power of video games. Cambridge: MIT Press, 2007.

34 SCHMIT, W. L. *RPG e educação*: alguns apontamentos teóricos. Dissertação (Mestrado em Educação) – Universidade Estadual de Londrina, Londrina, 2008, 267p.

CAPÍTULO 3 Metodologias imersivas   187

2. **Live-action** – envolve um grande número de pessoas, que marcam um local de encontro presencial e ali preparam um cenário específico, usam roupas vinculadas ao tema do jogo e se comunicam por meio da fala.
3. **RPG solo** – segue um roteiro registrado em um livro no qual os jogadores são apresentados a uma situação-problema e diversos percursos que podem levá-los a fins diferentes no jogo.
4. **RPG eletrônico** – é uma transposição do RPG de mesa para o computador; nele uma pessoa controla todas as jogadas (seu personagem e o dos outros), tomando decisões e resolvendo problemas em um ambiente simulado.
5. **Multiplayer online role playing game** – jogo em que um grande número de participantes interage na internet em um cenário acessível em ambientes virtuais imersivos.

Figura 3.15 – Jogador de RPG *live-action* caracterizado como um guerreiro

Diferentes tipos de RPG são adotados em contextos educacionais como metodologias imersivas que propiciam o engajamento mental e/ou físico dos jogadores. A narrativa, os personagens, os cenários, a possibilidade de tomada de decisão podem ser engajadores para os alunos, mas só devem ser usados por educadores se estiverem articulados a objetivos de aprendizagem bem definidos. Isso não é tarefa fácil e demanda que o professor ou especialista realize um planejamento prévio e oriente os participantes, em momentos específicos, a refletir sobre o que estão aprendendo enquanto jogam.

Na verdade, o uso de jogos digitais na educação pode ser desafiador. Segundo um relatório preparado por Kirriemuir e McFarlane,[35] tais desafios estão relacionados às expectativas dos alunos e profissionais familiarizados com *games* comerciais mais sofisticados. Além disso, muitas vezes os jogos educacionais acabam propondo atividades repetitivas, cansativas ou simples demais, e isso desestimula os estudantes e profissionais (potenciais jogadores). Os autores destacam também que é preciso considerar a relevância de jogos educacionais, comparando seu conteúdo às temáticas abordadas em cursos presenciais, a distância e corporativos.

Mesmo considerando todos esses desafios, não há dúvida de que os jogos são engajadores. Por isso, nos últimos anos, elementos da linguagem dos jogos começaram a ser aplicados em contextos externos aos jogos propriamente ditos. Dessa prática, emergiu o conceito de gamificação, que exploraremos a seguir.

O uso de jogos digitais na educação pode ser desafiador. Tais desafios estão relacionados às expectativas dos alunos e profissionais familiarizados com *games* comerciais mais sofisticados.

---

35 KIRRIEMUIR, J.; MCFARLANE, A. *Literature review in games and learning.* Bristol: Futurelab, 2004. Disponível em: https://telearn.archives-ouvertes.fr/hal-00190453/document. Acesso em: 16 abr. 2022.

FAÇA FÁCIL

Escape room

Escape room é um tipo de jogo, desenhado a partir de uma narrativa central, no qual um indivíduo ou grupo de pessoas precisa resolver uma série de charadas ou enigmas em um tempo específico. Além da narrativa, desafio e tempo, um escape contém vários outros elementos de jogos propostos por Kapp (2012) como conflito, objetivos, regras, níveis, cooperação ou competição, estruturas de recompensas, feedback.

Para criar um escape existem alguns passos que apresentamos a seguir:

1
Defina os objetivos de aprendizagem do jogo e/ou competências a serem desenvolvidos pelos participantes.

2
Escolha um tema central que pode ser embasado em conteúdos curriculares a serem explorados ou temas que embasam um projeto mais amplo trabalhado na instituição de ensino ou organização.

3
Crie uma narrativa central que vai ambientar os participantes no escape. Para criar a narrativa, tenha certeza de que conhece o perfil dos jogadores, seus gostos e interesses.

FAÇA FÁCIL

4

Defina os espaços físicos e/ou digitais onde o escape vai ocorrer. Hoje existem ambientes digitais gratuitos que permitem a criação de escapes rooms. Um exemplo é o Sistema Aberto para Escapes (SAE): https://gamificacaocriativa.com/sae.

5

Use um recurso visual, multimídia ou artístico (vídeo, podcast, quadrinho, minipeça de teatro etc.) que apresente a narrativa, gere curiosidade e desperte a vontade dos estudantes e/ou profissionais de participarem do *Escape room*.

6

Prepare o roteiro de charadas ou atividades desafiadoras que sejam surpreendentes e divertidas.

7

Crie um roteiro com regras e instruções claras de participação referentes à formação de grupos, tempo e recursos digitais ou analógicos de suporte que podem ser usados e atividades propostas durante cada etapa do jogo.

8

Implemente a experiência imersiva de aprendizagem colocando-se à disposição para apoiar os participantes neste processo.

CAPÍTULO 3 Metodologias imersivas **191**

> **FAÇA FÁCIL**

> **9**
>
> Aplique um breve questionário de feedback para que possa melhorar a experiência das próximas vezes que for aplicá-la.

Fonte: Adaptado de MOURA, A.; SANTOS, I. *Escape room* educativo: reinventar ambientes de aprendizagem. In: CARVALHO, A. A. Aplicações para dispositivos móveis e estratégias inovadoras na educação. Lisboa: Direção-Geral de Educação, 2020. Disponível em: http://hdl. handle.net/10316/90484. Acesso em: 24 set. 2021.

3.1.6 Gamificação

O termo *gamification* (traduzido para o português por gamificação ou, mais raramente, ludificação) foi utilizado pela primeira vez em 2002 pelo programador britânico Nick Pelling, mas o tema só despertou atenção anos depois, com a publicação do livro *A realidade em jogo: por que os games nos tornam melhores e como eles podem mudar o mundo*, de Jane McGonigal.[36] Desde então, o tema se disseminou principalmente no mundo organizacional, que tem utilizado a gamificação como estratégia de mudança de comportamento dos colaboradores e garantia da eficiência em seus resultados.[37]

Gamificação não é o mesmo que usar ou criar jogos com contexto social ou educacional. A ideia não é trabalhar jogos fechados, que são produtos e recursos culturais em si mesmos, mas sim incorporar os elementos da linguagem dos jogos em contextos externos a eles.[38] Esses elementos visam engajar e motivar os jogadores a competir, mudar de nível, vencer desafios e superar-se.

---

36 MCGONIGAL, J. *Realidade em jogo*: por que os games nos tornam melhores e como eles podem mudar o mundo. Rio de Janeiro: Best Seller, 2012.

37 JACOBINO, F.; JORGE, C. F. B. Games como ferramenta estratégica de busca e monitoramento de inteligência competitiva: um estudo de caso sobre o Pokémon Go. *Revista Inteligência Competitiva*, v. 7, n. 3, p. 45-66, jul./set. 2017.

38 CAROLEI; TORI, 2014.

Seguindo a tendência iniciada na educação corporativa, nos últimos anos a gamificação também tem sido adotada na educação presencial, híbrida e a distância. Visa aumentar o engajamento e a autonomia de estudantes e profissionais, o senso de responsabilidade pela própria aprendizagem e a aquisição de conhecimentos. Com isso, tem por objetivo estimular o pensamento criativo, o potencial de inovação e habilidades de liderança, colaboração e cooperação de aprendizes.

No **Capítulo 1** apresentamos algumas competências (como criatividade, liderança, colaboração) consideradas fundamentais no século XXI e que são desenvolvidas por metodologias (cri)ativas.

Na prática, Filatro[39] indica que gamificar significa incluir no design instrucional de um curso ou capacitação todos os seguintes elementos (ou alguns deles): regras, níveis progressivos de dificuldade, conflito/competição/cooperação, pontuação, recompensa e *feedback*, narrativa de fundo, personalização de percursos, ranqueamento e fluxo de *feedback*.

Existem dois tipos de gamificação adotados na educação: a estrutural e a de conteúdo. A Gamificação estrutural conta com a aplicação de elementos de jogo no processo de aprendizagem com o objetivo de motivar os estudantes a se engajarem nas atividades propostas. Assim, o conteúdo a ser abordado não é alterado ou impactado pela proposta de gamificação, uma vez que apenas a estrutura em torno do conteúdo a ser aprendido é gamificada. Esse tipo de gamificação é baseado na perspectiva comportamentalista de aprendizagem (que reforça comportamentos específicos para atingir objetivos desejados). Em geral, envolve os participantes oferecendo *feedback* e emblemas quando agem da forma esperada ou prevista (por exemplo, realizam as atividades propostas para uma unidade de estudos).[40]

> Existem dois tipos de gamificação adotados na educação: a estrutural e a de conteúdo.

---

39 FILATRO, 2015.
40 FILATRO, A.; CAVALCANTI, C. C. Structural and content gamification design for tutor education. In: E-learn World Conference on E-learning, 2016, Washington. *Proceedings...* Washington, DC: Association for the Advancement of Computing in Education (AACE), 2016, p. 1152-1157.

FAÇA FÁCIL

---- Gamificação estrutural ----

A elaboração de uma proposta de Gamificação estrutural pode ser realizada na educação presencial, híbrida e a distância com o apoio de um ambiente virtual de aprendizagem (uma vez que muitos deles têm ferramentas específicas para este fim) ou, alternativamente, com o apoio de planilhas ou tabelas de controle. Tendo-se definido a ferramenta de apoio, é preciso adotar os passos a seguir.

1

Elabore um roteiro simples para definir os critérios e condições necessárias à conquista de pontos e recompensas ao longo do curso. Esses critérios e condições referem-se à conclusão de atividades consideradas importantes para o avanço. O roteiro também pode indicar o nome dos emblemas a serem conquistados e dos *feedbacks* que o aprendiz receberá ao concluir cada atividade prevista. Segue um exemplo de roteiro de gamificação elaborado para um curso organizado em cinco unidades de estudos:

Nome do emblema	Texto para o aluno com os critérios de atribuição	Condição	Mensagem enviada ao aluno
Novato	Caro aluno, o emblema "Novato" pode ser conquistado se você responder ao questionário e participar do desafio da Unidade 1. Essa é uma forma de você acompanhar seu progresso no curso e aumentar seu engajamento.	Responder ao questionário e participar do desafio da Unidade 1.	Você foi premiado com o emblema "Novato" por ter respondido ao questionário e participado do desafio da Unidade 1!

FAÇA FÁCIL

Nome do emblema	Texto para o aluno com os critérios de atribuição	Condição	Mensagem enviada ao aluno
Iniciante	Caro aluno, o emblema "Iniciante" pode ser conquistado se você responder ao questionário e participar do desafio da Unidade 2. Essa é uma forma de você acompanhar seu progresso no curso e aumentar seu engajamento.	Responder ao questionário e participar do desafio da Unidade 2.	Você foi premiado com o emblema "Iniciante" por ter respondido ao questionário e participado do desafio da Unidade 2!
Aprendiz	Caro aluno, o emblema "Aprendiz" pode ser conquistado se você responder ao questionário e participar do desafio da Unidade 3. Essa é uma forma de você acompanhar seu progresso no curso e aumentar seu engajamento.	Responder ao questionário e participar do desafio da Unidade 3.	Você foi premiado com o emblema "Aprendiz" por ter respondido ao questionário e participado do desafio da Unidade 3!
Graduado	Caro aluno, o emblema "Graduado" pode ser conquistado se você responder ao questionário e participar do desafio da Unidade 4. Essa é uma forma de você acompanhar seu progresso no curso e aumentar seu engajamento.	Responder ao questionário e participar do desafio da Unidade 4.	Você foi premiado com o emblema "Graduado" por ter respondido ao questionário e participado do desafio da Unidade 4!

CAPÍTULO 3 Metodologias imersivas

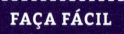
FAÇA FÁCIL

Nome do emblema	Texto para o aluno com os critérios de atribuição	Condição	Mensagem enviada ao aluno
Mestre	Caro aluno, o emblema "Mestre" pode ser conquistado se você responder ao questionário e participar do desafio da Unidade 5. Essa é uma forma de você acompanhar seu progresso no curso e aumentar seu engajamento.	Responder ao questionário e participar do desafio da Unidade 5.	Você foi premiado com o emblema "Mestre" por ter respondido ao questionário e participado do desafio da Unidade 5! Mais informações sobre esse emblema podem ser encontradas em Mestre. Você pode gerenciar e baixar o emblema em Gerenciar Emblemas. Agora terá acesso a conteúdos-bônus preparados especialmente para este curso.

2

Insira as condições e o *feedback* descritos no roteiro do AVA adotado ou providencie outras formas de comunicar essas conquistas aos alunos (por exemplo, por meio de mensagens de e-mail ou instantâneas, ou mesmo com o auxílio de cartões em papel). Assim, os participantes serão contemplados com mudanças de nível – novato, iniciante, aprendiz, graduado e mestre – de acordo com sua participação nas atividades avaliativas do curso.

FAÇA FÁCIL

3

Defina se você deseja realizar e divulgar o ranqueamento de desempenho entre os participantes. Cabe destacar que cursos cujo modelo pedagógico é de natureza colaborativa geralmente não adotam esse tipo de ranqueamento.

4

Estabeleça a premiação a ser recebida de acordo com a pontuação e os emblemas conquistados. Por exemplo, acesso a um conteúdo--bônus sobre o conjunto de conteúdos abordados, participação em sorteio para ganhar algum tipo de subsídio, como participar de evento científico ou corporativo, pontuação extra para mérito acadêmico, entre outros.

A Gamificação de conteúdo, por outro lado, prevê a aplicação de elementos de jogo para alterar parte ou todos os conteúdos e materiais de um curso. Existem diferentes maneiras de gamificar os conteúdos, como criar uma história, personagens e situações que estejam relacionadas a um problema ou desafio maior explicitado na gamificação. Além disso, fazer com que alunos desempenhem papéis no contexto de uma história pode promover uma participação mais ativa. Esse tipo de gamificação é baseado na teoria da autodeterminação, que explica a motivação humana para fazer uma atividade por meio de recursos internos e autorregulação comportamental.[41]

---

41 RYAN, R. M.; DECI, E. L. Self-determination theory and the facilitation of intrinsic motivation, social development, and well-being. *American Psychologist*, v. 55, n. 1, p. 68-78, 2000.

A Gamificação de conteúdo é adotada no curso de extensão on-line Formação de Tutores para EAD, ofertado pelo Unasp Virtual, a fim de capacitar futuros tutores a atuar em cursos a distância por meio do desenvolvimento de competências pedagógicas, tecnológicas, comunicacionais, organizacionais e integradas. Consiste na participação de um aluno "fictício" que demonstra uma série de atitudes ao longo do curso – como dificuldades em administrar o tempo, críticas à metodologia e aos materiais didáticos, plágio na realização das atividades, problemas técnicos e ansiedade por suporte tutorial – e interage com cursistas via *chat*, fóruns de discussão e e-mail. Nesse processo, os futuros tutores precisam demonstrar que conseguem transpor para a prática o que foi discutido teoricamente no que se refere à postura do tutor diante de situações-problema enfrentadas no dia a dia profissional.

Fonte: FILATRO; CAVALCANTI, 2016.

FAÇA FÁCIL

-- Gamificação de conteúdo --

A Gamificação de conteúdo pode ser implantada em cursos presenciais, a distância e corporativos, até mesmo sem o auxílio de tecnologias. Para isso, você pode seguir estes passos.

FAÇA FÁCIL

1

Defina o que se espera que os estudantes e profissionais aprendam com a estratégia imersiva, tendo em mente os objetivos de aprendizagem ou as competências a serem desenvolvidas.

2

Selecione o local (sala de aula física, AVA, redes sociais etc.) e o período (na primeira unidade, durante o curso inteiro, no último mês do ano letivo etc.) em que a estratégia será aplicada.

3

Prepare um roteiro a ser disponibilizado para os alunos descrevendo uma situação-problema que reflita os objetivos de aprendizagem ou as competências a serem desenvolvidas. A situação-problema proposta pode ser real ou fictícia, mas deve contemplar as seguintes questões:

> Quem são as pessoas envolvidas na situação-problema?
> Que papéis essas pessoas exercem ou devem exercer na situação-problema?
> Quais desafios precisam ser superados pelas pessoas envolvidas na situação descrita?
> Que conjunto ou sequência de atividades será realizada pelos estudantes e/ou profissionais para lidar com a situação ou resolver o problema descrito?
> Qual é a consequência de cada atividade realizada (disparo de novos conteúdos, nova tentativa de realização da atividade, nova atividade subsequente, pontuação positiva ou negativa, atribuição de emblemas...)?
> Com base em que critérios a gamificação será considerada?

FAÇA FÁCIL

4

Prepare um fechamento para ser apresentado aos alunos após o término da gamificação, articulando a situação-problema com os conceitos, habilidades e atitudes trabalhados. O fechamento elaborado deve responder à seguinte pergunta: Como a resolução da situação-problema pode ajudar os estudantes e profissionais a aplicar os conteúdos aprendidos em outros contextos?

É fato que a gamificação pode ser aplicada de várias formas em contextos educacionais para engajar e motivar alunos a aprender. Decerto, as promessas de aumento do envolvimento de estudantes e profissionais, a possibilidade de maior interação e experimentação, e a sensação de protagonismo proporcionada pela gamificação seduzem aqueles que buscam aprimorar a experiência educacional.

Mas, para avaliar o impacto dessa e de outras experiências imersivas vividas no processo educacional, precisamos aprofundar nossa análise para abarcar a ideia de "aprendizagem imersiva".

3.2 APRENDIZAGEM IMERSIVA

Ambientes imersivos, como RA, RV, simulações computacionais e jogos/gamificação virtuais e aumentados, são uma grande promessa na educação, mas também trazem muitos desafios. Entre eles, está o fato de que poucos estudos apresentam um modelo pedagógico claro para informar o *design* e o uso dessas tecnologias e/ou estratégias. Em alguns casos, há uma referência implícita ao construtivismo ou existem variações da abordagem (por exemplo, aprendizagem baseada em problemas, aprendizagem experiencial, aprendizagem colaborativa).

No **Capítulo 1**, você encontra os conceitos e fundamentos teóricos da aprendizagem baseada em problemas, da aprendizagem experiencial e da aprendizagem colaborativa. Também estão disponíveis exemplos e orientações sobre como metodologias (cri)ativas são adotadas em contextos educacionais.

Para entender como a aprendizagem ocorre com o uso de tecnologias e estratégias imersivas, precisamos antes de tudo resumir as características básicas que definem um ambiente virtual como imersivo.

Dalgarno e Lee[42] argumentam que a "fidelidade representacional" e a "interação do aluno" são características únicas dos ambientes imersivos tridimensionais.

A *fidelidade representacional* refere-se à qualidade das exibições, que devem ser mais realistas ou fotorrealistas. O realismo não se refere somente à qualidade visual da exibição mas também à consistência do comportamento do objeto, ao realismo da comunicação e das ações disponíveis e à qualidade (tanto comportamental quanto visual) da representação do usuário no ambiente.

Por outro lado, a *interação do aluno* é um conceito mais dinâmico, que descreve a riqueza de diferentes trocas realizadas com o sistema.

Além dessas duas propriedades, uma terceira, a *construção da identidade*, parece ser particular de ambientes que suportam algum tipo de representação de usuário, normalmente incorporada em avatares. A existência de avatares que representam fisicamente usuários dentro do ambiente imersivo pode contribuir para o senso de presença e copresença.

Essas características se combinam para criar uma experiência psicológica particular, descrita como uma sensação de "estar lá" ou uma sensação de presença. Em um contexto multiusuário, também pode haver uma sensação de copresença ou a sensação de "estar junto".

A grande questão é se essas propriedades resultam em experiências de aprendizagem realmente significativas. A resposta não decorre unicamente dos recursos tecnológicos

> A existência de avatares que representam fisicamente usuários dentro do ambiente imersivo pode contribuir para o senso de presença e copresença.

---

42 DALGARNO, B.; LEE, M. What are the learning affordances of 3-D virtual environments? *British Journal of Educational Technology*, v. 41, n. 1, p. 10-32, 2010.

presentes nos ambientes imersivos, mas inclui também requisitos pedagógicos. Nesse sentido, um conceito que pode unir a pedagogia e a tecnologia é a "imersão" – que não por acaso adjetiva as metodologias inov-ativas que discutimos neste capítulo.

Muitas são as visões sobre o conceito de imersão. Em primeiro lugar, seguindo a argumentação de Dalgarno e Lee,[43] podemos descrever tecnicamente a imersão como resultado da influência mútua entre fidelidade representacional e interação do aluno. Em contraste, o senso de "presença" é o estado psicológico que pode surgir de um sistema imersivo.

Para Turkle, a imersão de camada mais indutiva e sensorial imediata pode ser provocada por uma série de dispositivos que ampliam ou enganam nossos sentidos.[44] Mas, segundo Carolei,[45] a imersão vai além de um conjunto de estímulos sensoriais variados aos quais o usuário é submetido. Utilizando como referencial teórico as tipologias psicológicas de Jung, a autora argumenta que a imersão será mais profunda quanto mais funções psicológicas forem demandadas, como mostra a Figura 3.16.

Figura 3.16 – Tipologias psicológicas de Jung aplicadas aos ambientes imersivos

Função mais explorada pelos ambientes imersivos; as estruturas tridimensionais estimulam a visão e as áreas cerebrais relacionadas ao tato; além disso, a sonorização possibilita forte sensação de espacialidade.

Função estimulada pelo universo simbólico das narrativas e metáforas; mitos, contos e outras formas de narrativas nos mobilizam porque atingem regimes simbólicos inconscientes que não podem ser totalmente explicados.

Sensação | Sentimento
Intuição | Pensamento

Função estimulada pelas questões de empatia (identificação com o outro) e alteridade (relação com o outro), pelo estabelecimento de vínculos, pela comunicação e pela colaboração.

Função geralmente não imersiva, pois o pensamento indutivo julga e racionaliza, minando a ilusão imersiva; pode ser imersiva quando baseada em investigação e dedução, como em livros de mistério ou jogos de suspense; o desequilíbrio cognitivo causado por uma problematização também pode ser imersivo.

Fonte: adaptada de CAROLEI, 2012.

---

43 DALGARNO; LEE, 2010.
44 TURKLE, S. *O segundo eu, os computadores e o espírito humano*. Lisboa: Presença, 1989.
45 CAROLEI, P. Game out: o uso da gamificação para favorecer a imersão nos diversos espaços educativos no Ensino Superior. In: TIC EDUCA 2012, Lisboa. *Anais...* Lisboa: Universidade de Lisboa, 2012. v. 1. p. 2704-2715.

Dessa perspectiva, o conceito de imersão envolve não apenas sensação ou lógica, ou seja, estruturas sensoriais e formas de representação, mas também sentimento e intuição. Por conseguinte, se a experiência educacional se concentrar apenas no nível sensorial ou cognitivo (relacionado ao pensamento), será menos imersiva do que uma experiência que envolva a intuição e os sentimentos.[46]

Outro fator contribuinte para o grau de imersão de uma experiência de aprendizagem é que, quanto mais o aluno se vê como responsável pelas ações de escolha, de manipulação, decisão e criação, mais imersão ele sente.[47]

Na verdade, essa é uma referência ao conceito de agência, que, no contexto dos jogos, é definido por Murray como a proposta de ação do jogador, a capacidade gratificante de realizar ações significativas e de ver os resultados dessas ações e escolhas. A agência está ligada à ideia de jogabilidade, com a proposta de desafios, missões, trilhas, formas de competição e/ou colaboração.[48]

Mas a imersão está ligada ainda à diversão, no sentido de que se relaciona a uma experiência a ser "saboreada", que desperta "afeto" no jogador. Especificamente no contexto educacional, não se trata de distrair o aluno para que ele não perceba que está aprendendo. Conforme Carolei e Tori,[49] a diversão vem da ideia do diverso e de outra versão da realidade. Nesse sentido, o que nos diverte é aquilo que nos tira do "nosso mundo" e nos transporta para outra versão na qual podemos tudo, realizamos nossos desejos, enfrentamos nossos medos, somos quem pensamos não ser.

Assim, o desafio é tornar a aprendizagem mais divertida no sentido de oferecer opções diversas, desafios, investigação e descoberta, e não um simples consumo de informação ou de entretenimento. Pelo contrário, é fundamental que o aluno saiba como, o que e por que está aprendendo – ou seja,

> A imersão está ligada à diversão, no sentido de que se relaciona a uma experiência a ser "saboreada", que desperta "afeto" no jogador. A diversão vem da ideia do diverso e de outra versão da realidade.

---

46 CAROLEI, 2012, p. 2704-2715.
47 CAROLEI; TORI, 2014.
48 MURRAY, J. *Hamlet no Hollodeck*. São Paulo: Unesp, 2003.
49 CAROLEI; TORI, 2014.

exerça a metacognição –,[50] e goste disso porque é diferente e desafiador.[51]

De fato, segundo Carolei e Tori, a imersão deve ter seu contraponto na *emersão*, que está de fato mais ligada à função pensamento. Por mais importante que seja mergulhar para vivenciar a aprendizagem, é fundamental voltar à superfície para refletir e sistematizar o processo que está sendo conduzido.[52]

Mayes e Fowler procuram simplificar a complexidade da aprendizagem imersiva apontando três estágios fundamentais de aprendizagem – conceitualização, construção e diálogo –, que podem ser associados a três diferentes tipos de imersão (conceitual, tarefa e social), em uma interação com as propriedades técnicas emergentes dos ambientes imersivos. Vejamos cada um desses estágios a seguir.[53]

> Por mais importante que seja mergulhar para vivenciar a aprendizagem, é fundamental voltar à superfície para refletir e sistematizar o processo que está sendo conduzido.

1. **Conceitualização** – um aluno se depara com algum tipo de explicação ou descrição que lhe dá a oportunidade de criar um novo conceito: na aprendizagem de habilidades, isso equivale a demonstrar, de algum modo, o que deve ser aprendido; na aprendizagem conceitual, é formada uma compreensão inicial do conceito. Isso equivale às formas de instrução tradicionais para a apresentação de conteúdos, como ocorre em palestras ou livros didáticos, mas nos ambientes imersivos inclui representações multimídia de alta fidelidade. Tecnologias como RA, RV, simulações e jogos permitem que o aluno seja imerso nessa representação primária de conceitos e habilidades.

2. **Construção** – para aprofundar sua compreensão, o aluno começa a explorar, manipular ou fazer perguntas, ou seja, ele realiza alguma ação sobre o novo conceito ou habilidade a ponto de dar e receber *feedback*. Esse estágio implica um tipo de interatividade que a instrução tradicional oferece

---

50 A metacognição é o automonitoramento que um aprendiz faz de seu próprio processo de aprendizagem.

51 CAROLEI; TORI, 2014.

52 CAROLEI; TORI, 2014.

53 MAYES, J. T.; FOWLER, C. J. H. Learning technology and usability: a framework for understanding courseware. *Interacting with Computers*, v. 11, n. 5, p. 485-497, 1999.

por meio de métodos como estudos de campo e laboratório, ou mesmo da redação de ensaios. Aqui são as ações do aprendiz que passam a controlar o fluxo de informações. A imersão se concentra agora na tarefa, e não na representação do conceito ou habilidade. Na imersão de tarefas, existe um grau muito maior de realismo e níveis de manipulação, e a aprendizagem experiencial é um atributo-chave.

3. **Diálogo** – uma vez que toda a aprendizagem está de alguma forma situada em um contexto social mais amplo, o aluno pode testar seu conhecimento emergente por meio de algum tipo de interação ou discussão com os outros. Nessa imersão social, o uso de avatares é evidente, pois eles podem desempenhar um papel altamente facilitador no desempenho de papéis (roleplaying), por exemplo.

FAÇA FÁCIL

Roleplaying (jogo de papéis)

A estratégia Roleplaying prevê que uma situação específica (real ou hipotética) seja apresentada a estudantes ou profissionais, que terão por missão encenar o caso assumindo papéis de diferentes *stakeholders* (partes interessadas). Essa atividade permite que os aprendizes utilizem um produto ou vivenciem todas as etapas de um processo ou serviço da perspectiva de outras pessoas; por exemplo, os clientes de uma empresa, os pacientes de um hospital, os professores de uma escola, os moradores de uma comunidade carente, profissionais da área jurídica e política. O importante é que os alunos tenham a oportunidade de compreender, de forma empática e aprofundada, a visão, as necessidades, expectativas e demandas de outras pessoas. Isso influenciará sua percepção e entendimento da situação apresentada.

FAÇA FÁCIL

Para implementar essa estratégia em sala de aula ou espaços virtuais, pelo uso de ferramentas de webconferência ou videoconferência, siga estes passos.

1 Prepare previamente a descrição de cada papel a ser desempenhado pelos estudantes ou profissionais.

2 Apresente a situação-problema.

3 Distribua as descrições de papéis a estudantes ou profissionais voluntários ou eleitos. É importante que os participantes entendam que devem agir (e tentar sentir) como se fossem a pessoa descrita.

4 Acompanhe os participantes da atividade enquanto eles interpretam, como em uma peça de teatro, a situação descrita.

5 Ao final da apresentação, questione os participantes sobre como foi se colocar no lugar de outra pessoa. Algumas perguntas-chave que podem ser feitas neste momento:

- Como foi assumir o papel de...?
- Como você se sentiu no lugar de...?
- Qual foi o problema mais desafiador enfrentado por...?
- Como resolveria o problema de...?
- Qual foi o aspecto mais positivo da experiência de...?

> **FAÇA FÁCIL**

6

Abra espaço para que alunos que eventualmente não tenham participado da encenação apresentem suas impressões e sentimentos ao assistir à situação interpretada pelos colegas.

Para deixar a atividade mais desafiadora e instigante, é possível trocar os papéis no meio da encenação, quando os participantes já estiverem confortáveis com os papéis assumidos previamente.

3.2.1 Avaliação na aprendizagem imersiva

Completando o ciclo de aprendizagem imersiva, Shute, Rahimi e Emihovich observam que as abordagens atuais para avaliação normalmente são desconectadas dos processos de aprendizagem. Mas, com tecnologias de avaliação inovadoras aplicadas aos ambientes imersivos, não é preciso interromper o processo de instrução normal em várias ocasiões durante o ano ou ao final do processo para administrar provas ou exames certificatórios. Em vez disso, a avaliação pode ser contínua e invisível para os alunos, apoiando instruções em tempo real, just-in-time e outros tipos de suporte à aprendizagem imersiva.[54]

Na perspectiva desses autores, a avaliação da aprendizagem imersiva não deve ser medida por meio dos tradicionais testes somativos, que fornecem um instantâneo muito estreito da aprendizagem dos alunos. Isto é, se os ambientes imersivos fornecem novas oportunidades de aprendizagem,

---

54 SHUTE, V.; RAHIMI, S.; EMIHOVICH, B. Assessment for learning in immersive environments. In: LIU, D. et al. (Ed.). *Virtual, augmented, and mixed realities in education, smart computing and intelligence*. Singapore: Springer Natura, 2017.

exigem também novas metodologias de avaliação. Eles usam o termo "avaliação furtiva" (*stealth evaluation*) para se referir a avaliações baseadas em evidências incorporadas nos ambientes imersivos. Esse tipo de avaliação captura, mede e apoia o desenvolvimento de competências específicas dos alunos em ambientes imersivos que servem como veículos de aprendizagem.

A avaliação furtiva pode ser usada para adaptar o ambiente a fim de acomodar os níveis/necessidades atuais dos alunos, bem como fornecer *feedback* adequado e outros tipos de suporte à aprendizagem. É esse suporte personalizado que permite aos alunos manter o estado de fluxo descrito por Csikszentmihalyi.[55]

À medida que um aluno interage com o ambiente imersivo (por exemplo, uma atividade de realidade aumentada ou um desafio de gamificação), a avaliação furtiva analisa ações e interações específicas por meio de dados capturados do arquivo de *log* para estimar os estados do aluno em relação às competências a serem desenvolvidas. A avaliação furtiva cria um modelo de estudante e o atualiza continuamente conforme a pessoa interage com o ambiente imersivo. As informações desse modelo, então, podem ser usadas como base para fornecer *feedback* relevante e/ou adaptar o ambiente para atender às necessidades do aluno. No processo, cria-se uma experiência de aprendizagem/reprodução personalizada.

Além da avaliação furtiva provida pelo próprio sistema, também se pode pensar em uma autoavaliação imersiva: os recursos de captura e reativação das atividades realizadas em ambientes imersivos permitem que o aluno realize a observação e a revisão imersivas. Por exemplo, um método de gravação 3-D captura o desempenho dos participantes em um ambiente virtual imersivo e permite que ele volte a executá-lo para observação e reflexão. Dessa forma, é possível analisar todas as ações e conversas que ocorrem durante uma atividade ao vivo. Durante as atividades de revisão, essa configuração dá aos alunos a chance de se auto-observarem,

> A avaliação furtiva pode ser usada para adaptar o ambiente a fim de acomodar os níveis/ necessidades atuais dos alunos, bem como fornecer *feedback* adequado e outros tipos de suporte à aprendizagem.

---

55 CSIKSZENTMIHALYI, 1997.

proporcionando o mesmo nível de imersão experimentado durante o desempenho do papel. Assim, eles podem perceber seu próprio desempenho do ponto de vista de um terceiro, e também podem analisar o desempenho de outros participantes pela navegação nas sessões gravadas.

No passado, as experiências imersivas eram dispendiosas e delimitadas a setores específicos, como a indústria aeroespacial ou de energia nuclear. Hoje, contudo, três fatores contribuem para a democratização da realidade virtual e aumentada, das simulações computacionais e dos jogos/gamificação virtual: o poder e a capacidade de novos dispositivos móveis, o aumento do investimento no desenvolvimento de tecnologias virtuais, assim como o acesso a conteúdos virtuais gerados pelos próprios usuários em redes sociais.

Tal democratização tende a aumentar a acessibilidade a essas tecnologias, que poderão se tornar tão populares como as tecnologias móveis. Com o complemento de fones de ouvido de baixo custo, será possível realizar experiências imersivas ao interagir com objetos, conceitos ou processos, como um fluxo de trabalho de aprendizagem regular em qualquer nível educacional, da escola primária até o Ensino Superior, incluindo-se ainda as ações de educação corporativa.

Vimos, porém, que existem "maneiras e maneiras" de utilizar as tecnologias imersivas. É possível usá-las para simplesmente acessar ou consumir conteúdos, tornando o aluno uma espécie de visualizador passivo, ou apenas como alguém que segue uma lista de instruções em uma prática de laboratório tradicional. Mas as pedras angulares desse tipo de metodologia inov-ativa são a imersão e a interatividade, por meio de acessórios mais baratos, sensores de várias naturezas e tecnologias móveis. Isso significa que os alunos vivenciarão experiências em primeira pessoa, tomarão decisões e interagirão após obter *feedback* imediato, de modo que a aprendizagem se concretizará após um processo de análise e reflexão.

Três fatores contribuem para a democratização da realidade virtual e aumentada, das simulações computacionais e dos jogos/gamificação virtual: o poder e a capacidade de novos dispositivos móveis, o aumento do investimento no desenvolvimento de tecnologias virtuais, assim como o acesso a conteúdos virtuais gerados pelos próprios usuários em redes sociais.

Figura 3.17 – Visão futurística da formação profissional na medicina com o uso de tecnologias e metodologias imersivas

Podemos dizer, então, que os limites das metodologias imersivas no ambiente educacional não estão nas tecnologias em si, mas em como elas são usadas para apoiar a aprendizagem e o desenvolvimento de competências relevantes para o mundo cada vez mais complexo de hoje.[56]

De fato, os ambientes imersivos permitem a aplicação e a prática de competências em espaços relativamente seguros e autênticos. E, se consideramos o conceito de competência como a superação da dicotomia entre teoria e prática,[57] esses ambientes se mostram como uma proposta de experiência ou vivência educacional que pode ir além da simples representação ou reação, para chegar a uma verdadeira "incorporação" das competências.[58]

Assim, de acordo com Carolei e Tori, nesse contexto imersivo, podemos pensar a ação didática não apenas como um processo instrucional de mão única, mas também como uma proposta de experiência com contexto e significado. Para isso, os autores invocam Papert para abordar três formas de nos relacionarmos com o conhecimento que nos permitem

---

56 SHUTE; RAHIMI; EMIHOVICH, 2017.
57 ARNAU, L.; ZABALA, A. *Como aprender e ensinar competências*. Porto Alegre: Artmed, 2010.
58 CAROLEI; TORI, 2014.

sintetizar o potencial das metodologias imersivas: a experimentação, a instrução e a criação.

1. A **experimentação** é nossa primeira forma de aprender, pois desde bebês começamos a explorar e experimentar o mundo com nosso corpo e sentidos. Nessa fase, decidimos o que aprender e como aprender de acordo com o alcance que temos. Mas a experimentação física tem limites espaciais e temporais.

2. A **instrução** diz respeito, portanto, à transmissão da cultura acumulada geração após geração pelas instituições formais de ensino, que selecionam o que e como deve ser ensinado. O risco da instrução, porém, é nos acostumarmos com a passividade de receber conhecimentos sistematizados, perdendo aos poucos nossa autonomia.

3. A fase da **criação** ocorre, por consequência, quando nos apropriamos das construções estéticas e científicas do mundo e criamos novos conceitos e tecnologias.

Segundo os autores, o potencial das tecnologias é fazer da instrução um prolongamento da experimentação e da criação. Isso requer que os materiais didáticos e as estratégias instrucionais sejam planejados como ambientes nos quais os alunos possam explorar, vivenciar, experimentar, problematizar, formular hipóteses e criar formas de resolver problemas, criando e decidindo seus caminhos, em vez de apenas recebê-los e consumi-los.

Convém observar, contudo, que nem todas as soluções imersivas proporcionam automaticamente oportunidades vivenciais. Muitas vezes, por uma espécie de obsessão por parte de quem as planeja na apresentação de conteúdos, elas se apoiam apenas em distrações estéticas que preservam o paradigma meramente reativo-instrucional, mas ignoram todo o potencial de experimentação.

Dessa forma, para melhor aproveitamento dessas tecnologias inovadoras, é necessário proporcionar agência e autonomia ao aprendiz e, com o uso de elementos, referências e trilhas propostas, dar a ele o poder de decidir, fazer, explorar e criar situações novas de aprendizagem.

> Nem todas as soluções imersivas proporcionam automaticamente oportunidades vivenciais. Muitas vezes, elas se apoiam apenas em distrações estéticas que preservam o paradigma meramente reativo-instrucional, mas ignoram todo o potencial de experimentação.

FAÇA FÁCIL

Vivência imersiva multissensorial

A área de educação inclusiva contém pesquisas que defendem as vantagens do uso de métodos multissensoriais no processo de alfabetização de crianças com necessidades especiais. As atividades multissensoriais lançam mão de pelo menos duas modalidades sensoriais para apresentar ou receber informações. Oliveira (2018) destaca que, como educadores, podemos usar diferentes vias (tato, olfato, visão, audição, paladar, movimentos e posições do corpo) para dar ao cérebro a chance de mobilizar diferentes canais sensoriais na construção de novos saberes.

A vivência imersiva multissensorial pode ser adotada como experiência de aprendizagem em contextos presenciais e digitais (conforme temos explorado neste capítulo). Nos últimos anos, programas de educação híbrida e on-line têm promovido vivências multissensoriais onde os estudantes ou profissionais que recebem em casa vários recursos a serem usados durante as aulas ou encontros da turma para fins específicos. Alguns exemplos são caixas gastronômicas, kits de artes, tecidos, velas perfumadas, kits de experimentos de ciências, peças de vestuário etc.

Resumimos a seguir como criar e implementar uma Vivência imersiva multissensorial que fomenta a aprendizagem experiencial:

1

Descreva os objetivos de aprendizagem e/ou competências a serem desenvolvidas, bem como os temas curriculares ou de formação profissional a serem trabalhados na vivência.

FAÇA FÁCIL

2

Pense em pelo menos 2 sentidos e como podem ser utilizados durante a experiência de aprendizagem.

3

Faça uma lista dos materiais necessários e/ou recursos tecnológicos para que a vivência multissensorial seja executada em sala de aula ou ambiente digital.

4

Imagine como os diferentes espaços da instituição educacional, organização ou ambientes digitais podem ser usados para que a vivência seja executada.

5

Crie uma sequência de atividades indicando as ferramentas digitais e/ou recursos sensoriais que serão necessários para que cada uma delas seja executada.

6

Avalie os resultados da experiência imersiva pela aplicação de um questionário breve de avaliação reflexiva da aprendizagem e da experiência.

Fonte: OLIVERIA, A. R. *Intervenção multissensorial numa criança com dificuldades de aprendizagem de leitura do 2º ano*. Dissertação de mestrado em Educação. Universidade de Coimbra, 2018. Disponível em: https://comum.rcaap.pt/bitstream/10400.26/21872/1/ANABELA_OLIVEIRA.pdf. Acesso em: 17 abr. 2022.

CAPÍTULO 3 Metodologias imersivas 213

FECHAMENTO

Neste capítulo, tratamos das metodologias imersivas que têm o potencial de promover a aprendizagem humana por meio do uso de mídias e tecnologias convergentes.

Exploramos alguns temas, como agência, imersão e fluxo, e explicitamos como recursos e ambientes imersivos permitem que estudantes e profissionais vivenciem novas experiências, espaços e desafios, aprendendo de forma imersiva, experiencial, contextualizada e significativa. Apresentamos ainda conceitos e experiências relacionados ao uso de realidade virtual, realidade aumentada, simulação, jogos e gamificação na educação.

Assim, concluímos o capítulo elencando os três princípios (Figura 3.18) que consideramos fundamentais para que a aplicação de metodologias imersivas seja relevante e inovadora na educação presencial, a distância e corporativa.

Figura 3.18 – Princípios essenciais das metodologias imersivas

Fonte: elaborada pelas autoras.

Cabe observar que o uso dessas metodologias na educação tem se tornado mais viável à medida que as tecnologias que dão suporte à aprendizagem imersiva passam a ser mais acessíveis. Por isso, a tendência é que elas deixem de ser empregadas somente em contextos educacionais privilegiados e passem a alcançar mais estudantes e profissionais, de variados setores e esferas. Com isso, seu potencial disruptivo será ampliado pela possibilidade de a aprendizagem ser mais divertida (no sentido de oferecer opções diversas) e de promover a investigação, a descoberta e o engajamento em propostas desafiadoras.

REFERÊNCIAS

ALDRICH, C. *The complete guide to simulations and serious games*. San Francisco: Pffeiffer, 2009.

ARNAU, L.; ZABALA, A. *Como aprender e ensinar competências*. Porto Alegre: Artmed, 2010.

AZUMA, R. et al. Recent advances in augmented reality. *IEEE Computer Graphics and Applications*, v. 21, n. 6, p. 34-47, 2001.

BOGOST, I. *Persuasive games*: the expressive power of videogames. Cambridge: MIT Press, 2007.

BREY, P. virtual reality and computer simulation. In: HIMAMA, K; TAVANI, H. (Ed.). *Handbook of information and computer ethics*. Hoboken, NJ: John Wiley & Sons, 2008.

CAROLEI, P. Game out: o uso da gamificação para favorecer a imersão nos diversos espaços educativos no Ensino Superior. In: TIC EDUCA 2012, 2012, Lisboa. *Anais...* Lisboa: Universidade de Lisboa, 2012. v. 1.

CAROLEI, P. Games pervasivos como proposta de potencialização da comunicação científica. In: CONGRESSO BRASILEIRO DE CIÊNCIAS DA COMUNICAÇÃO, 37, 2014, Foz do Iguaçu. *Anais...* Foz do Iguaçu: Intercom, 2014.

CAROLEI, P.; TORI, R. Aurasma: aumentando e gamificando a realidade. In: COUTO, E.; PORTO, C.; SANTOS, E. (Org.). *App-learning*: experiências de pesquisa e formação. Salvador: Edufba, 2016.

CAROLEI, P.; TORI, R. Gamificação aumentada: explorando a realidade aumentada em atividades lúdicas de aprendizagem. *TECCOGS – Revista Digital de Tecnologias Cognitivas*, n. 9, jan./jun. 2014.

CSIKSZENTMIHALYI, M. *Creativity*: flow and the psychology of discovery and invention. New York: HarperCollins Publishers, 1997.

DALGARNO, B.; LEE, M. What are the learning affordances of 3-D virtual environments? *British Journal of Educational Technology*, v. 41, n. 1, p. 10-32, 2010.

ESCP Business School. Moving Tomorrow. Disponível em: https://cim.escp-business-school.de/learning/moving-tomorrow/. Acesso em: 16 abr. 2022.

FILATRO, A. *Produção de conteúdos educacionais*. São Paulo: Saraiva, 2016.

FILATRO, A.; CAVALCANTI, C. C. Structural and content gamification design for tutor education. In: E-LEARN: WORLD CONFERENCE ON E-LEARNING, 2016, Washington. *Proceedings...* Washington, DC: Association for the Advancement of Computing in Education (AACE), 2016. p. 1152-1157.

FOMINYKH, M.; LEONG, P.; CARTWRIGHT, B. Role-playing and experiential learning in a professional counseling distance course. In: EDMEDIA – WORLD CONFERENCE ON EDUCATIONAL MEDIA AND TECHNOLOGY, 2017, Washington. *Proceedings...*

Washington, DC: Association for the Advancement of Computing in Education (AACE), 2017. p. 1078-1090.

FOWLER, C. Virtual reality and learning: where's the pedagogy? *British Journal of Educational Technology*, v. 46, n. 2, p. 412-422, mar. 2015.

FTD DIGITAL. *Conheça a FTD Digital*. Disponível em: http://digital.ftd.com.br/conheca-realidade-aumentada-cnp.php. Acesso em: 18 abr. 2022.

GALVÃO, M. A.; ZORZAL, E. R. Aplicações móveis com realidade aumentada para potencializar livros. *Novas tecnologias na educação*, v. 10, n. 1, jul. 2012.

GOSWAMI, G. Realidade virtual salva vida nas salas de cirurgia. *Medicina S/A*, set. 2020. Disponível em: https://medicinasa.com.br/realidade-aumentada-gautam--goswami/. Acesso em: 19 abr. 2022.

HUIZINGA, J. *Homo ludens*: o jogo como elemento da cultura. São Paulo: Perspectiva, 1971.

JACOBINO, F.; JORGE, C. F. B. Games como ferramenta estratégica de busca e monitoramento de inteligência competitiva: um estudo de caso sobre o Pokémon Go. *Revista Inteligência Competitiva*, v. 7, n. 3, p. 45-66, jul./set. 2017.

JUNG, C. G. *Tipos psicológicos*. Petrópolis: Vozes, 2004.

KAPP, K. M. *The gamification of learning and instruction*: game-based methods and strategies training and education. San Francisco: Pfeiffer Publishers, 2012.

KIDS WEB. Disponível em: https://www.kidsweb.com.br/. Acesso em: 18 abr. 2022.

KIRRIEMUIR, J.; MCFARLANE, A. *Literature review in games and learning*. Bristol: Futurelab, 2004. Disponível em: https://telearn.archives-ouvertes.fr/hal-00190453/document. Acesso em: 16 abr. 2022.

LEGO SERIOS PLAY. Disponível em: http://www.seriousplay.community/brazil/metodologia/. Acesso em: 3 mai. 2022.

MARTÍN-GUTIÉRREZ, J. et al. Virtual technologies trends in education. *EURASIA Journal of Mathematics, Science and Technology Education*, v. 13, n. 2, p. 469-486, 2017.

MAYES, J. T.; FOWLER, C. J. H. Learning technology and usability: a framework for understanding courseware. *Interacting with Computers*, v. 11, n. 5, p. 485-497, 1999.

MCGONIGAL, J. *Realidade em jogo*: por que os games nos tornam melhores e como eles podem mudar o mundo. Rio de Janeiro: Best Seller, 2012.

MELLO SOBRINHO, E. C. *Ambientes virtuais imersivos:* a perspectiva de pesquisadores em relação à linguagem e à tecnologia. Dissertação (Mestrado), UFRJ/CLA/Programa Interdisciplinar de Pós-Graduação em Linguística Aplicada. Rio de Janeiro, 2011.

MILGRAM, P. et al. Augmented reality: a class of displays on the reality virtuality continuum. Telemanipulator and telepresence technologies. *SPIE*, v. 2351, 1994.

MILGRAM, P.; KISHINO, F. A taxonomy of mixed reality visual displays. *IEICE Trans. Information Systems*, v. E77-D, n. 12, p. 1321-1329, 1994.

MOURA, A.; SANTOS, I. *Escape room* educativo: reinventar ambientes de aprendizagem. In: CARVALHO, A. A. *Aplicações para dispositivos móveis e estratégias inovadoras na educação*. Lisboa: Direção-Geral de Educação, 2020. Disponível em: http://hdl. handle.net/10316/90484. Acesso em: 24 abr. 2022.

MURRAY, J. *Hamlet no Hollodeck*. São Paulo: Unesp, 2003.

MURTA, C. A. R.; VALADARES, M. G. P.; MORAES FILHO, W. B. Possibilidades pedagógicas do Minecraft incorporando jogos comerciais na educação. In: XII EVIDOSOL e IX CILTEC-ONLINE, 2015. *Anais...* Disponível em: www.periodicos.letras.ufmg.br/index.php/anais_linguagem_tecnologia/article/viewFile/8523/7478. Acesso em: 20 abr. 2022.

OLIVERIA, A. R. *Intervenção Multissensorial numa criança com dificuldades de aprendizagem de leitura do 2º ano*. Dissertação de mestrado em Educação. Universidade de Coimbra, 2018. Disponível em: https://comum.rcaap.pt/bitstream/10400.26/21872/1/ANABELA_OLIVEIRA.pdf. Acesso em: 17 abril 2022.

OSHIMA, F. Y. A realidade virtual na sala de aula. *Época*, 20 jan. 2016. Disponível em: https://epoca.oglobo.globo.com/ideias/noticia/2016/01/realidade-virtual--na-sala-de-aula.html. Acesso em: 20 abr. 2022.

PACETE, L. Os games mais jogados do mundo até março. *Forbes*, mar. 2022. Disponível em: https://forbes.com.br/forbes-tech/2022/03/os-5-games-mais-jogados--no-mundo-ate-marco/. Acesso em: 15 abr 2022.

PAIVA, T. E-book: explore o jogo minecraft em sala de aula. *Nova Escola*, 2020. Disponível em: https://box.novaescola.org.br/etapa/2/educacao-fundamental-1/caixa/136/trabalho-com-jogos-como-aproveitar-o-interesse-dos-alunos/conteudo/19360. Acesso em: 16 abr. 2022.

PANASSOL JR., J. C. Voo de Instrução, importância de simulador de voo para a formação do piloto. *Revista Brasileira de Aviação Civil & Ciências Aeronáuticas*, v.1., n.2., p. 164-191, maio 2021.

RAHMAYANI, Fadillah; KUSWANTO, Heru; RAHMAT, Anggi Datiatur. Development of E-Book Integrated Augmented Reality Based on STEM Approaches to Improve Critical Thinking and Multiple Representation Skills in Learning Physics. *International Journal of Information and Education Technology*, vol. 14, n. 4, 2024. Disponível em: https://www.ijiet.org/vol14/IJIET-V14N4-2087.pdf. Acesso em: 14 abr. 2025.

ROSENBLUM, L. J.; CROSS, R. A. The challenge of virtual reality. In: EARNSHAW, W. R.; VINCE, J.; JONES, H. (Ed.). *Visualization & modeling*. San Diego, CA: Academic Press, 1997. p. 325-399.

RYAN, R. M.; DECI, E. L. Self-determination theory and the facilitation of intrinsic motivation, social development, and well-being. *American Psychologist*, v. 55, n. 1, p. 68-78, 2000.

SALEN, K.; ZIMMERMAN, E. *Rules of play*: game design fundamentals. Cambridge: MIT Press, 2004.

SAVI, R.; ULBRICHT, V. R. Jogos digitais educacionais: benefícios e desafios. *Revista Novas Tecnologias Educacionais*, v. 6, n. 2, dez. 2008.

SCAMATI, V. et al. Utilização de ambientes virtuais imersivos para o ensino. In: WORKSHOP DE REALIDADE VIRTUAL E AUMENTADA, 2015. Disponível em: https://www.researchgate.net/publication/283712231_Utilizacao_de_ambientes_virtuais_imersivos_para_o_ensino. Acesso em: 18 abr. 2022.

SCHMIT, W. L. *RPG e educação*: alguns apontamentos teóricos. Dissertação (Mestrado em Educação) – Universidade Estadual de Londrina, Londrina, 2008, 267p.

SHERMAN, W.; CRAIG, A. B. *Understanding virtual reality*: interface, application, and design. San Francisco: Morgan Kaufmann, 2003.

SHUTE, V.; RAHIMI, S.; EMIHOVICH, B. Assessment for learning in immersive environments. In: LIU, D. et al. (Ed.). *Virtual, augmented, and mixed realities in education, smart computing and intelligence*. Singapore: Springer Natura, 2017.

SOARES, A. N. *Role Playing Game (RPG)*: elaboração e avaliação de estratégia pedagógica para formação crítica e autônoma do enfermeiro. 2013. Dissertação (Pós-Graduação em Enfermagem) – Universidade Federal de Minas Gerais, Belo Horizonte, 2013.

TORI, R. Desafios para o design de informação em ambientes de realidade aumentada. *Infodesign*, v. 1, n. 6, 2009. Disponível em: http://infodesign.emnuvens.com.br/public/journals/1/No.1-Vol.6-2009/ID_v6_n1_2009_46_57_Tori.pdf. Acesso em: 18 abr. 2022.

TORI, R. Desafios para o design de informação em ambientes de realidade aumentada. *Infodesign*, v. 1, n. 6, 2009.

TORI, R.; KIRNER, C.; SISCOUTTO, R. (Org.). *Fundamentos e tecnologia de realidade virtual e aumentada*. Porto Alegre: Sociedade Brasileira de Computação, 2006. Disponível em: www.interlab.pcs.poli.usp.br. Acesso em: 18 abr. 2022.

TURKLE, S. *O segundo eu, os computadores e o espírito humano*. Lisboa: Presença, 1989.

VARGAS, T. Stepping into virtual reality as a parent brings adventures and unknowns. *Washington Post*, jan, 29 2022. Disponível em: https://www.washingtonpost.com/dc-md-va/2022/01/29/virtual-reality-parents-children/. Acesso em: 19 abr. 2022.

ZICHERMANN, G.; CUNNINGHAN, C. *Gamification by design*. North Sebastopol: O'Reilly Media, 2011.

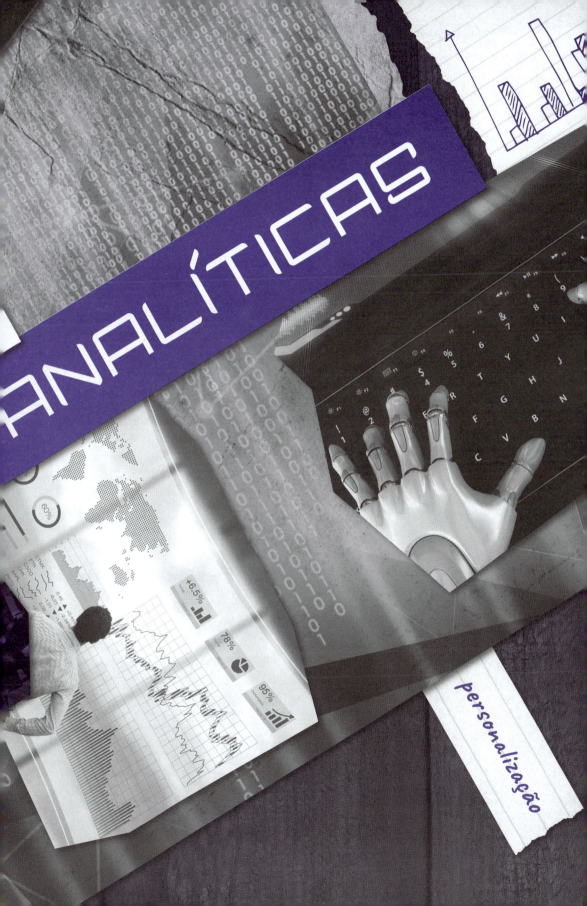

"O FUTURO JÁ CHEGOU – SÓ NÃO ESTÁ DISTRIBUÍDO DE FORMA HOMOGÊNEA.
WILLIAM GIBSON

Autor de *Neuroromancer*, em entrevista à rádio NPR em 30 nov. 1999

Se as metodologias (cri)ativas, ágeis e imersivas vistas nos capítulos anteriores já representam uma dose considerável de inovação educacional, o que podem nos trazer as chamadas metodologias analíticas?

Antes de tudo, observe o termo aqui empregado: **metodologias**, e não **tecnologias**. Essa escolha proposital de palavras se justifica por nossa intenção de valorizar o emprego das tecnologias para viabilizar metodologias de ensino-aprendizagem inovadoras.

No caso das metodologias analíticas, a inovação está relacionada ao imenso poder computacional de coletar, tratar e transformar dados relativos à aprendizagem humana, apoiando assim a tomada de decisão por professores, especialistas, designers instrucionais, gestores e, como veremos, pelos próprios alunos.

Sob o guarda-chuva das metodologias analíticas, encontramos conceitos como mineração de dados educacionais (educational data mining), analítica da aprendizagem (learning analytics), analítica acadêmica/institucional (academic/institutional analytics), aprendizagem personalizada, aprendizagem adaptativa e visualização da informação. Deles derivam aplicações fortemente apoiadas por sistemas computacionais – sistemas adaptativos de aprendizagem, computação cognitiva e aprendizado de máquina (machine learning).

Embora todo esse linguajar pareça incompreensível para os leigos, exemplos de tais aplicações estão cada vez mais presentes em soluções educacionais de ponta, como é o caso de experiências internacionais – como a Khan Academy, o Coursera, o tutor inteligente Korbit, o jogo Akinator e o sistema MUSE (Rede Marista) – e de iniciativas brasileiras como o *Saresp em Revista* e a Geekie, entre outros.

Mas, de modo geral, as metodologias analíticas estão distantes do cotidiano da maioria dos educadores, em especial daqueles que têm pouca familiaridade com as tecnologias educacionais. Por isso, de maneira mais próxima da realidade da sala de aula, até mesmo presencial, apresentamos seis estratégias de fácil aplicação – Diagnóstico coletivo, Extrato de participação e Trilhas de aprendizagem, mais as novas estratégias Mapa de calor, *Chatbot* educacional e Reconhecimento de imagens – que carregam um *flavor* (uma amostra) do que as metodologias analíticas podem trazer às situações didáticas e a seus atores – alunos, professores e demais envolvidos.

CAPÍTULO 4 Metodologias analíticas   221

ESTUDO DE CASO

Analítica da aprendizagem na Khan Academy

Fundada em 2006 pelo educador norte-americano Salman Khan, a Khan Academy[1] é uma plataforma educacional virtual sem fins lucrativos que oferece acesso gratuito a uma biblioteca de videoaulas, exercícios e um conjunto de avaliações de habilidades que podem ser acessados a qualquer hora, de qualquer lugar. Abrange conteúdos multimídia de Matemática, Ciência e História. Os requisitos de participação se resumem a acesso à internet, um dispositivo habilitado para *web*, um tópico de interesse e o desejo de aprender.

Oferece ensino personalizado, pois reconhece quais habilidades o aluno domina e quais ainda precisa praticar e permite que ele escolha seus próprios objetivos de aprendizagem, avance em seu próprio ritmo e acompanhe seu progresso usando avaliações planejadas que verificam o domínio do material. Além disso, possibilita que professores (e pais) tenham acesso imediato às informações sobre o progresso de seus alunos (ou filhos), podendo identificar quais são as principais dificuldades e os caminhos de sucesso.

A Khan Academy se baseia no modelo de sala de aula invertida (flipped classroom), que propõe alterar o modelo de ensino tradicional para que a exposição dos conteúdos seja recebida em casa pelos alunos, enquanto os professores dedicam seu tempo em sala de aula à tutoria individual.

Uma das chaves para o sucesso da Khan Academy é a coleta e exibição dos dados sobre o progresso dos alunos (veja figura a seguir).

---

1   A Khan Academy tem sido sustentada por investimentos filantrópicos de doadores como a Gates Foundation e a Google para cobrir seu orçamento anual de milhões de dólares. No Brasil, recebe fundos da Fundação Lemann e, a partir de 2014, passou a ter seus conteúdos traduzidos para o português. Essa fundação também oferece um programa gratuito que leva a Khan Academy a escolas públicas, formando professores para que usem a plataforma com seus alunos e compartilhem esse conhecimento com outros educadores.

Figura 4.1 – Painel do aprendizado – dados para o aluno

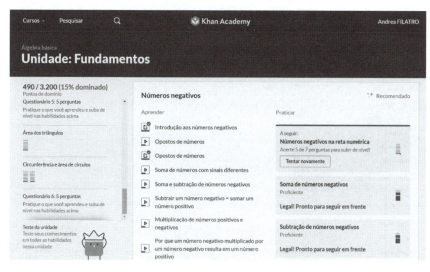

Fonte: KHAN ACADEMY. *Álgebra básica*: fundamentos. Disponível em: https://pt.khanacademy.org/math/algebra-basics/basic-alg-foundations. Acesso em: 25 abr. 2022.

À medida que os alunos visualizam as videoaulas e realizam os exercícios, os dados são disponibilizados também para os professores via relatórios gráficos e outras ferramentas visuais interativas. Essas ferramentas possibilitam que eles acompanhem o progresso da aprendizagem e personalizem a aprendizagem de estudantes que precisam de mais ajuda em áreas específicas (ver figura a seguir).

Figura 4.2 – Relatório de progresso no domínio do curso

Fonte: KHAN ACADEMY. *Suporte*: como vejo o desempenho e o progresso dos meus alunos? Disponível em: https://support.khanacademy.org/hc/pt-br/articles/360031129891-Como-vejo-o-desempenho-e-o-progresso-dos-meus-alunos-. Acesso em: 25 abr. 2022.

4.1 EXPLOSÃO DE DADOS

Para quem frequenta a *web*, o infográfico "O que acontece em 1 minuto na internet" já se tornou um clássico. As pesquisas em mecanismos de busca, a participação em redes sociais, o tráfego de mensagens, as compras on-line, as horas de vídeos publicadas, as mensagens de texto compartilhadas... a maioria dos números gira em torno dos milhões.

Figura 4.3 – O que acontece em 1 minuto na internet (2021)

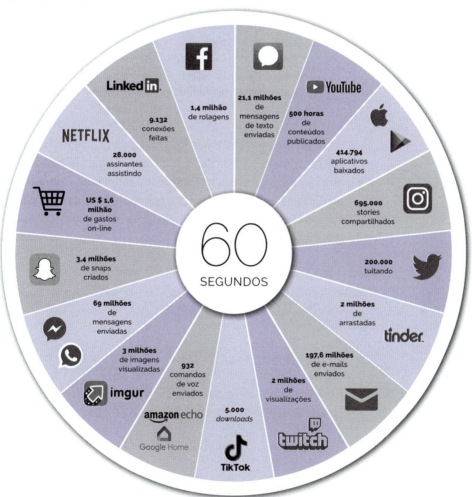

Fonte: traduzido do infográfico original. LEWIS, Lori. Infographic: what happens in an internet minute 2021. *AllAccess*.com, abr. 2021. Disponível em: https://www.allaccess.com/merge/archive/32972/infographic-what-happens-inan-internet-minute. Acesso em: 24 abr. 2022.

A cada ano, esses dados se modificam, com a inclusão de novos *players* e variações na liderança de um ou outro serviço, e o diagrama de exemplo estará desatualizado em poucos meses, mas o que importa para nós aqui é a grande, a imensa quantidade de dados gerada por essa movimentação on-line.

Entramos então na seara do que é comumente chamado de big data (ou "explosão de dados"). Mesmo que o termo seja razoavelmente autoexplicativo, algumas definições da literatura nos ajudam a entender melhor o conceito:

> [...] as tecnologias que gerenciam e analisam informações em variedade, volume e velocidade enormes";[2]

> [...] a quantidade esmagadora de informações coletadas por nossos programas de software e ferramentas analíticas que inicialmente foram definidas para nos ajudar a tomar melhores decisões.[3]

A questão é que a explosão de dados não se restringe ao que costumamos identificar como *web*. Seja na indústria, nos mercados financeiros, nos serviços públicos, no comércio, na medicina, no entretenimento, a quantidade de dados gerados e disponibilizados excede a capacidade humana de consumi-los e analisá-los.

No **Capítulo 2** discutimos a questão do crescimento exponencial do conhecimento humano, a explosão de conteúdos produzidos e armazenados em velocidade vertiginosa e sua relação com a economia da atenção e a educação.

De maneira mais objetiva, Miller e Mork estabelecem uma cadeia de valor para o big data, ou seja, uma série de atividades que vão da coleta de dados até a tomada de decisão,[4] como podemos ver de forma simplificada na Figura 4.4.

---

2 GABRIEL, M. *Educ@R*: a (r)evolução digital na educação. São Paulo: Saraiva, 2013. p. 31.
3 TOZMAN, R. *Learning on demand*: how the evolution of the Web is shaping the future of learning. Baltimore, MD: ASTD Press, 2012. p. 45.
4 MILLER, H. G.; MORK, P. From data to decisions: a value chain for big data. *IT Professional*, v. 15, n. 1, p. 57-59, 2013.

Figura 4.4 – Cadeia de valor para o big data

Fonte: MILLER; MORK, 2013.

Mas o que isso tem a ver com a inovação na educação?

Vamos pensar primeiro em alguns dos muitos dados gerados no contexto educacional:

- dados de conclusão, permanência e evasão;
- dados de aprovação e reprovação;
- dados de acesso a recursos didáticos, como textos, imagens, vídeos, áudios, animações, infográficos;
- dados de participação em atividades de aprendizagem, como questionários fechados, atividades abertas, fóruns de discussão;
- dados de desempenho em atividades de aprendizagem e de avaliação;
- dados de interação social (relacionamento com colegas de estudo e professores, por exemplo);
- dados de avaliação de reação;
- dados de pesquisa de satisfação.

De maneira mais específica, no contexto da educação apoiada por mídias e tecnologias – como é o caso da EAD –, é mais simples reconhecer como e onde esses dados são coletados e armazenados, porque os ambientes virtuais centralizam em um único sistema as ações de ensino e aprendizagem executadas por estudantes e educadores.

Na educação convencional, que é predominantemente presencial, esses registros costumam estar mais dispersos em tabelas e planilhas eletrônicas preparadas por professores ou gestores; e, com exceção dos dados de conclusão e desempenho, mandatórios para as ações regulamentadas e geralmente armazenados em sistemas de gestão escolar/acadêmica, o registro dos demais dados depende de prioridades e decisões internas da instituição ou do professor responsável.

A educação corporativa costuma refletir esses dois cenários: no caso do e-learning, é gerada grande quantidade de dados sobre ações de capacitação e atualização; e não raramente, contudo, dados como o número de pessoas treinadas anualmente, as horas de treinamento ofertadas e a percepção dos treinandos sobre aspectos variados das ações são registrados juntamente com os dados das ofertas presenciais.

A Figura 4.5 representa graficamente os contextos e os sistemas que geram dados relativos à educação.

Figura 4.5 – Contextos e sistemas geradores de dados relativos à educação

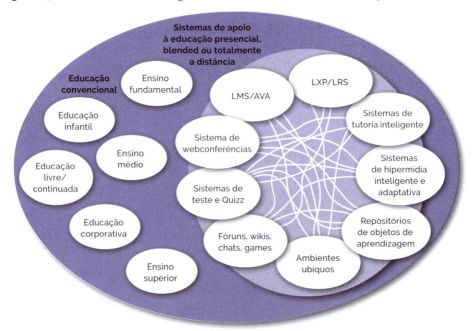

Fonte: adaptada de ROMERO, C.; VENTURA, S. Data mining in education. *Data Mining Know Discov*, v. 3, p. 17, 2013, com acréscimos das autoras. Vale acrescentar que LXP (abreviatura para Learning eXperience Platform) e LSR (abreviatura para Learning Store Recording) são plataformas voltadas ao gerenciamento de aprendizagem não-formal, especialmente no contexto corporativo.

Porém, para além da coleta e registro, o que mais é feito com os inúmeros dados da educação?

No caso da educação regulamentada, os principais dados citados anteriormente são submetidos aos órgãos governamentais (Ministério da Educação e Secretarias da Educação em nível estadual e municipal) para compor as estatísticas do setor e possibilitar a formulação de políticas públicas. No âmbito institucional, muitos desses dados subsidiam a tomada de decisão quanto à oferta de novos cursos e à formação de turmas, e, em alguns casos, a revisão de metodologias, a reformulação de materiais didáticos e a realocação e capacitação dos profissionais envolvidos.

FAÇA FÁCIL

Diagnóstico coletivo

O Diagnóstico coletivo é uma estratégia simples para coletar dados, processá-los rapidamente e exibi-los num formato de fácil compreensão pelos seres humanos. Pode ser realizada utilizando-se formulários eletrônicos simples. Sugerimos aqui o formulário Google Forms, que é de acesso gratuito para usuários do Gmail, também gratuito. Mas você pode realizar o diagnóstico usando aplicativos especializados, como o Mentimeter, ou mesmo uma planilha Excel ou similar de fácil manejo.[5]

A estratégia consiste nos passos a seguir.

---

[5] Google Forms e Mentimeter disponíveis, respectivamente, em: www.google.com/forms/about/ e www.mentimeter.com/. Acessos em: 20 abr. 2022.

FAÇA FÁCIL

1

Defina quais aspectos você deseja explorar. Por exemplo, perfil dos alunos, conhecimentos prévios sobre determinado(s) tema(s), percepções a respeito da metodologia adotada, dos recursos didáticos, do apoio docente etc.

2

Elabore questões que possibilitem a coleta de dados. No caso de conhecimentos prévios dos alunos, as questões poderiam ser algo como:

Qual seu grau de familiaridade com os seguintes temas? (considere 1 = desconheço completamente; 5 = conheço a ponto de aplicar/criticar)					
	1	2	3	4	5
Tema 1					
Tema 2					
Tema 3					
Tema 4					
Tema 5					

3

Aplique o diagnóstico a um número razoável de alunos. Lembre-se de que as respostas podem ser anônimas (em um *link* enviado aos alunos) ou identificadas (nesse caso, os alunos precisarão fazer um *login* no sistema usando o Gmail também).

FAÇA FÁCIL

4

Exiba os resultados consolidados do grupo. Isso pode ser feito por meio de um recurso interno do Google Forms que mostra aos próprios respondentes, em tempo real, as respostas enviadas. E, no caso de ações presenciais, os resultados também podem ser exibidos em uma tela de projeção para conhecimento e discussão. Veja um exemplo de visualização das informações na Figura 4.6.

Figura 4.6 – Exemplo de visualização de informações obtidas a partir dos resultados de uma aplicação do Diagnóstico digital

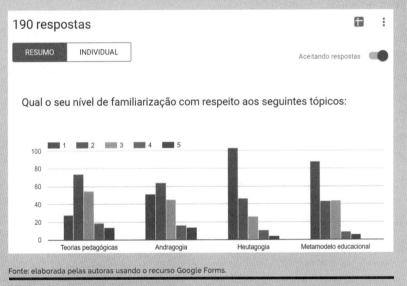

Fonte: elaborada pelas autoras usando o recurso Google Forms.

Mas esse é um cenário que atende a uma realidade anterior ao big data, pois leva mais em conta a quantidade de dados do que sua velocidade e variedade. Na era da explosão de dados, esses dois aspectos precisam ser igualmente considerados.

Esse é o propósito da área de mineração de dados educacionais (ou EDM – do inglês, Educational Data Mining), como veremos a seguir.

4.2 MINERAÇÃO DE DADOS EDUCACIONAIS (EDUCATIONAL DATA MINING – EDM)

Por mais recente que pareça a ideia de big data no contexto da educação, o primeiro trabalho relacionado à mineração de dados educacionais foi apresentado em 1995, sob o título "Mining sequential patterns" (Minerando padrões sequenciais).[6] E, em 2005, foi realizado o primeiro evento oficial utilizando o termo, o Workshop on Educational Data Mining, em Pittsburgh, Estados Unidos.[7]

Em linhas gerais, o objetivo principal da EDM é desenvolver métodos para explorar dados encontrados em ambientes educacionais e utilizá-los para melhor entender os alunos e o contexto em que eles aprendem.

Avançando um pouco nessa compreensão, podemos entender o processo de aplicação da mineração de dados em contextos educacionais como um ciclo iterativo de formação de hipóteses, testes e aperfeiçoamento,[8] como mostra a Figura 4.7.

> O objetivo principal da EDM é desenvolver métodos para explorar dados encontrados em ambientes educacionais e utilizá-los para melhor entender os alunos e o contexto em que eles aprendem.

---

6 AGRAWAL, R.; SRIKANT, R. Mining sequential patterns. In: INTERNATIONAL CONFERENCE ON DATA ENGINEERING, 11., 1995, Taipei. *Anais...* Taipei: IEEE Computer Society Press, 1995. p. 3-14.

7 BAKER, R. S. J.; INVENTADO, P. S. Educational data mining and learning analytics. In: LARUSSON, J. A.; WHITE, B. (Ed.). *Learning analytics*: from research to practice. New York: Springer, 2014. p. 61-75.

8 ROMERO, C.; VENTURA, S. Educational data mining: a review of the state of the art. *IEEE Transactions on Systems, Man, and Cybernetics*, v. 40, n. 6, p. 601-618, 2010.

Figura 4.7 – Processo de aplicação da mineração de dados em contextos educacionais

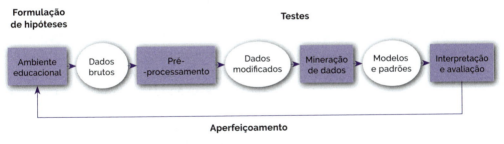

Fonte: ROMERO; VENTURA, 2013, p. 19.

Cabe aqui uma breve distinção entre o uso da estatística em educação e da mineração de dados educacionais. As estatísticas de uso referentes ao aluno, como número total de visitas e número de visitas por página, tempo de conexão e recursos mais acessados, são muitas vezes o ponto de partida para as avaliações na educação apoiada por tecnologias. Apesar disso, não podem ser consideradas técnicas de mineração de dados, pois em geral as estatísticas partem da suposição de que uma hipótese é formada e depois testada para confrontar dados coletados. Já a mineração de dados é conduzida pela descoberta, no sentido de que a hipótese é extraída automaticamente dos dados.

Vários são os métodos de EDM utilizados para realizar essas atividades e converter os dados brutos de sistemas educacionais em informações úteis, que podem impactar a prática e a pesquisa educacional.

De acordo com Faria, os métodos de EDM mais utilizados são os que seguem.[9]

- **Predição** – prevê o desempenho do estudante e detecta seus comportamentos.
- *Clustering* – agrupa grupos de dados de cursos ou dados de estudantes com base em sua aprendizagem e padrões de interação.

---

9   FARIA, S. M. S. M. L. *Educational data mining e learning analytics na melhoria do ensino online*. Dissertação (Mestrado em Estatística, Matemática e Computação) – Universidade Aberta de Portugal, 2014.

- **Mineração de relacionamentos** – identifica relações nos padrões de comportamento dos estudantes e diagnostica dificuldades de aprendizagem.
- **Destilação de dados para julgamento humano** – representa os dados de forma mais compreensível usando técnicas de visualização de informação a fim de facilitar a compreensão humana de grandes quantidades de dados educativos e apoiar decisões importantes baseadas em dados.
- **Detecção de diferenças (*outliers detection*)** – identifica dados significativamente diferentes dos demais, incluindo estudantes com dificuldades de aprendizagem, desvios nas ações ou comportamentos de professores ou dos estudantes e irregularidades nos processos de aprendizagem.
- **Análise de redes sociais (Social Network Analysis – SNA)** – analisa as relações sociais em termos de nós (representando atores individuais) e conexões/ligações (representando as relações entre os indivíduos, como amizade, parentesco, função organizacional etc.), principalmente aquelas que acontecem por meio de ferramentas de comunicação como fóruns e *chats*.
- **Mineração de processo** – extrai conhecimento relacionado à evolução e ao desempenho dos alunos ao longo do processo educacional como um todo (por exemplo, o percurso escolar ou acadêmico).
- **Mineração de texto** – analisa o conteúdo de fóruns, *chats*, páginas *web* e documentos a fim de obter informações de alta qualidade.
- **Rastreio de conhecimento** – estima a competência do estudante em determinadas áreas do conhecimento usando modelos cognitivos que comparam competências necessárias às respostas efetivas dos alunos ao longo de um período.

De fato, na EDM, a descoberta da informação é automática, e o julgamento humano é uma ferramenta que acompanha esse objetivo. De igual modo, a adaptação de qualquer proposta educacional atrelada é automática, ou seja, sem a participação humana. Podemos dizer que se trata de uma abordagem reducionista, pois a ênfase está em reduzir os problemas a componentes e analisá-los individualmente e em relação com os

> Na EDM, a descoberta da informação é automática, e o julgamento humano é uma ferramenta que acompanha esse objetivo. De igual modo, a adaptação de qualquer proposta educacional atrelada é automática, ou seja, sem a participação humana.

demais.[10] E, como sua origem está no *software* educacional e na modelagem de alunos, predomina na EDM o uso de técnicas típicas de mineração de dados, algoritmos e técnicas estatísticas – campos de conhecimento especializado que, em boa parte dos casos, estão fora do alcance dos educadores e gestores, mesmo daqueles mais envolvidos com a educação apoiada por mídias e tecnologias.

Nos últimos anos, contudo, desponta uma área mais próxima da prática e da pesquisa educacional, que utiliza as técnicas de EDM como um instrumento mais voltado à participação das pessoas e à intervenção humana: learning analytics (ou analítica da aprendizagem).

4.3 LEARNING ANALYTICS (ANALÍTICA DA APRENDIZAGEM)

A área de Learning Analytics (LA) teve sua primeira conferência realizada em 2011.[11] É definida pela Society of Learning Analytics Research (SoLAR) como "a medição, coleta, análise e reporte de dados sobre os alunos e seus contextos, com o propósito de entender a aprendizagem e os ambientes em que ela ocorre".[12] A Educause[13] define LA como "o uso de dados, análise estatística e modelos preditivos para obter informações e agir em questões complexas",[14] enfatizando a explicação, previsão e ação, e não meramente a coleta de dados e emissão de relatórios.

> A Educause define LA como "o uso de dados, análise estatística e modelos preditivos para obter informações e agir em questões complexas", enfatizando a explicação, previsão e ação, e não meramente a coleta de dados e emissão de relatórios.

---

10 SIEMENS, G.; BAKER, R. S. J. D. Learning analytics and educational data mining: towards communication and collaboration. In: LAK 2012 – INTERNATIONAL CONFERENCE ON LEARNING ANALYTICS AND KNOWLEDGE, 2012, 2., Vancouver. *Proceedings...* Vancouver: ACM Press, 2012. p. 2.

11 BAKER; INVENTADO, 2014, p. 61-75.

12 A Society for Learning Analytics Research (SoLAR) é uma rede interdisciplinar de pesquisadores que exploram o papel e o impacto da analítica no ensino, aprendizagem, treinamento e desenvolvimento. A rede atua na organização da Conferência Internacional sobre Análise de Aprendizagem e Conhecimento (LAK) e no Learning Analytics Summer Institute (Lasi), além de capitanear diversas iniciativas para apoiar pesquisas colaborativas e abertas, promover a publicação e a disseminação de pesquisas, e assessorar e consultar governos. Mais informações podem ser encontradas em: SOCIETY FOR LEARNING ANALYTICS RESEARCH (SoLAR). *About SoLAR.* Disponível em: www.solaresearch.org/mission/about/. Acesso em: 18 fev. 2018.

13 Educause é uma associação de tecnologia para o Ensino Superior e se declara como a maior comunidade de líderes e profissionais de tecnologia da informação comprometidos com o avanço da educação superior. Mais informações estão disponíveis em: EDUCAUSE. *About EDUCAUSE.* Disponível em: www.educause.edu/about. Acesso em: 22 abr. 2022.

14 ARROWAY, P. et al. *Learning analytics in higher education.* Research report. Louisville, CO: Ecar, 2016. p. 7.

Em comparação com a EDM, podemos dizer que a chave da LA é alavancar o julgamento humano, enquanto a descoberta automática é uma ferramenta que apoia esse objetivo. Sua tendência é holística, com forte ênfase na compreensão dos sistemas como um todo, em toda sua complexidade. O foco está em currículos inteligentes, na predição de resultados de aprendizagem e em intervenções sistemáticas apoiadas na informação e no empoderamento de professores e alunos.[15]

Nesse sentido, de acordo com Bienkowski et al., citados por Faria, a área de learning analytics permite responder a questões como:[16]

- Quando os estudantes estão prontos para avançar para o próximo tópico de estudo?
- Quando os estudantes estão prestes a ficar para trás em determinada unidade curricular?
- Quando um aluno está em risco de não concluir um curso/unidade curricular?
- Que nota um estudante poderá tirar sem intervenção docente ou administrativa?
- Qual é o melhor caminho que um estudante pode seguir num percurso de aprendizagem determinado?
- Será que um aluno deve ser encaminhado a um conselheiro humano a fim de obter ajuda?

De modo mais estruturado, Davenport et al. citados por Nunes e Chaves organizam as questões a que a LA pode responder de acordo com as dimensões de tempo (passado, presente e futuro) ou inovação (provenientes de informações já conhecidas ou produzidas por novos *insights*),[17] como mostra o Quadro 4.1.

> O foco da LA está em currículos inteligentes, na predição de resultados de aprendizagem e em intervenções sistemáticas apoiadas na informação e no empoderamento de professores e alunos.

---

15 SIEMENS; BAKER, 2012, p. 2.

16 BIENKOWSKI, M.; FENG, M.; MEANS, B. *Enhancing teaching and learning through educational data mining and learning analytics*: an issue brief. Washington, D.C.: Office of Educational Technology/US Department of Education, 2012, apud FARIA, 2014.

17 DAVENPORT, T. H.; HARMS, J. G.; MORRISON, R. Analytics at work: smarter decisions better results. Boston: Harvard Business Press, 2010 apud NUNES, J. B. C.; CHAVES, J. B. Tecnologias digitais na educação superior: a analítica da aprendizagem e a didática. In: CAVALCANTE, M. M. et al. (Org.). *Didática e prática de ensino*: diálogos sobre a escola, a formação de professores e a sociedade. Fortaleza: EdUECE, v. 4, p. 347-358, 2015.

Quadro 4.1 – Questões a que a analítica da aprendizagem pode responder

	Passado	Presente	Futuro
Informação	O que aconteceu?	O que está acontecendo agora?	Para onde as tendências estão apontando?
	Relatórios e descrições dos dados	Alertas em tempo real	Alertas para o futuro
Insights	Como e por que isso aconteceu?	Qual é a melhor ação a tomar?	O que é provável que aconteça?
	Modelos e explicações	Geração de uma ou mais recomendações	Previsão, simulação de caminhos alternativos de ação ou identificação de caminho ideal de ação

Fonte: adaptado de DAVENPORT; HARRIS; MORRISON, 2010, p. 7 apud NUNES; CHAVES, 2015, p. 352.

Dessa forma, assim como a EDM, a LA também visa analisar dados educacionais para entender e melhorar o processo de ensino e aprendizagem, só que de uma maneira muito mais ancorada na intervenção humana. Apesar disso, a LA adota um processo similar à EDM, composto de etapas de coleta de dados e pré-processamento, análise e ação, e pós-processamento, como mostra a Figura 4.8.

Figura 4.8 – O processo de learning analytics

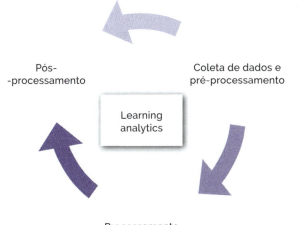

Fontes: ROMERO; VENTURA, 2010. CHATTI, M. A. et al. A reference model for learning analytics. *International Journal of Technology Enhanced Learning*, v. 4, n. 5/6, 2012.

De modo mais detalhado, as etapas da LA se constituem da forma a seguir.

- **Coleta de dados e pré-processamento** – do ponto de vista técnico, o primeiro passo é coletar dados provenientes de diversos ambientes e sistemas educacionais. A agregação dos dados e o pré-processamento são com frequência necessários, porque os dados coletados podem ser extensos demais, incluir informação irrelevante ou estar codificados em um formato diferente do requerido por um método específico de LA.
- **Análise e ação** – o passo seguinte envolve empregar os métodos de LA para analisar os dados de acordo com os objetivos firmados, como descobrir padrões ocultos. As técnicas de visualização da informação são úteis para ajudar as pessoas a entenderem mais rapidamente os resultados de análise com base em grandes conjuntos de dados e a tomar decisões, incluindo monitoramento, análise, previsão, intervenção, avaliação, adaptação, personalização, recomendação e reflexão.
- **Pós-processamento** – esta etapa se destina à melhoria contínua do exercício de análise e pode envolver a coleta de novos dados em fontes de dados adicionais, o refinamento do conjunto de dados, a identificação de novos indicadores, a modificação de variáveis e filtros ou a seleção de um novo método de análise.

O modelo de referência de Chatti et al.[18] nos ajuda a entender melhor o que está envolvido na LA, como mostra a Figura 4.9.

---

18 CHATTI et al., 2012.

Figura 4.9 – Modelo de referência da LA

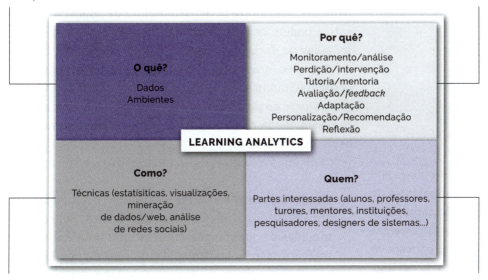

Fonte: adaptada de CHATTI et al., 2012, p. 7.

Como vimos anteriormente, a LA é uma abordagem baseada em dados que provêm de diferentes fontes. As fontes se dividem em duas grandes categorias: sistemas educacionais centralizados (como os Learning Management Systems – LMSs – ou Sistemas de Gerenciamento da Aprendizagem, que acumulam grandes registros de dados das atividades dos alunos) e ambientes de aprendizagem abertos e distribuídos, cujos dados provêm de múltiplas fontes de aprendizagem formais e informais, muitas vezes disponíveis em diferentes formatos.

De acordo com esses autores, a aplicação da LA pode ser orientada a diferentes partes interessadas, incluindo estudantes, professores, tutores/mentores, instituições educacionais (administradores e gestores), pesquisadores e *designers* de sistemas com diferentes perspectivas, objetivos e expectativas. Para os alunos, a LA pode melhorar suas notas ou ajudá-los a construir seus ambientes de aprendizagem pessoais. Para os professores, pode aumentar a eficácia de suas práticas de ensino ou apoiá-las na adaptação das ofertas de ensino às necessidades dos alunos. Já as instituições de ensino e os departamentos de educação corporativa podem usar ferramentas analíticas para apoiar as tomadas de decisão (a identificação de alunos em risco, a melhora dos índices de retenção e as taxas de conclusão), o desenvolvimento de políticas de recrutamento de estudantes, o ajuste do planejamento dos cursos, a identificação da necessidade da contratação de pessoal e/ou a tomada de decisões financeiras.

Os objetivos possíveis de LA incluem os aspectos a seguir.

> As instituições de ensino e os departamentos de educação corporativa podem usar ferramentas analíticas para apoiar as tomadas de decisão, o desenvolvimento de políticas de recrutamento de estudantes, o ajuste do planejamento dos cursos, a identificação da necessidade da contratação de pessoal e/ou a tomada de decisões financeiras.

- **Monitoramento e análise** – envolvem acompanhar as atividades dos alunos e gerar relatórios para apoiar as tomadas de decisão pelo professor ou pela instituição; também se relacionam ao design instrucional e referem-se à avaliação do processo de aprendizagem com o objetivo de melhoria contínua; além disso, permitem detectar padrões e tomar decisões sobre o futuro *design* das atividades de aprendizagem.
- **Previsão e intervenção** – implicam desenvolver um modelo preditivo que procure prever o conhecimento dos alunos e seu desempenho futuro com base em suas atuais atividades e realizações, possibilitando uma intervenção proativa para aqueles que precisem de apoio adicional.
- **Tutoria e mentoria** – a tutoria apoia os alunos em atividades de aprendizagem, por vezes muito específicas, de domínio limitado ao contexto de um curso, enquanto a mentoria vai um pouco além, apoiando o aluno durante todo o processo em que ele está vinculado a uma instituição (incluindo orientação no planejamento de carreira, supervisão na conquista de metas e auxílio para enfrentar novos desafios).
- **Avaliação e *feedback*** – apoiam a (auto)avaliação do processo de aprendizagem, fornecendo *feedback* inteligente para alunos e professores com base em dados sobre os interesses do usuário e o contexto de aprendizagem.

- **Adaptação** – pode ser desencadeada pelo professor/sistema de tutoria ou pela instituição educacional, organizando de modo adaptável recursos de aprendizagem e atividades de instrução de acordo com as necessidades de cada aluno.
- **Personalização e recomendação** – ajudam os alunos a decidir sobre sua própria aprendizagem com base em suas preferências e em sistemas de recomendação que promovem a aprendizagem autodirigida.
- **Reflexão** – propicia a comparação de dados no mesmo curso, em várias turmas ou mesmo entre instituições, para que se possa refletir e tirar conclusões sobre a efetividade das práticas de ensino e aprendizagem.

Em termos gerais, a LA coleta e analisa as "migalhas de pão digitais" que os alunos deixam quando interagem com vários sistemas a fim de procurar correlações entre essas atividades e os resultados de aprendizagem. A LA também compara a atividade de um aluno com a de outros colegas de estudo, com a de alunos que já fizeram o curso e/ou com rubricas de avaliação para criar um modelo de como será o provável desempenho dele. Dessa forma, a vasta quantidade de dados que a maior parte das instituições de ensino reúne é tratada para encontrar padrões de boas práticas, identificar os alunos com menor probabilidade de sucesso acadêmico ou mesmo iniciar intervenções direcionadas para ajudá-los a alcançar melhores resultados. De igual modo, a LA pode ajudar professores e *designers* instrucionais a identificar unidades de estudo ou atividades de aprendizagem que causam maior dificuldade entre os alunos, e a partir daí fazer mudanças curriculares ou alterações nas atividades a fim de melhorar a aprendizagem de todos eles.

Vale lembrar, contudo, que a educação corporativa raramente adota notas. Em vez disso, as avaliações de desempenho e de resultados de negócios são as medidas de sucesso. Há, porém, a necessidade de verificar índices de conclusão de cursos obrigatórios. Mas, na verdade, no mundo corporativo, não basta medir o que acontece durante um curso ou treinamento, ou seja, os níveis 1 e 2 do modelo de avaliação

> A LA coleta e analisa as "migalhas de pão digitais" que os alunos deixam quando interagem com vários sistemas a fim de procurar correlações entre essas atividades e os resultados de aprendizagem.

de Kirkpatrick,[19] porque nesse contexto a aprendizagem não é um fim em si mesmo, como ocorre na educação regulamentada ou na educação continuada. A aprendizagem corporativa só se torna relevante se ajuda a alcançar o desenvolvimento profissional como um todo e a aplicação prática no ambiente profissional. Por isso, o interesse maior está em como medir o impacto de uma solução de aprendizagem sobre o negócio, ou seja, os níveis 3 e 4 de Kirkpatrick.

E, nesse ponto, a educação corporativa se diferencia bastante do meio escolar e acadêmico, porque não há nesses espaços um sistema de gestão que permita analisar a aplicação efetiva do que foi aprendido. Assim, para ser relevante nas corporações, a LA precisa estender-se para a performance analytics (analítica de desempenho), a people analytics (analítica de pessoas ou de recursos humanos) e mesmo para a área de Business Intelligence & Analytics (BIA – inteligência e analítica de negócios).

> Para ser relevante nas corporações, a LA precisa estender-se para a performance analytics (analítica de desempenho), a people analytics (analítica de pessoas ou de recursos humanos) e mesmo para a área de Business Intelligence & Analytics (BIA – inteligência e analítica de negócios).

Resumindo a discussão, Lockyer et al. destacam duas grandes categorias de aplicação analítica em educação.[20]

1. **Analítica de pontos de verificação (*checkpoint analytics*)** – aqui temos a análise de dados pontuais que indicam se um aluno cumpriu os pré-requisitos para aprender e se está avançando na sequência de unidades de estudo planejadas (de modo semelhante ao que acontece com a frequência em um curso presencial). Isso é feito por meio da verificação de acesso a determinados recursos desenhados para a aprendizagem, como *logins* no ambiente virtual de um curso,

---

19 O modelo de avaliação de Kirkpatrick apresenta quatro níveis de resultado para verificar a efetividade de uma ação de aprendizagem: 1) Avaliação de reação – avalia sentimentos, opiniões, reações, atitudes, nível de satisfação dos alunos a respeito da ação de aprendizagem; 2) Avaliação da aprendizagem propriamente dita – verifica a quantidade e o nível dos conhecimentos adquiridos pelos participantes; 3) Avaliação de mudança de comportamento ou desempenho no cargo – averigua se a pessoa está aplicando em seu trabalho o que foi aprendido; 4) Avaliação dos resultados para a organização – considera os efeitos da aprendizagem sobre toda a organização (em termos de produtividade, lucratividade, qualidade nos serviços, satisfação dos clientes, da população etc., retorno sobre o investimento (Return on Investment – ROI) e retorno sobre as expectativas. KIRKPATRICK, D. L. Evaluation of training. In: CRAIG, R. L. (Ed.). *Training and development handbook*. 2. ed. New York: McGraw-Hill, 1976.

20 LOCKYER, L.; HEATHCOTE, E.; DAWSON, S. Informing pedagogical action: aligning learning analytics with learning design. *American Behavioral Scientist*, v. 57, n. 10, p. 1439-1459, 2013.

downloads de um arquivo para leitura ou inscrição por um grupo em uma atividade colaborativa. Embora esses sejam indicadores importantes de engajamento dos alunos, eles não geram, isoladamente de outros dados, *insights* sobre o processo de aprendizagem ou compreensão de "como" ou "o que" os alunos estão aprendendo.

2. **Analítica de processo (process analytics)** – aqui os dados e as análises oferecem *insights* diretos a respeito do processamento de informação e da aplicação do conhecimento pelos alunos. Isso é feito nas atividades que o estudante realiza como parte do design instrucional proposto. Por exemplo, a análise de redes sociais aplicada à atividade de um estudante em um fórum de discussão gera uma série de dados que pode oferecer *insight* sobre seu nível de engajamento em um tópico de estudo, suas relações com os pares e, por conseguinte, sua necessidade de estruturas de apoio e seu potencial desempenho de papéis em espaços colaborativos.

> A Analítica Acadêmica ou Institucional (AA/IA) tem como foco o uso dos dados macros originados dos sistemas de informação das instituições de ensino ou dos departamentos de educação corporativa para decisões administrativas ou gerenciais.

A categorização proposta evidencia a preocupação central da LA com a aprendizagem dos alunos. Podemos dizer que se trata de uma análise de nível micro, em contraste com a analítica acadêmica ou institucional, que faz uso de dados como número de matrículas e índice de retenção não apenas para compreender e impulsionar o sucesso dos alunos, mas também para compreender e impulsionar o sucesso dos negócios (no caso de instituições de ensino privadas ou departamentos de educação corporativa) ou do setor educacional (no caso de iniciativas governamentais e internacionais).

4.4 ANALÍTICA ACADÊMICA OU INSTITUCIONAL (ACADEMIC/ INSTITUTIONAL ANALYTICS – AA/IA)

Em contraste com a LA, a Analítica Acadêmica ou Institucional (AA/IA) tem como foco o uso dos dados macros originados dos sistemas de informação das instituições de ensino ou dos departamentos de educação corporativa para decisões administrativas ou gerenciais.

Envolve a coleta, seleção, organização, armazenagem e tratamento de grandes conjuntos de dados, articulando dados agrupados com técnicas estatísticas e modelagem preditiva para melhorar a tomada de decisão e aperfeiçoar o ensino, a aprendizagem e o sucesso do aluno.[21]

Uma aplicação comum da AA/IA nas instituições de ensino e departamentos de educação corporativa é no sentido de melhorar o gerenciamento de inscrições e matrículas. Fórmulas complexas – baseadas em pontuações de exames padronizados, desempenho em cursos anteriores, dados demográficos, censos escolares, acadêmicos ou departamentais, e outras informações relacionadas à vivência dentro de uma organização – determinam quais candidatos serão admitidos no Ensino Superior ou em programas de educação corporativa. A "inteligência" gerada por meio de análises estatísticas dessas diversas fontes de dados pode orientar o uso mais eficiente dos orçamentos e das equipes disponíveis.

> **Além do gerenciamento de inscrições e matrículas, a AA/IA também visa apoiar a tomada de decisão relativa à sustentabilidade econômica e à prestação de contas dos recursos investidos.**

Além do gerenciamento de inscrições e matrículas, a AA/IA também visa apoiar a tomada de decisão relativa à sustentabilidade econômica e à prestação de contas dos recursos investidos.[22]

A implementação da AA/IA em geral é mais fácil do que a da LA, tanto pela tradição de coleta e tratamento de dados institucionais por organizações ou sistemas públicos quanto pelo fato de que a LA está mais focada em dados operacionais, em questões institucionais particulares e ferramentas disponíveis, além da ausência de um padrão de relacionamento universal entre indivíduos e instituições.[23]

---

21 CAMPBELL, J. P.; DEBLOIS, P. B.; OBLINGER, D. G. Academic analytics: a new tool, a new era. *EDUCAUSE Review*, jul./ago. 2007. Disponível em https://er.educause.edu/articles/2007/7/academic-analytics-a-new-tool-for-a-new-era. Acesso em: 24 abr. 2022.

22 CAMPBELL; DEBLOIS; OBLINGER, 2007.

23 PUGLIESE, L. Adaptive learning systems: surviving the storm. *Why IT Matters to Higher Education*: Educause Review home page, out. 2016.

A revista eletrônica *Saresp em Revista*, da Secretaria de Educação do Governo do Estado de São Paulo, publica periodicamente dados e análises sobre o Sistema de Avaliação de Rendimento Escolar do Estado. A edição 2019, por exemplo, traz uma seção especial sobre fatores associados ao desempenho escolar, que abrange nível socioeconômico, qualidade de escola, participação dos pais e até mesmo nível de *bullying*. O propósito é buscar compreender os desempenhos diferentes entre escolas e entre estudantes de uma mesma escola, a fim de auxiliar gestores e professores a orientarem suas ações de forma mais objetiva e pragmática.

Fonte: SEDUC/SSP. Fatores associados ao desempenho escolar. *Saresp em Revista*, 2019. Disponível em: http://saresp.vunesp.com.br/fatores.html. Acesso em: 22 abr. 2022.

Para entender melhor o impacto dessa outra vertente das metodologias analíticas, novamente recorremos a uma distinção, mas agora entre EDM, LA e AA/IA, relacionando-as a três focos e perguntas-chave, como mostra o Quadro 4.2.

Quadro 4.2 – Diferenças entre EDM, LA e AA/IA

Abordagem	Foco	Pergunta-chave
EDM (mineração de dados educacionais)	Desafio técnico	Como podemos extrair valor dessa explosão de dados educacionais?
LA (Learning Analytics)	Desafio educacional	Como podemos melhorar ou aumentar as oportunidades de sucesso para o aprendiz?
AA/IA (Academic/ Institucional Analytics)	Desafio político-econômico	Como podemos melhorar substancialmente os resultados de aprendizagem, os serviços e as práticas de negócio no âmbito organizacional, nacional ou internacional?

Fonte: adaptada de FERGUSON, 2012, p. 8.

É importante acrescentar que a intersecção entre mineração de dados educacionais, learning analytics e academic analytics compõe a chamada ciência dos dados educacionais, como veremos a seguir.

CAPÍTULO 4 Metodologias analíticas   245

4.5 CIÊNCIA DOS DADOS EDUCACIONAIS

A ciência dos dados educacionais pode ser considerada uma combinação de estatística, computação e educação que basicamente explora dados do mundo real a fim de aumentar a compreensão e a qualidade das experiências de aprendizagem.[24]

Conforme Piety, Hickey e Bishop, trata-se de um campo orientado a dados, sistêmico, transdisciplinar e dinâmico, que combina habilidades técnicas e sociais com a compreensão profunda da prática educacional em diferentes ambientes de aprendizagem.[25]

Como podemos ver na Figura 4.10, existe uma sobreposição nas linhas de pesquisa e prática relacionadas aos dados educacionais.

Figura 4.10 – Diagrama de relacionamento entre EDM, LA e AA/IA

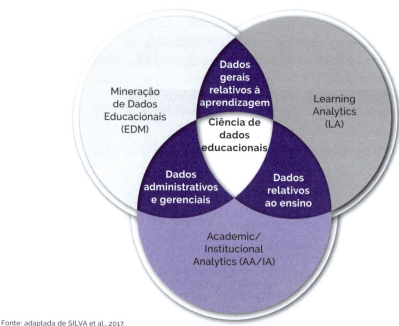

Fonte: adaptada de SILVA et al., 2017.

---

24 SILVA, L. A. et al. Ciência de dados educacionais: definições e convergências entre as áreas de pesquisa. In: CONGRESSO BRASILEIRO DE INFORMÁTICA NA EDUCAÇÃO – WCBIE 2017, 6., *Workshops*, 2017, Recife. *Anais...* Recife: SBC, 2017.
25 PIETY, P. J.; HICKEY, D. T.; BISHOP, M. J. Educational data sciences – framing emergent practices for analytics of learning, organizations, and systems. In: LAK 2014 – INTERNATIONAL CONFERENCE ON LEARNING ANALYTICS AND KNOWLEDGE, 4., 2014, Indianapolis. *Proceedings...* Indianapolis: ACM Press, 2014.

A intersecção maior entre EDM, LA e AA/IA se deve às técnicas de análise, que são praticamente comuns às três áreas. Além dessa intersecção geral, há as intersecções específicas: no caso da EDM com a LA, destacam-se os dados gerais relativos ao processo de aprendizagem; no caso da LA com a AA/IA, vemos os dados específicos sobre o processo de ensino; e, no caso da AA/IA com a EDM, temos como objeto principal os dados administrativos e gerenciais.

Refletindo sobre a realidade da educação na Europa, Ferguson et al. apontam que, na última década, a ciência de dados educacionais tem ajudado instituições de ensino, educadores e gestores a compreender a aprendizagem dos alunos, com ênfase em avaliar o que foi aprendido. Mas os autores pleiteiam uma mudança de foco rumo a uma análise de dados conduzida pelos próprios alunos, de modo que eles possam, por si próprios, especificar seus objetivos e interesses em relação à aprendizagem (interesses que vão desde o simples e puro prazer em aprender até a meta de conseguir alta pontuação que lhes garanta um futuro acadêmico ou profissional, passando pelo desejo de ser o melhor da turma ou da instituição).[26]

No **Capítulo 1** discutimos que o conectivismo, adotado da perspectiva da andragogia e da heutagogia, demanda do aluno alto nível de protagonismo em seu processo de aprendizagem.

A análise de dados conduzida por estudantes coloca-os no controle. Eles podem selecionar seus próprios objetivos e metas e, em seguida, escolher que tipo de dados querem analisar para atingir esses objetivos. O Quadro 4.3 mostra uma ferramenta de análise de dados configurada pelo próprio aluno. Na parte superior, ele seleciona suas áreas preferenciais de análise pelo sistema; na inferior, o sistema apresenta um relatório textual a respeito da frequência, da interação social e do engajamento do aluno.

---

26 FERGUSON, R. et al. *Innovating pedagogy 2017*: open university innovation report 6. Milton Keynes: The Open University, 2017.

Quadro 4.3 – Exemplo de ferramenta de análise de dados conduzida pelo próprio aluno

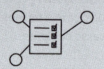

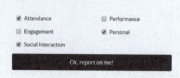

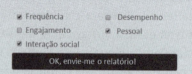

Your attendance has been satisfactory. You log in to the course most weeks, and view appropriate weekly course content. There was at least one week where your attendance was unusually low, however you maintained good presence throughout.

You have been a 'lurker' in the discussion forums, often readings the posts of other but not necessarily contributing to threads yourself. You enjoy listening to discussions, and gain a lot from this experience, however this might be extended if you engage your peers in conversation. While you mostly lurked in the discussion forum, in week 3 you seemed to be a lot more engaged and contributed a number of threads.

You were not very engaged with the course content. But in week 3 you seemed really interested in the topic. You need to engage with the content more each week in order to build your understanding of the course themes.

You have not worked very hard on your personal presentation to others, and prefer to maintain a low profile throughout the course. Feedback from the group has been quite low priority for you, and you prefer to work independently.

In terms of your overall performance, you are in the top quarter of students. Your attendance is better than most students, however you socialise with your peers a bit less than the others.

Sua frequência tem sido satisfatória. Você se conectou ao curso na maior parte das semanas e teve uma visualização semanal adequada do conteúdo. Houve pelo menos uma semana em que sua frequência foi incomumente baixa, embora você esteja mantendo uma boa presença ao longo do curso.

Você tem sido um espectador nos fóruns de discussão, frequentemente lendo as publicações dos outros, mas sem contribuir efetivamente com os debates. Você gosta de acompanhar as discussões e ganha muito com essa experiência, mas ela pode ser ampliada se você se engajar na discussão com os colegas. Apesar de seu comportamento mais discreto, na semana 3 você pareceu um pouco mais engajado e contribuiu em uma série de postagens.

Você não esteve muito engajado com o conteúdo do curso. Mas na semana 3, pareceu realmente interessado no tópico tratado. Você precisa envolver-se mais com o conteúdo de cada semana a fim de construir uma melhor compreensão dos assuntos abordados.

Você não se apresentou aos colegas no início do curso e preferiu manter-se mais discreto ao longo das atividades. O feedback dos colegas tem sido menos importante para você, que prefere estudar de forma independente.

Em termos de seu desempenho geral, você se encontra entre os alunos mais bem-sucedidos. Sua frequência tem sido melhor do que a da maioria dos colegas, embora você socialize um pouco menos que os demais participantes.

Fonte: tradução livre da interface do site LARC PROJECT. Disponível em: https://larcproject.wordpress.com/blog/. Acesso em: 21 abr. 2022.

FAÇA FÁCIL

--- Extrato de participação ---

O Extrato de participação é uma estratégia que simula a análise dos dados educacionais, mesmo que você não disponha de ferramentas tecnológicas sofisticadas. Pode ser posta em prática utilizando-se uma planilha Excel ou similar de fácil manejo para a organização e o tratamento de dados e um processador de texto simples, como o Word ou similar, para redigir *feedbacks* personalizados.

Pode ser aplicada tanto em situações de aprendizagem presenciais quanto a distância, nos mais variados níveis de ensino e na educação corporativa. Quanto mais dados forem coletados e relacionados, melhor seu funcionamento, o que geralmente acontece com maior facilidade em situações didáticas apoiadas por tecnologias.

Em turmas com um número elevado de alunos, pode representar uma carga excessiva de trabalho para o professor, evidenciando a necessidade de apoio tecnológico para sua adoção.

E quanto ao tratamento dos dados coletados, dependendo dos conhecimentos estatísticos do professor e/ou da equipe de apoio e das ferramentas disponibilizadas para o uso, pode ser estendida a análises mais complexas.

No nível mais simples, a estratégia consiste nos passos a seguir.

1

Defina categorias de dados a serem analisados (por exemplo, frequência em eventos presenciais ou virtuais como webconferências ou *chats*, entrega de atividades, interação com colegas, desempenho em avaliações).

FAÇA FÁCIL

2

Organize uma planilha para registrar os dados referentes às categorias escolhidas. Veja na tabela a seguir um exemplo para registro de frequência em eventos e desempenho em avaliações.

Alunos	Frequência em eventos				Desempenho em avaliações	
	E1	E2	E3	E4	A1	A2
Aluno 1						
Aluno 2						
Aluno 3						
Aluno 4						
Aluno 5						
Aluno 6						
...						
...						

3

Acrescente à planilha operações simples que possam tratar os dados a serem coletados. Veja na tabela a seguir a inclusão de soma, média e porcentagem.

Alunos	Frequência em eventos						Desempenho em avaliações		
	E1	E2	E3	E4	Subtotais	%	A1	A2	Média
Aluno 1					0	0%			0
Aluno 2					0	0%			0
Aluno 3					0	0%			0
Aluno 4					0	0%			0
Aluno 5					0	0%			0
Aluno 6					0	0%			0
...									
...									
Subtotais	0	0	0	0					
Médias	0%	0%	0%	0%	0%		0	0	0

FAÇA FÁCIL

4

Alimente a planilha com os dados dos alunos à medida que o curso ou disciplina se desenrolar. A tabela a seguir mostra os dados completos de um grupo de alunos com o respectivo tratamento.

Alunos	Frequência em eventos						Desempenho em avaliações		
	E1	E2	E3	E4	Subtotais	%	A1	A2	Média
Aluno 1	1	1	1	0	3	75%	9	7	8
Aluno 2	1	1	1	1	4	100%	9	9	9
Aluno 3	1	1	0	1	3	75%	9	6	7,5
Aluno 4	1	1	1	1	4	100%	10	10	10
Aluno 5	0	1	0	0	1	25%	3	0	1,5
Aluno 6	1	1	1	1	4	100%	8	10	9
...									
...									
Subtotais	5	6	4	4					
Médias	83%	100%	67%	67%	79%		8	7	7,5

5

Faça análises comparativas e prepare *feedbacks* individuais que mostrem aos alunos seu progresso em um curso ou disciplina. (O texto a seguir apresenta um *feedback* personalizado para o Aluno 3; o texto-base pode ser ajustado aos demais alunos considerando os dados tratados.)

Prezado Aluno 3,

Você teve uma frequência satisfatória (75%) e suficiente para sua aprovação, embora um pouco abaixo da média da classe (79%).

Infelizmente, você faltou ao Evento 3, e isso pode ter influenciado sua nota na segunda avaliação (6,0), que ficou abaixo da média da turma (7,0).

Mas você se saiu muito bem na primeira avaliação (9,0) e ajudou a elevar a média geral do grupo (que foi de 8,0).

No total, seu desempenho ficou alinhado à média final da classe (7,5). Muito bom!

6

Distribua o *feedback* personalizado usando cartões impressos ou ferramentas de comunicação, como e-mail. Assegure-se de que o *feedback* seja entregue a cada aluno individualmente, preservando a privacidade dos dados.

4.6 VISUALIZAÇÃO DE DADOS E INFORMAÇÕES

As informações obtidas com as técnicas de estatística, EDM, LA e AA/IA nem sempre são de fácil interpretação por professores, alunos e outras partes envolvidas na educação.

Representar os resultados obtidos de uma forma visual e simples de usar pode facilitar a interpretação e a análise dos dados educacionais por professores, alunos e administradores, uma vez que lhes permite ter uma visão geral das atividades e de como elas se relacionam com as de outros indivíduos durante o processo de aprendizagem.

Por essa razão, os relatórios tradicionais baseados em tabelas de dados são cada vez mais substituídos por painéis (*dashboards*) que representam diferentes indicadores de desempenho na forma de gráficos de planilha, diagramas de dispersão, mapas de calor e representações 3-D. Veja um exemplo na Figura 4.11.

Figura 4.11 – Mapa de calor com as áreas mais acessadas na página inicial do curso de extensão Formação de tutores para EAD

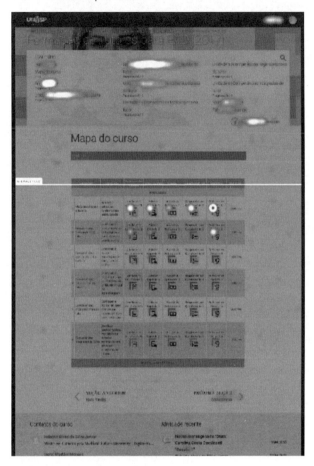

Fonte: UNASP. *Curso formação de tutores para EAD*, 2017. (relatório interno)

FAÇA FÁCIL

Mapa de calor

O Mapa de calor é uma representação visual que permite aos visualizadores compreender com mais facilidade a distribuição e a intensidade dos dados. No lugar de marcadores, são empregadas cores para representar a distribuição dos dados.

Esse recurso pode ser aplicado a mapas geográficos, mas também a mapas de navegação e de cliques para rastrear o caminho percorrido pelos usuários em um site ou página Web.

Um mapa de calor pode ser gerado automaticamente, utilizando por exemplo o recurso de Inserir Mapas do Microsoft Excel, a formatação condicional de tabelas com escalas de cores do Google Planilhas e do Microsoft Excel ou ferramentas dedicadas à análise de dados como o HotJar.[27]

É possível preparar um mapa de calor com os estudantes usando também ferramentas simples como papel e caneta, ou, alternativamente, murais virtuais para edição colaborativa. Veja um passo a passo a seguir:[28]

1

Peça para que os estudantes desenhem um mapa da escola, da universidade, do bairro ou de qualquer outro local de interesse comum da turma. (Você mesmo pode providenciar este mapa se quiser acelerar a atividade e ir direto à coleta e visualização de dados.)

---

27 HPTJAR. Disponível em: https://www.hotjar.com/. Acesso em: jul. 2022.
28 Inspirado em DATAVIZ COMMUNITY. Teaching data visualization to kids. *PolicyViz*, 19 nov. 2018. Disponível em: https://policyviz.com/2018/11/19/teaching-data-visualization-to-kids/. Acesso em: 22 abr. 2022.

FAÇA FÁCIL

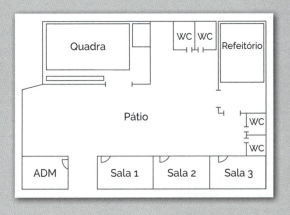

2

Defina com os estudantes quais serão os dados coletados e a forma como isso será feito. Por exemplo, para analisar os espaços mais frequentados da escola, divida os estudantes em grupos e organize os critérios para coleta: em que horários as observações serão feitas, por quem e como elas serão registradas.

3

Oriente os alunos a organizarem os dados coletados na forma de uma tabela, indicando, por exemplo, o número de frequentadores em cada local da escola em um período de tempo determinado:

Locais		Número de frequentadores
	Pátio	
	Quadra	
	Refeitório	
	...	

CAPÍTULO 4 Metodologias analíticas 255

FAÇA FÁCIL

4

Com os dados coletados em mãos, é hora de representá-los ao mapa:

> - Se a atividade for presencial, utilize uma folha de papel vegetal sobre o mapa reproduzido em papel;
> - Se a atividade for híbrida ou a distância, utilize uma ferramenta de colaboração como o Jamboard, o Miro ou outro equivalente e carregue a imagem do mapa como plano de fundo;

5

Oriente os alunos a representar a quantidade de frequentadores usando círculos de diferentes tamanhos, por exemplo:

De 0 a 20 pessoas
De 21 a 40 pessoas
De 41 a 60 pessoas
Mais de 60 pessoas

6

Peça para os grupos compararem os mapas de calor construídos e apoie a descoberta de conhecimento a partir dos dados representados.

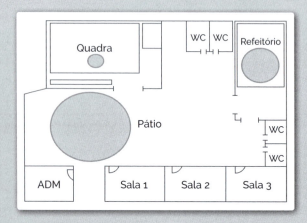

256 **METODOLOGIAS INOV-ATIVAS** na educação presencial, a distância e corporativa

FAÇA FÁCIL

7

Para incrementar a atividade, proponha que os estudantes qualifiquem os dados em uma nova rodada de coleta e representação. Os grupos podem, por exemplo, verificar a quantidade de pessoas que frequentam os diferentes espaços da escola em faixas de horário distintas (entrada, recreio, almoço etc.) ou podem diferenciar as maneiras como as pessoas transitam pelo bairro (pedestres, motoristas e passageiros de ônibus, ciclistas etc.):

Horários / Locais	Pátio	Refeitório	Quadra
Entrada			
Recreio			
Almoço			
...			

8

Repita os passos 4 a 6, só que agora combine com os estudantes códigos para diferenciar no mapa a natureza dos dados coletados – por exemplo, use cores para diferenciar as faixas de horários na escola ou os meios de transporte no bairro.

CAPÍTULO 4 Metodologias analíticas   257

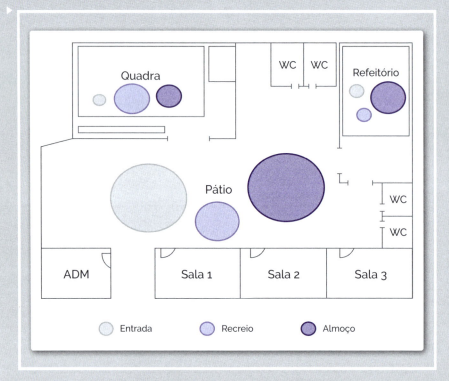

O professor pode adaptar essa atividade para coletar e representar na forma de mapa de calor dados variados sobre diferentes espaços, criando projetos mais complexos em que os alunos utilizam pesquisas de opinião, por exemplo, para descobrir em quais áreas da escola / do bairro as pessoas mais gostam de estar, ou áreas da escola / do bairro que mais necessitam de reparos, e por aí vai.

Outro tipo de representação visual, as *dashboards* (ou "painéis de controle") podem ser usadas para exibir visualmente informações importantes sobre o processo de aprendizagem. Os dados são consolidados e organizados em uma única tela para que possam ser monitorados em um único olhar. Os painéis devem ser informativos o suficiente para despertar *insights* e, quando possível, apontar algumas ações de melhoria imediata. Por exemplo, um semáforo vermelho ou verde pode mostrar o *status* de progresso dos alunos em um curso.

A Figura 4.12 mostra alguns painéis com informações visuais de interesse de professores, alunos e gestores.

Figura 4.12 – Painéis com informações visuais para alunos, professores e gestores

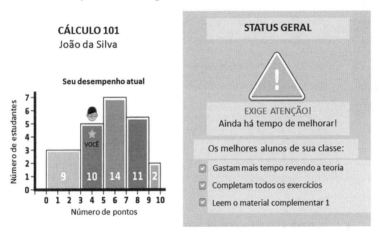

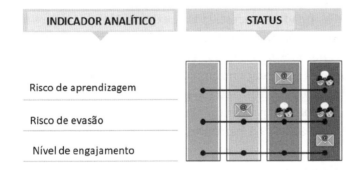

Fonte: adaptada de IAD LEARNING. Disponível em: www.iadlearning.com/learning-analytics-tool/. Acesso em: 24 abr. 2022.

Em última instância, o objetivo da visualização da informação é transformar dados em conhecimento. Isso deve permitir obter informações sobre processos e relacionamentos de ensino e aprendizagem, que são a base para a tomada de decisão – inclusive no que diz respeito a adaptar a aprendizagem ao perfil e às necessidades dos alunos.

A Rede Marista Internacional utiliza *dashboards* para subsidiar o monitoramento, o alerta antecipado e as intervenções humanas como parte do programa MUSE (Marist Universal Student Experiência, ou em português Experiência Universal do Estudante Marista). A ferramenta é acoplada ao LMS para oferecer aos educadores uma estimativa diária de como os estudantes se sairão ao final do semestre.

Fonte: LAURIA, E. *et al*. Of stacks and muses: adventures in learning analytics at Marist College. *LatinX in AI Research at ICML 2019*, jun. 2019, Long Beach, CA, United States. Disponível em: https://bit.ly/marista_muse. Acesso em: 15 abr. 2022.

 No **Capítulo 2** fica evidente que é preciso fragmentar os dados para que possam ser medidos, analisados e visualizados.

4.7 APRENDIZAGEM ADAPTATIVA

A ideia de oferecer uma proposta de ensino-aprendizagem mais afinada às necessidades e expectativas dos alunos não é nova. O clamor pela personalização já era visto em Montessori nos idos de 1900, que elaborou materiais didáticos em torno de sua crença no desejo natural das crianças de explorar o mundo e delineou sua proposta de acordo com o ritmo individual dos pequenos.[29] Em terreno mais próximo, Paulo Freire (1921-1997), patrono da educação brasileira, defendia

---

29 MONTESSORI was the original personalized learning. Now, 100 years later, wildflower is reinventing the model. *The 74 Million*, 18 jun. 2017. Disponível em: https://www.the-74million.org/article/montessori-was-the-original-personalized-learning-now-wildflower-is-reinventing-the-model/. Acesso em: 22 abr. 2022.

que a aprendizagem só acontece quando o aluno é levado a compreender o que ocorre ao seu redor, a fazer suas próprias conexões e a construir um conhecimento que faça sentido para sua vida. E, para o psicólogo bielo-russo Lev Vygotsky (1896-1934), o conceito de zona de conhecimento proximal também comporta a ideia de personalizar a aprendizagem conforme o que cada aluno pode fazer se tiver apoio.[30]

O conceito e algumas perspectivas teóricas do (socio)construtivismo foram delineados no **Capítulo 1**.

Mas se a ideia de personalizar a aprendizagem não é nova, por que parece algo tão inovador em educação?

No escopo das metodologias inov-ativas, a personalização hoje é muito mais orientada a dados do que à sensibilidade humana, como ocorre nas abordagens tradicionais. Baseia-se no reconhecimento de que as pessoas têm estilos e preferências de aprendizagem distintas, com toques da visão mercadológica pós-industrial de que todos têm direito a individualizar os produtos e serviços que vão consumir.

Além das plataformas de aprendizagem on-line estabelecidas há mais tempo, como é o caso do Learning Management System (LMS), o recente desenvolvimento das plataformas para curso on-line aberto e massivo (Massive Open Online Course – Mooc) evidenciou a possibilidade de coletar diferentes tipos de dados sobre os alunos.[31]

Os Moocs levam o desenvolvimento da educação a níveis massificados, em larga escala, com acesso a conteúdo e design instrucional de qualidade aberto a pessoas de todo o mundo. Com tantos dados disponíveis sobre como cada pessoa aprende, cai por terra da ideia de que *one-size-fits-all* (uma solução serve para todos), onipresente na educação convencional.

> No escopo das metodologias inov-ativas, a personalização hoje é muito mais orientada a dados do que à sensibilidade humana, como ocorre nas abordagens tradicionais.

---

30 INSTITUTO PORVIR. Disponível em: http://porvir.org/especiais/personalizacao/. Acesso em: 24 abr. 2022.
31 O termo Mooc foi usado pela primeira vez em 2008, em um curso projetado por George Siemens, Stephen Downes e Dave Cormier, que contou com 2.200 alunos matriculados em uma versão on-line oferecida gratuitamente. Alguns anos depois, empresas como Udacity e Coursera estabeleceram parcerias com importantes universidades para ofertar ensino de qualidade a um grande número de matriculados. Posteriormente, o Massachusetts Institute of Technology (MIT) e a Harvard University, nos Estados Unidos, desenvolveram a plataforma edX, que funciona com a mesma lógica de abertura de cursos.

Assim, a aprendizagem adaptativa se apoia na premissa de que as pessoas aprendem de maneira diferente. Para garantir que os materiais didáticos e os serviços educacionais sejam feitos sob medida, essa abordagem tenta integrar a capacidade de diagnosticar as necessidades específicas de cada indivíduo e o desenvolvimento de uma pedagogia adequada, na qual o conteúdo ensinado ou a forma como esse conteúdo é explorado se adapta de acordo com as respostas de cada aluno.

Os bons professores sempre se adaptaram aos alunos: de fato, a qualidade de um docente pode ser determinada em sua capacidade de identificar não apenas o quanto um aluno está próximo ou distante de um objetivo educacional mas também por que isso acontece e o que pode ser feito para assegurar o alcance desse objetivo.

A maior parte da aprendizagem em sala de aula convencional pode ser considerada adaptável. O que as tecnologias fazem é possibilitar que essa capacidade docente seja aplicada em grande escala e potencialmente melhore sua eficácia.

Nesse sentido, a maior parte da aprendizagem em sala de aula convencional pode ser considerada adaptável. O que as tecnologias fazem é possibilitar que essa capacidade docente seja aplicada em grande escala e potencialmente melhore sua eficácia. Sistemas digitais adaptáveis monitoram as características e o progresso do aprendiz, e o ambiente de aprendizagem é ajustado para adaptar-se ativamente às necessidades individuais.

O Korbit é um sistema de tutoria inteligente que foi criado em 2010 por pesquisadores do Instituto de Inteligência Artificial de Quebec (Canadá) e da Universidade de Cambridge. O sistema se adapta às necessidades do aprendiz e oferece apoio pedagógico em tempo real. A plataforma usa um sistema totalmente automatizado baseado na combinação de aprendizado de máquina (ML), processamento de linguagem natural (PLN) e modelos de aprendizado por reforço (RL), para personalizar, em larga escala, o currículo na área de tecnologia, adaptando aos níveis de proficiência dos estudantes, em tempo real, palestras em vídeo, tutoria socrática, desafios interativos para resolução de problemas, exercícios de codificação e aprendizagem baseada em projetos.

* A versão gratuita, disponível em https://www.korbit.ai/, inclui avaliação personalizada de habilidades e conhecimentos, percursos personalizados e acesso a recursos interativos como o tutor inteligente, vídeos explicativos, desafios de programação e exercícios corrigidos em tempo real.

Para Oxman e Wong, os sistemas de aprendizagem adaptáveis podem variar bastante na prática e, embora existam exceções, são geralmente construídos com base em três elementos principais:[32]

1. **modelo de aprendiz** – o meio para inferir e diagnosticar características como estilos de aprendizagem, traços de personalidade, estados motivacionais e conhecimentos sobre diferentes tópicos de estudo;
2. **modelo de conteúdo** – a forma como um domínio de conteúdo é estruturado, com os resultados de aprendizagem detalhados e uma definição de tarefas que precisam ser aprendidas; algum sequenciamento inicial de conteúdo é predeterminado, embora esse sequenciamento possa mudar com base no desempenho do aluno;
3. **modelo instrucional** – o modo como um sistema seleciona conteúdo específico para um aluno especificamente em um momento determinado; ou seja, uma combinação das informações do modelo de aprendiz e do modelo de conteúdo para gerar atividade ou *feedback* com maior probabilidade de apoiar a aprendizagem.

Uma vez capturados, os dados sobre o modelo de aluno são utilizados para implementar a proposta educacional de especialistas em conteúdo e *designers* instrucionais, possibilitando intervenções no ambiente de aprendizagem.

Para isso, as técnicas de inteligência artificial podem ser muito úteis, pois são capazes de desenvolver e imitar o processo de raciocínio humano e a tomada de decisão na concepção da estrutura de aprendizagem-ensino. Além disso, podem lidar com a incerteza e facilitar o desenvolvimento de um contexto que promova a aprendizagem e o ensino eficazes. Essas capacidades de aprendizagem são cruciais para assegurar que os alunos e o sistema melhorem por meio de um mecanismo de aprendizagem sustentado.

---

32 OXMAN, S.; WONG, W. *White paper*. Adaptive learning systems. [S.l.]: DVX/DeVry Education Group and Integrated Education Solutions, fev. 2014.

> A Geekie é uma plataforma on-line de ensino adaptativo que garante ganhos médios de 30% na *performance* dos alunos. Por meio de avaliações que usam o mesmo padrão do Exame Nacional do Ensino Médio (Enem), a *startup* mapeia os pontos fracos dos estudantes. Com recursos de inteligência artificial semelhantes aos usados pelo Google e pela Amazon, a plataforma "entende" as necessidades do aluno e sugere planos de estudo, indicando conteúdo de um acervo próprio de mais de 600 videoaulas. A plataforma também permite que professores e gestores possam adotar iniciativas pedagógicas para melhorar o desempenho de alunos ou turmas nos conteúdos em que se identificam mais dificuldades.
>
> Fonte: elaborado pelas autoras com base em INFOGEEKIE. Geekie vai à Bett disposta a aprender, 19/05/2015.

Muitos acreditam que a aprendizagem adaptativa tem um potencial sem precedentes para remodelar a maneira como ensinamos e aprendemos. No entanto, a educação presencial clássica e mesmo a educação a distância enfrentam uma escassez de métodos escaláveis. Isso porque basear-se no conhecimento de especialistas de conteúdo e/ou designers instrucionais para orientar a tomada de decisão pode ser demorado e dispendioso. E, em alguns casos, pode ser impossível abordar as variadas características dos aprendizes. Por essa razão, alguns defensores da aprendizagem adaptativa a consideram uma solução para o "triângulo de ferro" dos desafios educacionais: *custo*, *acesso* e *qualidade*.

Por certo, os sistemas de aprendizagem adaptativa podem ser utilizados como cursos totalmente a distância ou como recursos complementares em um contexto misto de aprendizagem (*blended learning*). Neste último caso, os professores atuam como mentores e usam os dados do sistema para determinar quando uma intervenção instrucional é apropriada.

Além disso, pensando mais detidamente no Ensino Superior, alguns LMSs começam a incorporar capacidades específicas de aprendizagem adaptável, ao mesmo tempo que grandes editoras fornecedoras de conteúdos on-line têm adotado alguma forma de sistema adaptável como parte de suas soluções educacionais, principalmente para o Ensino Superior.

Vemos hoje que a aprendizagem adaptativa é mais comum na educação corporativa, possivelmente porque o escopo da aprendizagem tende a ser mais estreito e focado, o que torna mais fácil posicionar o conteúdo em um quadro adaptável. Outros fatores incluem a flexibilidade dos prazos para aprender e a eficiência em tempo representada pelo modelo de autoestudo.

Esses aspectos vêm sendo congregados nas chamadas Trilhas de aprendizagem – que nada mais são que caminhos alternativos e flexíveis para o desenvolvimento pessoal e profissional.[33] Na literatura sobre o tema, as trilhas de aprendizagem recebem diferentes nomes – rotas, percursos, trajetórias ou jornadas de aprendizagem (ou de desenvolvimento, conhecimento, navegação). Resumidamente, cada pessoa percorre uma trilha diferente da cursada por outras, mesmo que exerçam funções idênticas em uma empresa ou organização.

A Universidade Corporativa da 3M no Brasil organiza suas ações educacionais com base no conceito de trilhas de aprendizagem. Para cada academia (de vendas, de *marketing*, de liderança, de finanças, de laboratório...) há trilhas definidas para diferentes níveis de desempenho. Cada trilha envolve treinamentos presenciais na matriz e nas regiões, conteúdo multimídia, sessões síncronas, times de projetos, testes de conhecimento, bibliografias, artigos, textos, vídeos, sessões de *coaching* individual e de equipes, almoços corporativos, conexões de *marketing*, fóruns, *workshops*, apresentações de *cases* e outros recursos de natureza informativa e/ou reflexiva. Pelas regras da academia, há alguns treinamentos básicos obrigatórios e outros facultativos, à escolha do funcionário. Ao final da caminhada, o participante recebe um certificado com o selo da universidade corporativa.

Fonte: elaborado pelas autoras com base em http://solutions.3m.com.br/wps/portal/3M/pt_BR/UniversidadeCorporativa/Home/Universidade/. Acesso em: 5 jun. 2017.

---

33   LE BOTERF, G. *Desenvolvendo a competência dos profissionais*. Porto Alegre: Artmed, 2003.

A definição de qual trilha percorrer pode ocorrer na fase de *design* do curso, durante a identificação dos dados do estudante – caracterizando uma personalização da aprendizagem – ou pode ficar à escolha do aluno – caracterizando então uma customização da aprendizagem.

FAÇA FÁCIL

Trilhas de aprendizagem

A estratégia Trilhas de aprendizagem pode contemplar um programa de formação completo, cujas paradas correspondem a cursos, treinamentos, leituras, participação em eventos e realização de outras situações de estudo ou prática, que variam de aprendiz para aprendiz. Ou pode se concentrar no percurso interno de um curso ou disciplina e oferecer atividades diferenciadas, atribuídas conforme características dos alunos, como perfil demográfico, experiência anterior ou conhecimentos prévios sobre o tema, ou à livre escolha do aprendiz.

Em um formato de simples aplicação, a estratégia pode ser adotada seguindo-se estes passos.

1

Organize, em uma matriz de design instrucional, as unidades que vão compor um curso ou disciplina, como mostrado a seguir:

Unidade	Objetivos	Papéis	Atividades	Duração	Conteúdos	Ferramentas	Avaliação
1							
2							
3							
4							

FAÇA FÁCIL

2

Começando pela coluna Papéis, identifique os diferentes perfis de alunos com que você pretende trabalhar no curso como um todo ou em cada unidade específica. Você pode separar os perfis de acordo com:

a. níveis distintos de conhecimento sobre determinado tema, identificados em pré-teste (por exemplo, iniciante, aprendiz e mestre);

b. faixa etária, gênero ou outro dado demográfico informado no perfil;

c. fluência digital ou em idioma estrangeiro;

d. interesse declarado pelo aluno com respeito aos objetivos do curso (por exemplo, domínio de conteúdos, interação social e aplicação prática);

e. origem ou filiação (por exemplo, para um público corporativo, nível funcional ou setor a que pertence; para o público de pós--graduação, formação universitária...);

f. ...

Sua matriz ficaria parecida com o exemplo a seguir, que mostra a Unidade 1 comum a todos os participantes e as unidades seguintes desmembradas por perfis:

Unidade	Objetivos	Papéis	Atividades	Duração	Conteúdos	Ferramentas	Avaliação
1	Identificar os conhecimentos prévios sobre o tema	Todos os alunos	Responder a questionário de diagnóstico	15 min	Conhecimentos sobre os temas do curso	Questionário ou formulário eletrônico	Conclusão do questionário
2		Perfil A					
		Perfil B					
		Perfil C					
3		Perfil A					
		Perfil B					
		Perfil C					
4		Perfil A					
		Perfil B					
		Perfil C					

CAPÍTULO 4 Metodologias analíticas

FAÇA FÁCIL

3

Regra geral, os objetivos de aprendizagem são os mesmos, não importa o perfil dos alunos. Mas as atividades de aprendizagem propostas (e sua respectiva duração), assim como os conteúdos, as ferramentas e os instrumentos de avaliação, mudarão conforme os perfis identificados.

O objetivo da aprendizagem adaptativa é ajustar uma proposta geral de aprendizagem para atender às necessidades individuais de alunos. Burgos, Tattersall e Koper identificam diferentes tipos de adaptação no contexto da educação apoiada pelas tecnologias, entre os quais citamos alguns mais representativos.[34]

- **Adaptação da interface** – também denominada "navegação adaptativa", está relacionada à usabilidade e à adaptabilidade; baseada em opções de menu, facilidades de navegação e visualização, consiste na possibilidade de reposicionar os elementos e opções da interface e redefinir as propriedades (cor, tamanho, sombras) da tela.
- **Adaptação do fluxo de aprendizagem** – o processo de aprendizagem é adaptado dinamicamente para sequenciar objetos e/ou atividades de aprendizagem de diferentes maneiras. O percurso de aprendizagem é dinâmico e personalizado para cada aluno, e a cada vez que um curso é iniciado, o aluno pode seguir um itinerário diferente, de acordo com seu desempenho anterior.
- **Adaptação do conteúdo** – o conteúdo dos recursos e das atividades muda dinamicamente, com base em

---

34 BURGOS, D.; TATTERSALL, C.; KOPER, R. How to represent adaptation in eLearning with IMS Learning Design. Paper submetido, 2006a. Disponível em: https://www.researchgate.net/publication/250889621_How_to_represent_adaptation_in_e-learning_with_IMS_learning_design. Acesso em: 22 abr. 2022. BURGOS, D.; TATTERSAL, C.; KOPER, R. Representing adaptive eLearning strategies in IMS Learning Design. In: TENCOMPETENCE CONFERENCE, 2006b. Sofia, Bulgaria. *Proceedings...* Sofia, 2006b.

apresentação adaptativa. Um exemplo é classificar em três níveis de profundidade a informação contida em uma atividade de estudo, cada um deles baseado em uma série de fatores, os quais determinarão a exibição do nível pertinente na fase de execução.

- **Agrupamento de usuários adaptativo** – permite a criação de grupos de alunos e suporte colaborativo para a realização de tarefas específicas. Por exemplo, com base no resultado de um *pool* de questões, são formados dois grupos, um com iniciantes e outro com alunos avançados.

Um desafio importante a ressaltar é a proficiência do professor e da instituição na adoção e implementação de sistemas adaptativos de aprendizagem. Percursos individualizados, a ritmo variável, são vantajosos porque permitem que o ensino e a intervenção se apliquem a alunos com maior necessidade. No entanto, os professores estão acostumados a ter todos os alunos de um mesmo curso progredindo ao mesmo ritmo. Alterar uma estratégia instrucional para os recursos adaptativos exige mudança de paradigmas de ciclos repetitivos de tentativa e erro.

> Percursos individualizados, a ritmo variável, são vantajosos porque permitem que o ensino e a intervenção se apliquem a alunos com maior necessidade.

O Negócio certo – Trilhas de autoatendimento é um programa desenvolvido pelo Sebrae para empreendedores que desejam iniciar um pequeno negócio ou querem alcançar o sucesso por meio da melhoria contínua e do aumento da competitividade. Após preencher um breve questionário inicial, o aprendiz recebe um diagnóstico que identifica a trilha de aprendizagem específica para seu perfil. A interface e os tópicos de conteúdo abordados se modificam de acordo com o perfil identificado. Não há sequência predefinida, apenas sugerida, e a forma de explorar o conteúdo é escolhida pelo aprendiz. A cada interação, a interface indica quais tópicos já foram visualizados e a porcentagem já cumprida em cada trilha. Há por trás uma estrutura de gamificação que visa atrair e engajar os participantes. As conquistas são registradas no Extrato de pontos do participante, e os pontos acumulados dão direito à participação em novos cursos, palestras e consultoria no próprio Sebrae. A versão adaptativa foi lançada em 2014 e já atingiu a centenas de milhares de pessoas.

Fonte: elaborado pelas autoras com base nas informações disponíveis em: https://atendimento.sebrae-sc.com.br/cursos/trilhas/.

Em alguns casos, depender de um *designer* instrucional ou do especialista em conteúdo para orientar a adaptação do sistema educacional é algo demorado e caro. Além disso, pode até ser impossível abordar as características variadas dos alunos, devido ao conhecimento incompleto sobre o que constitui uma instrução eficaz. Nesse sentido, a Inteligência Artificial (IA) é uma ferramenta valiosa, pois tem a capacidade de desenvolver e replicar o processo decisório adotado por pessoas.

4.8 INTELIGÊNCIA ARTIFICIAL (IA)

Pode ser difícil definir o que é inteligência artificial por diferentes razões. Uma delas é que ela muda constantemente. Outro motivo é a natureza interdisciplinar do campo: antropólogos, biólogos, cientistas da computação, linguistas, filósofos, psicólogos e neurocientistas trazem sua própria perspectiva e terminologia para o campo.

Podemos definir a IA como sistemas de informação projetados para interagir com o mundo por meio de capacidades e comportamentos inteligentes que nós consideraríamos essencialmente humanos.

Podemos definir a IA como sistemas de informação projetados para interagir com o mundo por meio de capacidades (por exemplo, percepção visual e reconhecimento de fala) e comportamentos inteligentes (por exemplo, avaliar a informação disponível e, em seguida, tomar as ações mais adequadas para atingir um objetivo declarado) que nós consideraríamos essencialmente humanos.[35]

---

35 LUCKIN, R. et al. *Intelligence unleashed:* an argument for AI in education. London: Pearson, 2016.

Akinator é um jogo gratuito lançado em 2007 pela Elokence.com, uma empresa francesa, e que continua encantando novas gerações de jogadores.* O gênio Akinator usa inteligência artificial para "ler a mente" do jogador e adivinhar quem é a pessoa ou personagem fictícia na qual ele está pensando. Funciona com base em um algoritmo muito bem estruturado que acessa um banco de dados formado a partir de perguntas de eliminação. À medida que o jogador vai respondendo às questões do gênio, possibilidades são eliminadas até que reste apenas uma. É uma excelente forma de vislumbrar como funciona a IA: no início, o programa faz perguntas mais amplas e, em seguida, reduz os resultados, até chegar ao nome e foto da figura em questão. Nos raros momentos em que o Akinator não consegue adivinhar, ele pede para o jogador enviar o nome e a foto da pessoa ou personagem, e salva essas informações em seu extenso banco de dados, o que mantém o jogo em constante evolução.

* Para jogar e saber mais sobre o Akinator, consulte https://pt.akinator.com/content/6/tudo-o-que-vocee-sempre-quis-saber-sobre-o-akinator (em português).

Existem várias maneiras de se aplicar a IA na educação. Por exemplo, em alguns sistemas adaptativos, o foco principal é examinar e avaliar as características e o nível geral de conhecimento dos alunos como base para a pedagogia recomendada. As abordagens de IA também são usadas para facilitar a conclusão do processo de diagnóstico para que o conteúdo do curso possa ser ajustado para atender às necessidades de cada aluno, e alguns deles são usados para aprender com os comportamentos dos alunos a fim de ajustar a proposta de design instrucional original.

De fato, pode haver muitas fontes de incerteza em ambientes de aprendizagem, resultantes da análise de variáveis estudantis, como avaliações ou nível de engajamento. Técnicas de IA – como lógica difusa, árvore de decisão, redes bayesianas e redes neurais, entre outras – podem lidar com a impressão, a incerteza e a verdade parcial. Essas abordagens inovadoras são capazes de desenvolver e imitar o processo de tomada de decisão humana.

De maneira mais simples, há dois modelos de sistemas de aprendizagem adaptável, como segue.

1. **Sistemas baseado em regras** – frequentemente são construídos com uma série de funções *if-then* (se-então). Basicamente, é feita uma pergunta ao aluno; se ele acerta, segue para a próxima atividade selecionada; do contrário, recebe algum conteúdo adicional de apoio (uma dica, um conteúdo repetido ou um novo conteúdo que explica o material de uma forma diferente).

2. **Sistemas baseados em algoritmos** – utilizam funções matemáticas para analisar o desempenho do aluno, o desempenho do conteúdo ou ambos. No nível mais sofisticado, envolvem capacidades de machine learning (aprendizado de máquina), em que o sistema aprende cada vez mais sobre o aluno e o conteúdo. Nesse caso, o sistema pode usar EDM e LA para lidar com grandes dados, empregando algoritmos complexos a fim de prever as chances de determinado aluno ser bem-sucedido em um conteúdo específico.[36]

> Técnicas de IA – como lógica difusa, árvore de decisão, redes bayesianas e redes neurais, entre outras – podem lidar com a impressão, a incerteza e a verdade parcial.

Os sistemas adaptativos de última geração são intensivos em dados. Eles precisam de grandes quantidades de dados – sobre ações do usuário, informações de comportamento e interações como conteúdo – para mapear adequadamente o percurso de aprendizagem ideal para ele.

---

36 Algoritmo é um conjunto de regras e procedimentos lógicos que levam à solução de um problema em um número finito de etapas. Um programa de computador pode ser visto como um algoritmo elaborado. Na IA, um algoritmo geralmente é um pequeno procedimento que resolve um problema recorrente. Algoritmos mais complexos consideram até mesmo níveis de excitação, frustração ou tédio, por meio de sistemas acoplados a sensores de pele e recursos de reconhecimento de expressão facial, a fim de prover adaptação em conformidade com esses quesitos.

4.9 COMPUTAÇÃO COGNITIVA

A quantidade de dados e informações acumulados no mundo cresce de forma exponencial, principalmente no que diz respeito a dados não estruturados. A necessidade de explorar essa nova massa de dados para dela extrair a informação, da qual nasce o conhecimento, exibe uma nova abordagem para a cognição.

De fato, por mais inteligente que um ser humano seja, nossa configuração biológica não foi programada para processar a enorme, veloz e variada explosão de dados que nos cerca. Assim, à medida que as tendências de automação e ampliação se confirmarem e se aprofundarem, pessoas que exercem trabalhos repetitivos serão inevitavelmente substituídas por robôs, enquanto indivíduos com alto grau de educação que atuam em atividades intelectuais conseguirão trabalhar o uso de sistemas automatizados que os ajudarão a ampliar e melhorar seus trabalhos complexos.[37]

FAÇA FÁCIL

---- *Chatbot* educacional ----

Um *chatbot* (que podemos traduzir livremente como "robô de bate-papo") é um programa de computador que usa recursos computacionais para estabelecer uma conversa com as pessoas.

Os usuários podem fazer perguntas, fazer solicitações e responder às perguntas e declarações do *chatbot* usando linguagem natural, ou seja, em

---

[37] GABRIEL, M. *Como não ser substituído por um robô*, 14 dez. 2017. Disponível em: https://www.martha.com.br/como-nao-ser-substituido-por-um-robo/. Acesso em 24 abr. 2022.

FAÇA FÁCIL

seu próprio idioma, em vez de linguagem de programação, que só as máquinas entendem.

Nos últimos anos, os *chatbots* se popularizaram e estão presentes em inúmeros sites de instituições financeiras, lojas virtuais e páginas de serviços na Web. De maneira bem simplificada, funcionam como uma interface mais amigável e interativa para comunicação entre usuários e provedores de serviços na Web do que aconteceria com o envio de um formulário eletrônico ou por meio da consulta a uma FAQ (uma base de perguntas mais frequentes).

A diferença está, portanto, no chamado **design conversacional** – em estabelecer um fluxo de comunicação automatizado entre uma pessoa e "a máquina".

Podemos simular um *Chatbot* educacional utilizando duas ferramentas gratuitas e simples de usar: o Google Forms para criar um formulário e o Fobi.io para simular a conversa com os usuários.[38] Veja o passo a passo:

1

Prepare um conjunto de questões de múltipla escolha ou de respostas curtas usando o Google Forms.[39]

2

Depois que o enunciado e as alternativas das suas questões estiverem publicados e revisados no Google Forms, copie o URL (endereço eletrônico) do formulário e cole-o no site Fobi.io, ativando a seguir opção "Criar um *chatbot*".

Isso é suficiente para que as suas questões sejam importadas para a ferramenta Fobi.io.

---

38 Veja https://docs.google.com/forms/ (você precisa ter uma conta Google) e https://fobi.io/. Você também pode criar um *chatbot* para rodar no Microsoft Teams. Veja mais em: https://docs.microsoft.com/pt-br/microsoftteams/platform/bots/what-are-bots.

39 Caso você não esteja familiarizado com esta ferramenta, veja um tutorial básico em https://educador.brasilescola.uol.com.br/trabalho-docente/como-criar-provas-utilizando-o-google-forms.htm.

FAÇA FÁCIL

3

Agora você deve inserir os *feedbacks* que o robozinho dará a cada alternativa selecionada pelo usuário. Utilize os espaços do formulário Fobi.io para fazer isso, caprichando na construção de um diálogo significativo e estimulante.

Por exemplo, em vez de dizer simplesmente "Muito bem! Você acertou", dê uma explicação mais completa sobre por que a pessoa acertou (ou errou), da mesma forma que um educador faria ao comentar os resultados de uma prova com seus alunos.

Aproveite para que esse feedback seja uma oportunidade de aprendizagem, e não apenas um veredicto "certo ou errado".

4

Ao montar os *feedbacks* para suas questões, você perceberá que os enunciados também podem também ser mais "dialógicos". Assim, em vez de fazer uma pergunta a seco, do tipo: "Quais Estados compõem a Região Sul do Brasil?", você pode trazer algum contexto extra (o que é indicado para qualquer questão, a propósito) e também uma espécie de conversa instrucional.

Veja um exemplo de enunciado, alternativas e feedback com a respectiva ênfase conversacional:

Exemplo	Ênfase conversacional
(1) Deixe-me ver se (2) você sabe tudo sobre as (3) regiões territoriais do Brasil. (4) Quais Estados compõem a Região Sul"?	(1) Enunciado com desafio direto (2) Uso de pronome "você" (3) Contexto minimo sobre as regiões territoriais (4) Comando claro e objetivo ligado às alternativas

CAPÍTULO 4 Metodologias analíticas 275

FAÇA FÁCIL

Exemplo	Ênfase conversacional
a) São Paulo, Paraná e Mato Grosso do Sul b) São Paulo, Mato Grosso do Sul e Rio Grande do Sul c) **Paraná, Santa Catarina e Rio Grande do Sul** d) Paraná, Florianópolis e Rio Grande do Sul	Alternativas para resposta, com destaque em negrito para alternativa correta c)
Feedback para a alternativa a): (5) Quase... (6) O Paraná fica sim na Região Sul, juntamente com Santa Catarina e Rio Grande do Sul. (7) Mas São Paulo é Estado da Região Sudeste; e Mato Grosso do Sul, (8) acredite, fica na Região Centro-Oeste	(5) Veredicto estimulante: alguma coisa o aluno acertou! (6) Reforço da informação correta e agregação da informação completa (7) Explicação generosa sobre por que o aluno acertou parcialmente a resposta (8) Demonstração de empatia com o raciocínio do aluno, afinal esse "do Sul" pode confundir até o mais espertos...

Acho que você entendeu o espírito da coisa! A chave aqui é adaptar o enunciado e os *feedbacks* ao perfil dos alunos, tornando um questionário, prova ou exame mais próximo de quem estuda. É como se o robô estivesse realmente conversando com os alunos.

Em boa parte dos casos, usar uma dose de humor torna a conversa mais leve e envolvente, mas isso depende muito do perfil dos alunos (e do professor ou da instituição). Você pode criar *chatbot* com personalidades diferentes – um mais carrancudo, um mais divertido, um mais condescendente...

5

Lembre-se de completar o processo clicando na opção de criando o *chatbot* no Fobi.io, que poderá ser compartilhado por e-mail, mídia social, um link ou incorporado em um blog ou site.

FAÇA FÁCIL

No caso específico das ferramentas Google Forms e Fobi.io, as respostas dos alunos são armazenadas "de volta" no Google Forms que você criou originalmente. (Lembre-se de pedir para os alunos se logarem no Google para você ver quem respondeu ao quê, ou crie uma questão de resposta curta para os alunos inserirem o nome, caso eles não tenham uma conta Google.)

IMPORTANTE: Você pode usar essa lógica conversacional em qualquer ferramenta de criação de testes. O que ferramentas como o Fobi.io fazem é apresentar um fluxo de questões e agregar o avatar de um robozinho para aumentar a sensação de que estamos falando com um agente inteligente.

Por exemplo, na área de saúde, um médico experiente pode examinar um paciente, fazer um diagnóstico e prescrever um tratamento com base na análise das centenas de casos que examinou durante sua carreira. Mas o que acontecerá se esse médico tiver um assistente inteligente capaz de varrer toda a literatura médica recente e analisar todos os ensaios de drogas em curso, a ponto de gerar diagnósticos ou tratamentos alternativos que o especialista humano, o médico, pode aceitar ou rejeitar? A inteligência artificial permitirá que o ser humano alargue seu pensamento e, com isso, obtenha um nível de desempenho superior ao que conseguiria sem ajuda tecnológica.

A inteligência artificial permitirá que o ser humano alargue seu pensamento e, com isso, obtenha um nível de desempenho superior ao que conseguiria sem ajuda tecnológica.

Imagine agora uma situação em que você esteja selecionando professores para o próximo ano letivo. Por meio de um edital de convocação, os candidatos preencheram um formulário eletrônico ao qual você agora tem acesso no formato de planilha eletrônica. Você vê uma coluna com o nome dos candidatos e, ao lado, campos como "Idade", "Estado civil", "Endereço", "Formação" e "Experiência". Os candidatos também foram convidados a enviar uma gravação em vídeo na qual se apresentam, fornecendo as mesmas informações contidas no formulário.

CAPÍTULO 4 Metodologias analíticas 277

Talvez, à primeira vista, pareça existir pouca diferença entre os dois tipos de informação. Analisando mais de perto, contudo, você perceberá que o vídeo contém uma série de outras informações que os dados organizados em uma planilha não são capazes de registrar. Por exemplo, no vídeo é possível a expressão facial e corporal dos candidatos ao apresentar cada informação. Assim, podem-se identificar traços de personalidade como timidez ou extroversão, e emoções como receio ou animação diante da entrevista gravada. Uma planilha inclui apenas dados "brutos", não permite fazer esses tipos de inferência.

Mas há ainda uma diferença técnica entre os dois tipos de informação. A planilha derivada do formulário eletrônico pode ser lida e interpretada por uma máquina. O conteúdo do vídeo, por sua vez, não poderia. Isso acontece porque, na planilha, os dados são estruturados, ou seja, são organizados em uma estrutura que os torna identificáveis. A forma mais universal de dados estruturados são os bancos de dados como Structured Query Language (SQL), ou Linguagem de Consulta Estruturada, e Access (sistema de gerenciamento de banco de dados da Microsoft), que permitem selecionar facilmente pedaços de informação organizados em linhas e colunas.

De modo oposto, os dados do vídeo não são estruturados, ou seja, não têm uma estrutura identificável. Além dos vídeos, também os textos, as imagens e os áudios não são dados estruturados e, portanto, não podem ser facilmente identificados por uma máquina.[40] E imaginemos ainda a diversidade de dados coletados via internet das coisas,[41] sensores e geolocalizadores.

Sensores e geolocalizadores são abordados quando tratamos de u-learning sensível ao contexto no **Capítulo 3**, que trabalha as metodologias imersivas.

---

40 TOZMAN, R. 2012. p. 78-79.
41 Internet das coisas: rede de objetos físicos, veículos, prédios e outros dispositivos equipados com *chips*, sensores e antenas, entre outros, que possui tecnologia capaz de coletar e transmitir dados via *wi-fi*, *bluetooth* e redes móveis de quinta geração (5G).

É aí que entra em cena a computação cognitiva, que lida justamente com dados não estruturados. Alguns exemplos de como a computação cognitiva funciona podem ser observados no famoso sistema da IBM batizado de Watson. Por meio dele, é possível detectar emoções em vídeos (com base em expressões faciais) ou arquivos de áudio (com base no tom de voz), e até mesmo em textos.

Outros gigantes da tecnologia, como a Microsoft e o Google, vêm aplicando recursos de computação cognitiva em áreas complexas, como a saúde, para identificar e tratar doenças com mais precisão, rapidez e eficiência. Como eles fazem isso? Após analisar milhões de exames de pacientes com câncer (que incluem imagens, gravações e outros dados complexos), os sistemas conseguem detectar padrões que sinalizam a doença em outros pacientes – muitas vezes com precisão superior à de médicos.

FAÇA FÁCIL

Reconhecimento de imagens

Os sistemas de Reconhecimento de imagens conseguem aprender a reconhecer elementos, como pessoas, animais de estimação e pontos turísticos. Eles são treinados para identificar características distintivas, como cores e formas, e compará-las com milhares de outras imagens para reconhecer e rotular com precisão os elementos analisados.

Podemos simular a maneira como a inteligência artificial faz isso. Em primeiro lugar, é preciso encontrar regras de várias imagens, separá-las em pequenas partes e extrair as características dessas partes até chegar à chamada "abstração de imagem". Quanto mais imagens forem analisadas, e

FAÇA FÁCIL

quanto menores forem as partes, maior será a precisão no reconhecimento das imagens.

Para experimentar essa simulação com seus alunos, siga estes passos da clássica experiência intitulada "Dog or Cat" (ou escolha imagens de outros elementos para reconhecer):[42]

1

Peça para os estudantes encontrarem imagens de vários gatos e cachorros. Eles podem localizá-las em bancos de imagens gratuitas e livres de *royalties* como a Wikimedia Commons, Pixabay ou Unsplash, ou podem providenciar imagens dos próprios animais de estimação, o que aumenta o potencial de engajamento.

Obs.: É importante que os animais estejam na mesma posição e tenham aproximadamente o mesmo tamanho. E facilita muito ter imagens impressas para essa atividade.

2

Cada imagem deve ser dividida em três partes:

---

42 Atividade inspirada no projeto Problem-Solving Activities for Computational Thinkers – volume 1. KIN, D. H. *Infinite Challenge of Artificial Intelligence*. Korea: Ministry of Science, ICT and Future Planning, 2017.

FAÇA FÁCIL

3

Misture tudo e depois monte grupos de partes semelhantes, como orelhas, olhos e focinho/boca.

4

Observe as imagens recortadas e liste as características que diferenciam cães e gatos em cada parte:

	Gato	Cachorro
Orelhas		
Olhos		
Focinho / boca		

5

Recombine as orelhas, os olhos e o focinho /boca recortadas para montar novas imagens de animais.

CAPÍTULO 4 Metodologias analíticas

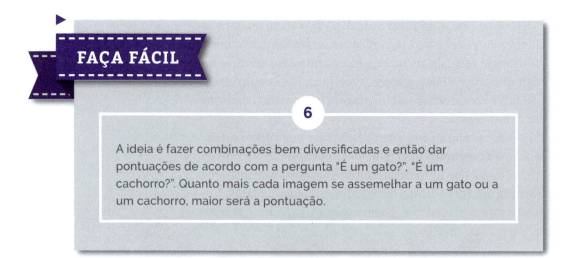

> **6**
> A ideia é fazer combinações bem diversificadas e então dar pontuações de acordo com a pergunta "É um gato?", "É um cachorro?". Quanto mais cada imagem se assemelhar a um gato ou a um cachorro, maior será a pontuação.

O aplicativo IBM Watson para educadores, por exemplo, possibilita aos professores um novo nível de engajamento e uma visão detalhada da participação de cada estudante, incluindo dados sobre interesses, realizações, desempenho acadêmico, assiduidade, comportamento e atividades aprendidas.

Agora vamos pensar no campo da educação, em que a computação cognitiva também propõe mudanças significativas (para alguns, inovações disruptivas que vão alterar toda a configuração dos sistemas educacionais atuais). Baseadas nas necessidades de cada aluno, as soluções de computação cognitiva oferecem conteúdo, planejamento e atividades inteligentes para transmitir conhecimento de forma efetiva e personalizada.

O aplicativo IBM Watson para educadores, por exemplo, possibilita aos professores um novo nível de engajamento e uma visão detalhada da participação de cada estudante, incluindo dados sobre interesses, realizações, desempenho acadêmico, assiduidade, comportamento e atividades aprendidas. Com isso é possível identificar quais alunos estão se esforçando, dominando ou tendo dificuldades em determinado assunto.

No decorrer de um curso ou disciplina, o Watson para educadores oferece dados acadêmicos, sociais e comportamentais dos alunos. Com essas informações, os professores podem desenvolver uma abordagem personalizada e promover o engajamento significativo dos estudantes com o conhecimento. As informações observadas também são inseridas no sistema e se tornam úteis para outros professores.

Prevê-se que, num futuro próximo, o Watson ajudará os alunos a entender e a corrigir suas lacunas de conhecimento, oferecendo recursos de tutoria inteligente capazes de interagir utilizando diálogos interativos, reconhecimento visual e de fala e compreensão da linguagem natural das respostas dadas ao sistema.

Assim, as plataformas de computação cognitiva se diferenciam da computação tradicional por sua capacidade de aprendizado. Elas utilizam algoritmos avançados de machine learning (ou aprendizado de máquina), que entendem a linguagem humana natural, como textos e imagens, conforme veremos a seguir.

4.10 MACHINE LEARNING (ML)

Machine learning é um subconjunto da inteligência artificial que proporciona aos computadores a capacidade de manipular um conjunto de dados e daí extrair respostas a perguntas específicas, da mesma forma que um ser humano faria.

Baseia-se na ideia de que existem algoritmos genéricos que podem dizer algo interessante sobre um conjunto de dados sem a necessidade de se escrever códigos específicos para um problema específico. Em vez disso, um algoritmo genérico é alimentado com dados e constrói sua própria lógica com base nesses dados.

Ou seja, o ML usa algoritmos para coletar dados e aprender com eles a determinar ou predizer algo. Assim, em vez de programar rotinas de *software* "na mão", a máquina é "treinada" com uma grande quantidade de dados e algoritmos que dão a ela a habilidade de aprender a executar alguma tarefa.[43]

Um exemplo são os algoritmos de classificação.[44] Eles organizam os dados em grupos diferentes. Digamos que

> Machine learning usa algoritmos para coletar dados e aprender com eles a determinar ou predizer algo.

---

43 SECURATO, J. C. *Onlearning*: como a educação disruptiva reinventa a aprendizagem. São Paulo: Saint Paul Editora, 2017.

44 Os dois exemplos desta seção são baseados na Parte 1 de uma série de artigos de: GEITGEY, A. *Aprendizagem de Máquina é Divertido!* A introdução à aprendizagem de máquina mais fácil do mundo. Disponível em: https://medium.com/@josenildo_silva/aprendizagem-de-m%C3%A1quina-%C3%A9-divertido-8fe1513ce59f. Acesso em: 26 abr. 2022.

você seja um corretor de imóveis e queira escrever um pequeno aplicativo para estimar o valor de uma casa com base no tamanho, número de cômodos, vizinhança e valor pelo qual casas similares foram vendidas. Então, durante um período, você anota todos esses dados em uma tabela como a Tabela 4.1.

Tabela 4.1 – Exemplo de tabela de dados

Tamanho (em m²)	Nº de quartos	Bairro	Preço de venda (em R$)
200	3	Cambuí	250.000
80	2	Centro	300.000
85	2	Guanabara	150.000
55	1	Centro	78.000
75	2	Cambuí	?

Fonte: elaborada pelas autoras.

Usando esses dados, o algoritmo tenta descobrir que tipo de recurso matemático precisa ser adotado para se prever os preços de outras casas na mesma região.

Outro exemplo é ter o gabarito de um exercício de matemática, mas sem os símbolos aritméticos das operações:

Questões de matemática – Gabarito

2 4 5 = 3	6 2 2 = 10
5 2 8 = 2	3 1 1 = 2
2 2 1 = 3	5 3 4 = 11
4 2 2 = 6	1 8 1 = 7

O computador identifica o relacionamento entre os números, ou seja, as operações matemáticas utilizadas para resolver esse conjunto de problemas, e assim é capaz de resolver qualquer outro problema do mesmo tipo.

De acordo com o Horizon Report,[45] as tecnologias adaptativas, habilitadas pela computação cognitiva e pelo machine learning, podem se adaptar a um aluno em tempo real, oferecendo aos professores e alunos subsídios para a tomada de decisão, visando a grupos de estudantes em risco e avaliando fatores que afetam a conclusão e o sucesso deles.

A Saint Paul, Escola de Negócios sediada em São Paulo e considerada uma das melhores escolas de negócios do mundo em *rankings* como Financial Times Executive Education, AméricaEconomia e Top of Mind RH, lançou o LIT – uma plataforma que oferece conteúdos exclusivos, acessados via aplicativo para celular, *tablet* ou *desktop*. A iniciativa utiliza o Paul, um tutor que usa a tecnologia de IA IBM Watson para ensinar sobre negócios. Paul faz uso de computação cognitiva para oferecer uma forma inovadora de ensinar a qualquer hora e em qualquer lugar. O tutor, desenvolvido pela equipe da IBM Watson no Brasil, foi "treinado" por um grupo de professores do Centro de Pesquisa em Inteligência Artificial da Saint Paul para entender que tipo de conteúdo contábil o aluno quer acessar e, com base em dados como textos do usuário, é capaz de apontar a melhor estratégia de aprendizado. Complementarmente, o aluno tem um perfil para a rede social que funciona como comunidade colaborativa na qual pode aprender em rede. O modelo de negócio é baseado em assinatura mensal para acesso aos conteúdos.

Fonte: elaborado pelas autoras com base em IBM. Saint Paul usa IA para lançar plataforma de ensino de negócios. *Falando de TI*, novembro 27, 2017.

---

45 BECKER, S. A. et al. *NMC horizon report*: 2017 higher education edition. Austin, Texas: The New Media Consortium, 2017.

O que é exclusivo nos sistemas adaptativos baseados em ML é a capacidade de detectar como um aluno aprende e fornecer *feedback* preciso e oportuno com vistas a melhorar seu desempenho.

Estamos longe de usufruir do pleno potencial do machine learning na educação, mas podemos acompanhar sua evolução nas áreas de comércio e negócios. Os assistentes virtuais, por exemplo, interpretam os *inputs* verbais dados pelos usuários para responder de maneira que simule a conversa entre duas pessoas. Avatares comerciais, como Siri e Cortana, já estão incorporados a vários modelos de *smartphone*.[46] E o Uber recentemente testou uma frota de automóveis autodirigidos, transportando clientes em segurança ao redor de São Francisco, na Califórnia.

O setor educacional, particularmente, é por tradição mais lento na incorporação de inovações quando comparado às organizações em geral. Daí a dificuldade em incorporar as metodologias analíticas em larga escala, pelo menos no que tange às ações tradicionais, como os cursos regulamentados, inclusive no Ensino Superior.

Além disso, temos de considerar o temor de alguns com relação à IA como um todo, incluindo a poderosa computação cognitiva e o promissor machine learning, uma vez que seus avanços podem ser mais velozes do que a capacidade das pessoas em geral – e não apenas dos educadores – de compreender a dinâmica e as consequências dessas inovações.

---

46 Em um sentido mais comum, avatar é uma imagem digital que representa uma pessoa em um ambiente virtual, seja em salas de bate-papo, fóruns de discussão, redes sociais ou *games*; nesse caso, existe um agente humano por trás das ações do avatar. No âmbito das metodologias analíticas, o avatar é um agente virtual programado para interagir com pessoas reais, podendo ser dotado de regras de análise de comportamento ou de algoritmos inteligentes.

A plataforma de cursos on-line edX (mantida pelo MIT e pela Universidade de Harvard) utiliza o aplicativo Automated Essay Scoring (AES – Pontuação automatizada de ensaios) para avaliar os trabalhos dos alunos. A fim de calibrar o sistema, um professor avalia inicialmente 100 trabalhos de alunos sobre um tópico particular usando um conjunto definido de critérios, como número médio de palavras, frequência de palavras incomuns, pontuação atribuída a trabalhos com vocabulários similares, entre outros. Com base nesses critérios, os algoritmos de machine learning aprendem a fazer avaliações de milhares de trabalhos em um curto espaço de tempo, e os estudantes podem receber *feedback* imediatamente e de maneira consistente com a pontuação que seria atribuída por avaliadores humanos.

Fonte: BANDI-RAO, S.; DEVERS, C. J. Developing MOOCs to narrow the college readiness gap: challenges and recommendations for a writing course. *CUNY Academic Works*, 2015. Disponível em: https://academicworks.cuny.edu/cgi/viewcontent.cgi?article=1032&context=bm_pubs. Acesso em: 21 abr. 2022.

FECHAMENTO

As oportunidades oferecidas pelas metodologias analíticas soam para alguns como promessa de uma revolução no campo educacional – uma revolução que nos permita finalmente entender como se dá a aprendizagem de fato por meio da análise dos dados de participação e desempenho dos alunos. Uma revolução que possibilite aos educadores oferecer novas propostas educacionais, mais condizentes com o perfil de cada aluno, com seus interesses, seus desejos, suas necessidades.

Mas, para outros, essas possibilidades inovadoras prenunciam uma era em que os equipamentos, os sistemas e a inteligência computacional ameaçam substituir os professores, tornando a atividade de aprender algo asséptico, padronizado, isento de personalidade, valores e identidade.

No limite dessas potencialidades, estão os algoritmos de IA e de máquina. Segundo Gabriel,[47] esses sistemas computacionais, por mais avançados que sejam, não são bons para lidar com ambiguidades e nuances, devido à dificuldade de julgar e tomar boas decisões nessas áreas. E esses são justamente os pontos característicos da educação, um fenômeno multifacetado, que depende de variáveis tão distintas quanto complexas e tão dinâmicas quanto a vida humana.

Por outro lado, do ponto de vista do trabalho e das previsões sobre a substituição dos seres humanos por máquinas, quanto mais a economia se torna digital e automatizada, mais necessária tende a ser a atuação de pessoas capazes de lidar com máquinas usando habilidades de pensamento crítico e exercendo sua plena atividade intelectual. Além disso, as máquinas não possuem emoção, empatia e ética – aspectos essenciais para a sustentabilidade e o bem-estar de qualquer sociedade, para os quais os alunos são formados.

Portanto, a lógica é que, até que as capacidades humanas citadas possam ser replicadas em robôs, passam a ser atributos cada vez mais valorizados em qualquer profissional. E, por essa razão, as grandes empresas de tecnologia empregam cada vez mais pessoas que tenham características não tecnológicas, mas humanas!

Nesse novo contexto, o ser que tende a ter valor e sucesso é o humano-digital, aquele que se desenvolve e se educa continuamente para se tornar o melhor humano possível, ampliado ao máximo pelas tecnologias disponíveis.

Assim, podemos resumir as metodologias analíticas em três grandes princípios, conforme a Figura 4.13.

---

47 GABRIEL, 2017.

Figura 4.13 – Princípios essenciais das metodologias analíticas

Analítica da aprendizagem

Análise de dados educacionais para subsidiar a tomada de decisão informada

Adaptatividade e personalização

Capacidade de ajustar automaticamente a proposta educacional à individualidade humana, tanto no que se refere a variáveis estáticas (como perfil) quanto a variáveis dinâmicas (como o progresso de desempenho)

Inteligência humano- -computacional

Combinação da inteligência artificial com a capacidade humana de pensar criticamente, lidar com incertezas e agir com empatia e ética

METODOLOGIAS ANALÍTICAS

Fonte: elaborada pelas autoras.

Esses princípios apontam para uma forma específica de encarar a educação, para uma espécie de *mentalidade analítica*, que muito se aproxima da prática reflexiva defendida por Edgar Schön.[48] O princípio unificador é a ideia de refletir *para a* ação, *na* ação e *sobre a* ação educacional, mas aqui com o apoio de poderosas ferramentas tecnológicas. Como isso se traduz na prática educacional? No nível macro, as metodologias analíticas focam os dados coletados a respeito da experiência de aprendizagem do aluno e visam melhorar a

---

48 SCHÖN, D. A. *Educando o profissional reflexivo*: um novo design para o ensino e a aprendizagem. Porto Alegre: Artmed, 2000.

retenção e o progresso nos estudos. No nível micro, são usadas para direcionar intervenções de curto, médio e longo prazo no âmbito dos alunos, dos cursos e das avaliações.

Esse é o futuro que já se faz presente. Que os educadores possam de fato participar dessa revolução, não apenas como consumidores mas como tomadores de decisão informados.

REFERÊNCIAS

AGRAWAL, R.; SRIKANT, R. Mining sequential patterns. In: INTERNATIONAL CONFERENCE ON DATA ENGINEERING, 11., 1995, Taipei. *Anais...* Taipei: IEEE Computer Society Press, 1995. p. 3-14.

ALMOHAMMADI, K. et al. A survey of artificial intelligence techniques employed for adaptive educational systems within e-learning platforms. *JAISCR*, v. 7, n. 1, p. 47-64, 2017.

ARROWAY, P. et al. *Learning Analytics in Higher Education*. Research report. Louisville, CO: Ecar, 2016.

BAKER, R. S. *Big data and education*. A Massive Online Open Textbook (MOOT) 6th Edition 2020. Disponível em: https://www.upenn.edu/learninganalytics/MOOT/bigdataeducation.html. Acesso em 20 abr. 2022.

BAKER, R. S. J.; INVENTADO, P. S. Educational data mining and learning analytics. In: LARUSSON, J. A.; WHITE, B. (Ed.). *Learning analytics*: from research to practice. New York: Springer, 2014. p. 61-75.

BANDI-RAO, S.; DEVERS, C. J. Developing MOOCs to narrow the college readiness gap: challenges and recommendations for a writing course. *CUNY Academic Works*, 2015. Disponível em: https://academicworks.cuny.edu/cgi/viewcontent.cgi?article=1032&context=bm_pubs. Acesso em: 14 abr. 2022.

BECKER, S. A. et al. *NMC horizon report*: 2017 higher education edition. Austin, Texas: The New Media Consortium, 2017.

BIENKOWSKI, M.; FENG, M.; MEANS, B. *Enhancing teaching and learning through educational data mining and learning analytics*: an issue brief. Washington, D.C.: Office of Educational Technology/U.S. Department of Education, 2012.

BURGOS, D.; TATTERSALL, C.; KOPER, R. How to represent adaptation in eLearning with IMS Learning Design. Paper submetido, 2006a. Disponível em: https://www.researchgate.net/publication/250889621_How_to_represent_adaptation_in_e--learning_with_IMS_learning_design. Acesso em: 21 abr. 2021.

BURGOS, D.; TATTERSAL, C.; KOPER, R. Representing adaptive eLearning strategies in IMS Learning Design. In: TENCOMPETENCE CONFERENCE, 2006b. Sofia, Bulgaria. *Proceedings...* Sofia, 2006b.

CAMPBELL, J. P.; DEBLOIS, P. B.; OBLINGER, D. G. Academic analytics: a new tool, a new era. *EDUCAUSE Review*, jul./ago. 2007. Disponível em: https://er.educause.edu/articles/2007/7/academic-analytics-a-new-tool-for-a-new-era. Acesso em: 24 abr. 2022.

CHATTI, M. A. et al. A reference model for learning analytics. *International Journal of Technology Enhanced Learning*, v. 4, n. 5/6, p. 318-331, 2012.

CLOW, D. The learning analytics cycle: closing the loop effectively. In: LAK 2012 – INTERNATIONAL CONFERENCE ON LEARNING ANALYTICS AND KNOWLEDGE, 2., 2012, Vancouver. *Proceedings...* Vancouver: ACM Press, 2012.

DAVENPORT, T., H.; HARRIS, J. G.; MORISON, R. *Analytics at work*: smarter decisions better results. Boston: Harvard Business Press, 2010.

DYCKHOFF, A. L. et al. Supporting action research with learning analytics. In: LAK 2013 – INTERNATIONAL CONFERENCE ON LEARNING ANALYTICS AND KNOWLEDGE, 3., 2013, Leuven. *Proceedings...* Leuven: ACM Press, 2013. p. 220-229.

FARIA, S. M. S. M. L. *Educational data mining e learning analytics na melhoria do ensino online*. Dissertação (Mestrado em Estatística, Matemática e Computação) – Universidade Aberta de Portugal, 2014.

FERGUSON, R. et al. *Innovating pedagogy 2017*: Open University innovation report 6. Milton Keynes: The Open University, 2017.

FERGUSON, R. Learning analytics: drivers, developments and challenges. *International Journal of Technology Enhanced Learning*, v. 4, n. 5/6, p. 304-317, 2012.

FILATRO, A. *Learning design como fundamentação teórico-prática para o design instrucional contextualizado*. Tese (Doutorado) – Faculdade de Educação da Universidade de São Paulo, São Paulo, 2008.

GABRIEL, M. *Como não ser substituído por um robô*, 14 dez. 2017. Disponível em: https://www.martha.com.br/como-nao-ser-substituido-por-um-robo/. Acesso em 24 abr. 2022.

GABRIEL, M. *Educ@R*: a (r)evolução digital na educação. São Paulo: Saraiva, 2013.

GEITGEY, A. *Aprendizagem de Máquina é Divertido!* A introdução à aprendizagem de máquina mais fácil do mundo. Disponível em: https://medium.com/@josenildo_silva/aprendizagem-de-m%C3%A1quina-%C3%A9-divertido-8fe1513ce59f. Acesso em: 26 abr. 2022.

IAD LEARNING. Disponível em: www.iadlearning.com/learning-analytics-tool/. Acesso em: 24 abr. 2022.

INSTITUTO PORVIR. Disponível em: http://porvir.org/especiais/personalizacao/. Acesso em: 24 abr. 2022.

KHAN ACADEMY. Disponível em: https://pt.khanacademy.org/mission/algebra-basics. Acesso em: 16 fev. 2018.

KHAN ACADEMY. Disponível em: https://ka-perseus-images.s3.amazonaws. com/226830b8f97a70c45c868afa6a3d842c4654511f.png. Acesso em: 16 fev. 2018.

KHAN ACADEMY. Disponível em: https://ka-perseus-images.s3.amazonaws.com/ f881e1eab7b4e6777506273f57c756daf1795828.png. Acesso em: 16 fev. 2018.

KIRKPATRICK, D. L. Evaluation of training. In: CRAIG, R. L. (Ed.). *Training and development handbook*. 2. ed. New York: McGraw-Hill, 1976.

KUKULSKA-HULME, A. et al. *Innovating Pedagogy 2021: Open University Innovation Report 9*. Milton Keynes: The Open University, 2021.

LARC PROJECT. Disponível em: https://larcproject.wordpress.com/blog/. Acesso em: 21 abr. 2022.

LE BOTERF, G. *Desenvolvendo a competência dos profissionais*. Porto Alegre: Artmed, 2003.

LEWIS, L. Infographic: What Happens In An Internet Minute 2021. *Merge*, April 13, 2021. Disponível em: https://www.allaccess.com/merge/archive/32972/infographic-what-happens-in-an-internet-minute. Acesso em: 24 abr. 2022.

LOCKYER, L.; HEATHCOTE, E.; DAWSON, S. Informing pedagogical action: aligning learning analytics with learning design. *American Behavioral Scientist*, v. 57, n. 10, p. 1439-1459, 2013.

LUCKIN, R. et al. *Intelligence unleashed:* an argument for AI in education. London: Pearson, 2016.

MILLER, H. G.; MORK, P. From data to decisions: a value chain for big data. *IT Professional*, v. 15, n. 1, p. 57-59, 2013.

MOISSA, B.; GASPARINI, I.; KEMCZINSKI, A. Educational data mining versus learning analytics: estamos reinventando a roda? Um mapeamento sistemático. In: SIMPÓSIO BRASILEIRO DE INFORMÁTICA NA EDUCAÇÃO – SBIE, 26., 2015, Maceió. *Anais...* Maceió: SBC, 2015.

MONTESSORI was the original personalized learning. Now, 100 years later, wildflower is reinventing the model. *The 74 Million*, 18 jun. 2017. Disponível em: https://www.the74million.org/article/montessori-was-the-original-personalized-learning-now-wildflower-is-reinventing-the-model/. Acesso em: 22 abr. 2022.

NUNES, J. B. C.; CHAVES, J. B. Tecnologias digitais na educação superior: a analítica da aprendizagem e a didática. In: CAVALCANTE, M. M. et al. (Org.). *Didática e prática de ensino*: diálogos sobre a escola, a formação de professores e a sociedade. Fortaleza: EdUECE, v. 4, p. 347-358, 2015.

OXMAN, S.; WONG, W. *White paper.* Adaptive learning systems. [S.l.]: DVX/DeVry Education Group and Integrated Education Solutions, fev. 2014.

PIETY, P. J.; HICKEY, D. T.; BISHOP, M. J. Educational data sciences – framing emergent practices for analytics of learning, organizations, and systems. In: LAK 2014 – INTERNATIONAL CONFERENCE ON LEARNING ANALYTICS AND KNOWLEDGE, 4., 2014, Indianapolis. *Proceedings...* Indianapolis: ACM Press, 2014.

PUGLIESE, L. Adaptive learning systems: surviving the storm. *Why IT Matters to Higher Education*: Educause Review home page, out. 2016.

ROMERO, C.; VENTURA, S. Data mining in education. *Data Mining Know Discov*, v. 3, p. 2-27, 2013.

ROMERO, C.; VENTURA, S. Educational data mining: a review of the state of the art. *IEEE Transactions on Systems, Man, and Cybernetics*, v. 40, n. 6, p. 601-618, 2010.

SCHÖN, D. A. *Educando o profissional reflexivo*: um novo design para o ensino e a aprendizagem. Porto Alegre: Artmed, 2000.

SECURATO, J. C.. *Onlearning*: como a educação disruptiva reinventa a aprendizagem. São Paulo: Saint Paul Editora, 2017.

SHARPLES, M. et al. *Innovating pedagogy 2014*: open university innovation report 3. Milton Keynes: The Open University, 2014.

SIEMENS, G.; BAKER, R. S. J. D. Learning analytics and educational data mining: towards communication and collaboration. In: LAK 2012 – INTERNATIONAL CONFERENCE ON LEARNING ANALYTICS AND KNOWLEDGE, 2., 2012, Vancouver. *Proceedings...* Vancouver: ACM Press, 2012.

SILVA, L. A. et al. Ciência de dados educacionais: definições e convergências entre as áreas de pesquisa. In: CONGRESSO BRASILEIRO DE INFORMÁTICA NA EDUCAÇÃO – WCBIE 2017, 6., *Workshops*, 2017, Recife. *Anais...* Recife: SBC, 2017.

SOCIETY FOR LEARNING ANALYTICS RESEARCH (SoLAR). *About SoLAR*. Disponível em: www.solaresearch.org/mission/about/. Acesso em: 22 abr. 2022.

TOZMAN, R. *Learning on demand*: how the evolution of the Web is shaping the future of learning. Baltimore, MD: ASTD Press, 2012.

WALSH, K. Exploring the Khan Academy's Use of Learning Data and Learning Analytics. *Emerging Ed Tech*, abr. 2012.

WELLER, M. *Virtual learning environments*: using, choosing and developing your VLE. New York: Routledge, 2007.

WORLD ACADEMY OF SCIENCE. *Engineering and Technology International Journal of Humanities and Social Sciences*, v. 4, n. 10, 2017.

O futuro é agora...
e logo mais também

Neste livro, compartilhamos com você, caro leitor e querida leitora, um rico e inquietante panorama de metodologias inov-ativas com potencial de transformar a forma de aprendermos. Sob o guarda-chuva dessas metodologias, destacamos diferentes perspectivas, estratégias, técnicas e tecnologias que, de alguma forma, têm trazido inovações incrementais e disruptivas para a milenar arte de educar.

Diante de tantas informações novas, de tantos *insights*, ainda restam algumas perguntas...

Por que é tão importante inovar em educação? Embora a educação nos pareça tão familiar – afinal, todos nós passamos por algum tipo de experiência educacional na vida –, é da sua complexidade que emerge a necessidade de inovar. A educação é complexa por envolver não apenas aspectos cognitivos, mas também psicológicos, metodológicos, sociais, relacionais, ambientais e emocionais, entre tantos outros. Para enfrentar essa complexidade, que é crescente, só mesmo uma forma nova de fazer educação – uma forma personalizada, relevante e engajadora e que seja acessível a todos aqueles que querem/ precisam aprender.

Por que elegemos esses quatro grupos de metodologias como inov-ativas? Porque elas estão na boca dos pesquisadores, dos praticantes, dos aficionados por tecnologias, por inovações, por educação! Estão presentes nos congressos, nas revistas científicas, nos *blogs* especializados, em postagens de redes sociais, em livros lançados há pouco... Só que elas parecem florescer em movimentos que correm paralelos, cada vez mais especializados e autorreferentes. Esses mundos distintos contam cada qual com sua própria bibliografia, nomenclatura, agenda de pesquisa e *roadmap* de implementação.

> **Por que elegemos esses quatro grupos de metodologias como inov-ativas? Porque elas estão na boca dos pesquisadores, dos praticantes, dos aficionados por tecnologias, por inovações, por educação!**

Essas metodologias inov-ativas também respondem aos desafios de ensinar na era digital, repleta de informações, distrações, experiências e promessas de personalização, conexão e transformação. É isso o que podemos constatar nos princípios que embasam cada uma dessas metodologias.

PRINCÍPIOS ESSENCIAIS			
Metodologias (CRI)ATIVAS	**Protagonismo do aluno:** centralidade no ser humano e nos sistemas de atividade vinculados à prática educativa.	**Criatividade e colaboração:** produção criativa e colaborativa de conhecimentos, com enfoque tanto no processo quanto no produto da aprendizagem.	**Ação-reflexão:** articulação interdisciplinar entre teoria e prática pela interação do aprendiz com o mundo, formado por pessoas, conteúdos e ferramentas.
Metodologias ÁGEIS	**Economia da atenção:** aproveitamento do tempo de duração limitado da memória de trabalho, dos micromomentos de aprendizagem e dos "tempos mortos".	**"Microtudo":** fragmentação e componentização da aprendizagem em micromomentos, microatividades e microconteúdos empregados conforme a necessidade dos envolvidos.	**Mobilidade tecnológica e conexão contínua:** capacidade de acessar informações, conectar-se a pessoas, tomar decisões e aprender, em qualquer hora e em qualquer lugar.
Metodologias IMERSIVAS	**Engajamento e diversão:** possibilidade de vivenciar sensação, intuição, sentimento e pensamento com a perspectiva do diverso e o uso de desafios e regras delimitadoras.	**Experiência de aprendizagem:** foco na experiência prática e completa que ocorre pela imersão, agência, transformação e simulação, considerando o erro como etapa do processo de aprendizagem.	**Tecnologias imersivas:** uso de dispositivos que ampliam ou simulam, em tempo real, outra versão da realidade.
Metodologias ANALÍTICAS	**Analítica da aprendizagem:** análise de dados educacionais para subsidiar a tomada de decisão informada.	**Adaptação/ personalização:** capacidade de ajustar automaticamente a proposta educacional à individualidade humana, tanto no que se refere a variáveis estáticas (como perfil) quanto a variáveis dinâmicas (como o progresso de desempenho).	**Inteligência humano-computacional:** combinação da inteligência artificial com a capacidade humana de pensar criticamente, lidar com incertezas e agir com empatia e ética.

Escolhemos também esses quatro grupos de metodologias específicas porque elas trazem um sopro de inovação a elementos distintos do metamodelo educacional, aquele que procura descrever as várias explicações sobre o que significa aprender e ensinar.

De forma mais concreta, pensando numa matriz de planejamento típica (ou numa matriz de design instrucional, como temos usado em outras publicações), podemos relacionar as metodologias (cri)ativas aos papéis e às atividades que as pessoas realizam, ou seja, a quem faz o quê no processo de ensino e aprendizagem. Já as metodologias ágeis inovam no que se refere à duração das atividades e à granularidade dos conteúdos. As metodologias imersivas, por sua vez, dão novo sentido às ferramentas educacionais. E as metodologias analíticas centram fogo na avaliação.

> **Escolhemos também esses quatro grupos de metodologias específicas porque elas trazem um sopro de inovação a elementos distintos do metamodelo educacional, aquele que procura descrever as várias explicações sobre o que significa aprender e ensinar.**

Ferramentas

Unidades	Objetivos	Papéis	Atividades	Duração	Conteúdo	Mídias	Tecnologias	Avaliação
		Metodologias (cri)ativas		Metodologias ágeis		Metodologias imersivas		Metodologias analíticas

É evidente que os limites não são rígidos assim: imergimos em conteúdos, e a mentalidade ágil também está relacionada a mídias e tecnologias; a analítica da aprendizagem alcança não só dados da avaliação somativa e está amadurecendo progressivamente para lidar com dados não estruturados, como os produzidos em situações de participação ativa e colaborativa.

Mas é o protagonismo dos alunos que está presente nos quatro grupos de metodologia, e talvez seja esse o máximo denominador comum entre eles.

Aprendizagem ativa e colaborativa, microaprendizagem e aprendizagem just-in-time, aprendizagem experiencial e imersiva, aprendizagem adaptativa e personalizada – novas formas de aprender e que o leitor e a leitora são capazes de correlacionar aos quatro grupos de metodologias inov-ativas aqui exploradas, e, principalmente, novas formas de aprender e ensinar que colocam o aluno no centro, no controle.

Essas várias expressões da "centralidade no aluno" desafiam educadores e especialistas a pensar em formas totalmente novas de planejar, mediar e avaliar a aprendizagem. E, como vimos nos muitos casos e minicasos selecionados, isso não é coisa para o futuro.

O futuro é agora – mas é também logo mais, quando essas inovações já tiverem sido assimiladas, e novas provocações emergirem.

Para finalizar, à nossa pergunta na introdução deste livro sobre o que devemos esperar do futuro, respondemos assertivamente: não precisamos esperar; podemos construir. À indagação de como preparar cidadãos e profissionais para que possam viver e produzir em configurações sociais, mercados de trabalho e modelos de negócio que possivelmente não existem hoje, retornamos com expectativa: possivelmente as soluções educacionais que correspondem a essa demanda também não existem ainda – estão em gestação acelerada. E, ao questionamento a respeito de quais metodologias de ensino e aprendizagem podem modelar hoje esse futuro, este livro é nosso manifesto, que certamente não se esgota nestas páginas nem em nossa visão particular sobre as inovações, que se sobrepõem em ritmo acelerado.

De todas as inovações que vimos aqui, uma coisa podemos afirmar: a inventividade humana vai muito além do que podemos imaginar, e a melhor coisa de atuar em educação é que somos ao mesmo tempo sujeitos e objetos da capacidade infinita de inovar!

O futuro é agora – mas é também logo mais, quando essas inovações já tiverem sido assimiladas, e novas provocações emergirem.

Glossário

Adaptabilidade (em inglês, adaptability) – possibilidade de os alunos personalizarem por si próprios um curso ou unidade de estudo.

Ambiente virtual imersivo – espaço navegável e interativo embasado em um sistema computacional que permite a imersão em mundos virtuais ou outros ambientes.

Analítica Acadêmica/Institucional (Academic/Institutional Analytics – AA/IA) – campo que envolve a coleta, seleção, organização, armazenagem e emissão de relatórios de uma grande quantidade de dados acadêmicos/institucionais, articulando dados agrupados com técnicas estatísticas e modelos preditivos, que podem ser usados para avaliar o progresso na aprendizagem, prever o desempenho futuro e identificar potenciais problemas.

Andragogia – perspectiva educacional cujo nome vem dos termos gregos *andros,* que significa "adulto", e *agogus,* que significa "educar, guiar, conduzir". É direcionada à educação de adultos, particularmente adultos inseridos no contexto de trabalho, levando em consideração aspectos como experiências, motivações e necessidade de aprender.

Aprendizagem Baseada em Problemas (ABP) ou Problem-based Learning (PBL) – abordagem que utiliza situações-problema como ponto de partida para a construção de novos conhecimentos. É adotada por grupos de alunos que trabalham de forma individual e coletiva para criar soluções para um problema estudado.

Aprendizagem Baseada em Problemas e por Projetos (ABPP) – combinação da aprendizagem baseada em projetos com a aprendizagem baseada em problemas. Nela, os aprendizes estudam um problema real enquanto desenvolvem, de forma colaborativa, um projeto que visa propor uma solução para o problema investigado.

Aprendizagem de superfície (surface learning) – aprendizagem que ocorre quando, entre outras coisas, os alunos focalizam

297

pedaços de informação de forma atomista (memorizando detalhes), estão mais preocupados com "respostas certas" e cobertura completa do conteúdo do que com as inter-relações entre os elementos ou fatos; esquecem rapidamente os fatos ou conceitos memorizados e não são capazes de ver uma relação clara entre sua aprendizagem e seu futuro.

Aprendizagem profunda (deep learning) – aprendizagem que ocorre quando os alunos têm alta motivação intrínseca, usam capacidades de alta ordem, procuram compreender profundamente o conteúdo estudado, integram novos conceitos a conhecimentos e experiências anteriores, buscam o contexto e o "sentido" do conteúdo estudado (visão holística) e retêm por mais tempo aquilo que foi aprendido.

Avatar – personagem com reconhecimento gráfico que, por sua aparência e ações, permite identificação pelo usuário.

Big data (explosão de dados) – imenso volume de dados estruturados e não estruturados que são criados em alta velocidade e apresentados em grande variedade de formatos.

Canvas mania – estratégia ágil que disponibiliza aos estudantes uma estrutura visual de apoio à realização de atividades e projetos de aprendizagem.

Caso empático – estratégia em que alunos devem ler e discutir uma situação (real ou hipotética) para buscar, com base em alguns critérios e orientações do professor, conceber uma solução que seja centrada no ser humano.

***Chatbot* educacional** – estratégia analítica por meio da qual se estabelece uma conversa em linguagem natural entre as pessoas e um programa de computador, por meio de uma interface conversacional.

Ciência dos dados educacionais – campo orientado a dados, sistêmico, transdisciplinar e dinâmico, que combina habilidades técnicas e sociais com a compreensão profunda da prática educacional em diferentes ambientes de aprendizagem.

Coaching reverso – estratégia que possibilita a pessoas de idades e/ou características variadas (de gênero, fluência digital, padrão socioeconômico, formação acadêmica, conhecimento sobre determinado tema e tempo de experiência profissional) se relacionarem, compartilharem perspectivas e, nesse processo, aprenderem umas com as outras.

Cognitivismo – teoria que abarca abordagens de aprendizagem voltadas a entender o processo mental (cognitivo) do aprendiz e os comportamentos que advêm de sua interação com o meio.

Computação cognitiva – computação voltada à geração de conhecimento com base na interpretação e extração de significado de dados, primariamente não estruturados, que dificilmente seriam tratados por sistemas programáveis tradicionais.

Conectivismo – teoria calcada nas conexões que sujeitos autônomos fazem ao buscar novos conhecimentos e realizar descobertas individuais e/ou construções colaborativas, geralmente em espaços não formais de aprendizagem (como nas redes sociais, por exemplo).

Construtivismo – teoria que enfatiza o papel ativo dos seres humanos para que a aprendizagem ocorra, destacando a relevância do livre-arbítrio, das condições de vida e das interações nesse processo.

Design thinking (DT) – abordagem humanista de inovação e criatividade composta de um modo de pensar, um processo e estratégias específicas.

Design thinkers – pessoas envolvidas diretamente nas etapas e adoção de estratégias durante um projeto desenvolvido sob a perspectiva do design thinking.

Diagnóstico coletivo – estratégia simples para coletar, processar e exibir dados em um formato de fácil compreensão pelos seres humanos.

Discurso de elevador (Elevator pitch) – apresentação rápida de uma ideia ou oportunidade de negócio a um possível investidor ou parceiro; adaptada para a educação, é usada no lugar dos tradicionais seminários.

Do it yourself (DIY, ou faça você mesmo) – construção, reforma e/ou transformação de algo sem a ajuda de especialistas.

DT express – versão rápida e simplificada das etapas do design thinking que podem ser facilmente incorporadas a contextos educacionais presenciais e digitais.

Economia da atenção – abordagem para o gerenciamento da informação cuja característica principal é a disputa do tempo das pessoas, que têm atenção finita e, por vezes, dividida entre diversos estímulos percebidos e diferentes atividades realizadas.

EduScrum – estratégia ágil que traz a abordagem Scrum para a educação ao estimular a formação de grupos de estudantes que se auto-organizam para desenvolver projetos com o apoio de um educador.

Escape room – estratégia de jogo desenhada a partir de uma narrativa central, em que um indivíduo ou grupo precisa resolver uma série de charadas ou enigmas em um tempo específico.

Extrato de participação – estratégia que simula a análise dos dados educacionais sem a utilização de ferramentas tecnológicas sofisticadas; reúne dados de participação em planilhas eletrônicas ou processadores de texto comuns.

Fab Lab – abreviação do termo em inglês *fabrication laboratory* (laboratório de fabricação), que descreve um espaço para prototipagem de objetos físicos com equipamentos específicos, como máquinas de corte a *laser*, impressoras 3-D e máquinas de corte de vinil.

Fluxo – condição mental de intensa concentração induzida por metas bem definidas, níveis adequados de desafio e *feedback* claro e consistente.

Gamificação – inclusão, em outros contextos, de elementos da linguagem dos jogos, como regras, desafios, níveis, narrativa de fundo, ranqueamento etc.

Gamificação de conteúdo – aplicação de elementos de jogo para alterar alguns conteúdos e materiais abordados em um curso; prevê a criação de narrativas, personagens e situações relacionadas a um desafio maior, explicitado na gamificação.

Gamificação estrutural – aplicação de elementos de jogo ao processo de aprendizagem para motivar os participantes, oferecendo *feedback* e emblemas quando eles agem da forma esperada ou prevista.

Hackathon – estratégia ágil em que os estudantes se reúnem durante um período intenso de colaboração, em busca de uma solução criativa para um problema definido.

Heutagogia – perspectiva educacional cujo nome vem dos termos gregos *heuta*, que significa "próprio", e *agogus*, que significa "educar, guiar, conduzir". Refere-se às demandas da era digital, em que as informações disponíveis são abundantes e os indivíduos adultos têm autonomia para decidir e avaliar o que, como e quando querem aprender.

Imersão – sensação de presença física ou mental em um ambiente específico.

Instrução por pares – estratégia por meio da qual estudantes compreendem, aplicam e explicam a seus colegas conceitos abordados nos conteúdos de um curso; parte do pressuposto de que é motivador para os alunos aprenderem um tema e elaborarem perguntas estruturadas a serem respondidas por seus pares.

Inteligência artificial – área da ciência cujo objetivo é utilizar máquinas para executar tarefas humanas de forma autônoma, incluindo a robótica, o aprendizado de máquina, o processamento de linguagem natural, o reconhecimento de voz e computação neural, entre outros.

Jogo – atividade realizada por uma ou mais pessoas seguindo regras específicas e visando alcançar um objetivo.

Jogos persuasivos – jogos com estrutura retórica contundente e poder único de persuasão que levam o jogador a modificar sua opinião fora do jogo.

Jogos sérios (*serious games*) – jogos com finalidade educacional que tratam de temáticas relevantes (como ética, cidadania, saúde, valores etc.), visando desenvolver a aprendizagem de novos conhecimentos, sem se limitarem ao puro entretenimento.

Jogos sérios com blocos 3D – estratégia que adota blocos 3D para ajudar a tangibilizar concepções e pensamentos na compreensão de desafios, análise de cenários, criação de soluções, tomada de decisões e compartilhamento de ideias.

Just-in-time learning (aprendizagem no momento exato) – estratégia de aprendizagem em que conteúdos e ferramentas são entregues e disponibilizados aos alunos à medida que se fazem necessários para resolver problemas do mundo real.

Learning analytics (LA – analítica da aprendizagem) – campo usado para medição, coleta, análise e divulgação de dados sobre os alunos e seus contextos, com o propósito de compreender e otimizar a aprendizagem e os ambientes em que ela ocorre.

Machine learning (aprendizado de máquina) – habilidade dos sistemas computadorizados de melhorar seu entendimento e desempenho por meio de modelos matemáticos e descoberta de padrões de dados, que são usados para fazer predição sem que tenham sido previamente configurados para isso.

Mapa de calor – estratégia analítica que permite compreender um conjunto de dados por meio de uma representação visual que utilize cores e marcadores.

Mentalidade ágil – modo de pensar ancorado na ideia de que a prática tem mais valor que a teoria, que a aplicação de habilidades vale mais que a memorização de fatos, que a colaboração é mais importante que a concorrência, e que a aprendizagem à escolha do aluno – personalizada e coconstruída – é mais eficaz que a aprendizagem limitada e controlada externamente, padronizada ou direcionada pelo professor.

Microaprendizagem – estratégia que apresenta conteúdo em pequenos "pedaços", com alto nível de interação e *feedback* instantâneo após cada ação do usuário, e que se ajusta tanto

Glossário **301**

à aprendizagem móvel (m-learning) quanto à aprendizagem ubíqua (u-learning).

Micromundo – ambiente digital interativo que possibilita aos usuários explorar e criar, ou modificar um sistema executável, fornecendo respostas dinâmicas com base em um modelo computacional subjacente.

Mineração de dados educacionais (educacional data mining) – desenvolvimento e uso de métodos para analisar e interpretar a explosão de dados proveniente de sistemas de aprendizagem baseados em computador e de sistemas administrativos e de gerenciamento de escolas, universidades ou departamentos de educação corporativa.

Minute paper – técnica que ocupa apenas um minuto dos alunos, requer pouca tecnologia ou preparação e possibilita um *insight* imediato de como um grupo está caminhando.

M-learning (mobile learning ou aprendizagem móvel) – aprendizagem apoiada pelo uso de tecnologias móveis e sem fio, cuja característica principal é a mobilidade dos aprendizes, que interagem entre si, com educadores e com conteúdos ou ferramentas por meio de celulares, *tablets*, *laptops* etc.

Modelo híbrido (ou blended learning) – modelo educacional composto de momentos presenciais e outros em que as atividades são realizadas com o suporte de tecnologias.

Movimento maker – perspectiva (cri)ativa de aprendizagem centrada no conceito de aprendizagem experiencial e embasada na possibilidade de os aprendizes fabricarem objetos, protótipos e soluções para problemas.

Narrativas transmídia com rotação por estações – estratégia em que os aprendizes passam por diferentes espaços presenciais e/ou digitais para acessar/produzir conteúdos articulados dentro de uma mesma narrativa.

Painel da diversidade de perspectivas – estratégia que prevê a criação de um ambiente de conversa e debates que favoreça a integração de temas, conceitos e ideias, incluindo a utilização de murais colaborativos.

Pecha Kucha – formato de apresentação ágil e criativa que segue um padrão visual e temporal, consistindo em 20 *slides* de 20 segundos cada.

Pedagogia – perspectiva educacional cujo nome vem dos termos gregos *paidós*, que significa "crianças", e *agogus*, que significa "educar, guiar, conduzir". Geralmente está vinculada à educação tradicional de crianças e adolescentes e tem sido adotada em diferentes abordagens educacionais, em contextos nos quais o professor assume maior responsabilidade em orientar as experiências de aprendizagem vividas por estudantes.

Protótipo – representação visual na forma de desenhos, esquemas, esboços, modelos tridimensionais de baixa resolução, vídeos e/ou teatro que representam partes de um produto ou etapas de um processo ou experiência.

Realidade Aumentada (RA) – mistura de elementos do mundo real com conteúdos sintéticos interativos, gerados em tempo real com base em dados digitais virtuais.

Realidade Virtual (RV) – ambiente modelado por computador que simula a presença do aluno em locais do mundo real ou de um mundo imaginário.

Reconhecimento de imagens – capacidade de os computadores aprenderem a reconhecer elementos, como pessoas, animais de estimação e pontos turísticos por meio de treino e abstração de imagens.

Roleplaying (jogo de papéis) – estratégia na qual uma situação específica (real ou hipotética) é apresentada a estudantes ou profissionais, que terão por missão encenar o caso assumindo papéis de diferentes *stakeholders*.

Role Playing Game (RPG) – jogo de desempenho de papéis no qual o jogador assume o papel de um personagem em um ambiente, interage com outros jogadores e, dependendo de suas ações e escolhas, modifica os atributos da narrativa, constituindo uma história dinâmica.

Rotinas de pensamento visível – estratégia que prevê o uso de rotinas para que estudantes e profissionais possam identificar e relevar, de forma estruturada, o que aprenderam sobre determinado tema.

Sala de aula invertida (flipped learning) – estratégia na qual o aluno estuda conteúdos específicos antes da aula presencial e leva para a sala de aula dúvidas e reflexões acerca do tema abordado; exercícios e projetos que antes eram realizados como "tarefas" de casa são feitos em sala de aula, em grupos e sob a orientação do professor ou do especialista.

Sensibilidade ao contexto – capacidade de os *softwares* se adaptarem à situação física e temporal na qual eles se encontram.

Simulação – ambiente digital interativo que permite aos usuários manipular variáveis ou parâmetros específicos e fornece respostas dinâmicas com base em um modelo computacional subjacente.

Sistema adaptativo de aprendizagem – ambiente digital que adapta abordagens e materiais de ensino e aprendizagem às capacidades e necessidades individuais dos alunos.

Trilhas de aprendizagem – caminhos alternativos e flexíveis para o desenvolvimento pessoal e profissional, que variam conforme a escolha ou o perfil de cada aprendiz.

U-learning (ubiquitous learning ou aprendizagem ubíqua) – aprendizagem apoiada por tecnologias da informação ou comunicação móveis e sem fio, sensores e mecanismos de localização, que colaboram para integrar os aprendizes ao seu contexto físico e temporal.

Vivência imersiva multissensorial – estratégia que lança mão de pelo menos duas modalidades sensoriais (tato, olfato, visão, audição, paladar, movimentos e posições do corpo) para a construção de novos saberes.

Índice remissivo

3-D, 54, 133, 157, 166-168, 208, 252
  caverna digital, 170
  representações para visualização de dados e informações, 252

A

A distância, educação. *Ver* Educação a distância ABP.
  Ver Aprendizagem Baseada em Problemas
Aprendizagem Baseada em Projetos, 21, 52, 137, 262
ABPP. *Ver* Aprendizagem Baseada em Problemas e por Projetos
Academic/institutional analytics (analítica acadêmica/institucional), 220, 243
  foco, 243
  pergunta-chave, 245
  versus Learning Analytics, 245, 246
Ação-reflexão, princípio essencial das metodologias (cri)ativas, 5
Access (sistema de gerenciamento de banco de dados da Microsoft), 278
Adaptabilidade, 88, 268, 297
Adaptação da aprendizagem agrupamento de usuário, 269 da interface, 268
  do conteúdo, 268
  do fluxo de aprendizagem, 268 e Learning Analytics, 235-237 tipos, 268
Agência, 157, 203
  em metodologias imersivas, 203 proposta de ação do jogador, 203
Agile Manifesto. *Ver* Manifesto para o desenvolvimento ágil de software
Agile-Teaching/Learning Methodology (ATLM). *Ver* Metodologia de Ensino-Aprendizagem Ágil
Agilidade
  mentalidade ágil, 81, 85, 87, 88, 90, 93, 295, 301
Agrupamento de usuários, adaptação de, 269
Ajudas de trabalho (*job-aids*), ferramenta para aprendizagem no tempo exato, 140
Akinator, 221, 271
Algoritmos
  de classificação, 283
  sistemas adaptativos baseados em, 272
Aluno
  análise de dados conduzida pelo, 247, 248 como *designer*, 67
  como *design thinker*, 68 independência do, 91
  interação em ambientes imersivos, 156
  protagonismo do, 5, 7, 8, 44, 45, 53, 73, 74
  sujeito ativo, 20, 28
  usuário de ambientes tridimensionais, 162
Always on ("sempre ativo"), 186
Ambientes imersivos
  construção da identidade, 201
  copresença, senso de, 201

custos de produção e manutenção, 162 fidelidade representacional em, 201, 202
gamificação, 192-200
jogos, 156, 179-189
interação do aluno em, 201, 202
presença, senso de, 201, 202
realidade aumentada, 2, 157, 160, 161, 164, 166, 167, 169, 170, 172, 179, 208, 214, 303
realidade virtual, 2, 38, 157, 161, 162, 163, 164, 165, 166, 173, 177, 178, 209, 214, 303
simulações, 176-179, 200, 204, 209
tipologias psicológicas de Jung aplicadas, 202
Ambientes virtuais de aprendizagem (AVA), 20, 45, 126.
  Ver também Learning Management Systems (LMSs)
  abertos e distribuídos, 239 imersivos. *Ver* Ambientes imersivos
Análise de dados conduzida pelos alunos, 247, 248
Análise de redes sociais (Social Network Analysis – SNA), método de mineração de dados educacionais), 234, 239, 243
Analítica
  acadêmica/institucional. *Ver* Academic/institutional analytics
  da aprendizagem. *Ver Learning analytics*
  de desempenho, 242
  de pessoas ou de recursos humanos, 242 de pontos de verificação, 242
  de processo, 243
Andragogia, 27, 44, 247, 297
Aplicação, como valor da pedagogia ágil, 90
Aprender fazendo, 38, 44, 53, 92. *Ver também*
Aprendizagem experiencial Aprendiz. *Ver* Aluno
Aprendizado de máquina. *Ver Machine learning* (ML)
Aprendizagem
  adaptativa, 2, 220, 262-268
  adaptável. *Ver* Aprendizagem adaptativa; Sistemas adaptativos de aprendizagem
  ágil, 87, 91, 97. *Ver também* Metodologias ágeis
  ambientes virtuais de (AVA), 20, 45, 50, 161, 167, 188
  ativa possibilitada por tecnologia, 40. *Ver também* Teal (Technology-Enabled Active Learning)
  automonitoramento da, 44
  Aprendizagem Baseada em Problemas (ABP), 45,46,47,48, 297
  Baseada em Problemas e por Projetos (ABPP), 2, 7, 22,23, 52, 297
  Baseada em Projetos (ABP), 52
  centrada no aluno, 90, 104
  coconstruída, 88, 301
  colaborativa, 20, 180, 197, 295
  comunidades de, 143, 144
  criação, forma de, 87, 175, 179, 203, 211
  (cri)ativa, 40, 89, 141, 295
  de superfície (*surface learning*), 111-117, 297
  espaçada (*spaced learning*), 120
  espaços não formais de, 41, 299
  estilos e preferências de, 261

305

experiência de, princípio essencial das metodologias imersivas, 5, 6, 8

experiencial, 5, 38-40, 53, 57, 141, 200, 201, 205, 295, 302

experimentação, forma de, 28, 39, 57, 180, 183, 211

formas de aprender, 9148, 295 imersiva. *Ver* Aprendizagem imersiva individual, 20, 143

informal, 119

instrução, forma de, 92, 136, 204, 207

maker, 16, 21, 53, 54, 56, 57, 58, 59, 60, 302

mediada por tecnologias, 30 uu6

microatividades, 119, 120, 149, 294

microcertificações, 119, 130

microconteúdos, 7, 119, 125, 126, 138, 149, 294

micromomentos, 119, 124, 125, 130, 149, 294

móvel (m-learning), 81, 130-139, 302

na era digital, 40, 294

no tempo exato (just-in-time learning), 81, 139-149, 301

objetos de, 40, 228

passiva, 141

personalizada, 5, 68, 88, 208, 220, 295, 301

profunda (*deep learning*), 89, 92, 101, 111-117, 148, 298

significativa, 6, 30-31, 85, 86

sob demanda (*on-demand learning*), 117

tipos de adaptação da, 268

trilhas de, 5, 221, 265, 266-268, 304

ubíqua (u-learning), 81, 130, 134, 137, 138, 186, 302, 304

Aprendizagem imersiva, 200-211

autoavaliação, 208

avaliação da, 207-211

conceitualização, estágio, 204

construção, estágio, 204, 205

diálogo, 205

estágios, 204-205

Arduino, 21, 24, 56

Artefatos, 34, 35, 36, 53, 55

Árvore de decisão, técnica de inteligência artificial, 271

Atenção

dividida, 116, 117

economia, 5, 81, 102, 103, 149, 226, 294, 299

ilusória, fenômeno, 110

moeda primária da educação, 104

Atividade

prática, 120

teoria da (TA), 34, 36

Autoavaliação, 30, 32, 48, 129, 208. *Ver também* Avaliação

imersiva, 208

Automated Essay Scoring (AES), 287

Automóveis autodirigidos, 286

Autonomia, 27, 28, 30, 45, 131, 193, 211, 300. *Ver também* Protagonismo do aluno

Avaliação, 5, 29-31, 52, 89, 127, 129, 136, 207-211, 227, 240, 295. *Ver também* Autoavaliação

da aprendizagem, 207, 242

de mudança de comportamento ou desempenho no cargo, 242

de reação, 227, 242

de resultados para a organização, 242

e Learning Analytics, 235-243

furtiva (*stealth evaluation*), 208

imersiva, 207-212

modelo de Kirkpatrick, 242

por pares, 32, 129

Avatar, tecnologia imersiva, 172, 201, 205, 286, 298

B

Base Nacional Comum Curricular (BNCC), 25

Big data, 226, 227, 232, 298

cadeia de valor, 227

Blended learning. *Ver* Modelo híbrido

Blogs, 2, 91, 125, 293

Brainstorming (chuva de ideias), 46, 47, 71, 72

Business Intelligence & Analytics (BIA). *Ver* Inteligência e analítica de negócios Business Model Canvas (BMC), 98

C

Canvas mania, estratégia, 5, 12, 81, 98-101, 298

Carga cognitiva, teoria, 81, 107, 116, 117

Caso empático, estratégia, 5, 12, 21, 49-51, 298

Caverna digital 3D, 170

Chatbot educacional, estratégia, 5, 12, 221, 273-277, 298

Checkpoint analytics. *Ver* Analítica de pontos de verificação

Ciência dos dados educacionais, 246-252

diagrama de relacionamento entre mineração de dados educacionais, learning analytics e analítica acadêmica/institucional, 246

Clustering, método de mineração de dados educacionais, 233

Coaching reverso, estratégia, 5, 12, 21, 63-66, 298

Códigos QR, 81, 133

Cognitivismo, 29-31, 44, 298

Colaboração, 5, 11, 49, 55, 68, 74, 85, 87-92, 145, 183, 193

como valor da pedagogia ágil, 85, 87-92, 145, 301

competência do século XXI, 193

princípio essencial das metodologias (cri)ativas, 294

Competências do século XXI, e metodologias (cri) ativas, 25, 26

comunicação, 25

iniciativa, 26

liderança e influência, 26

pensamento crítico, 25

solução de problemas, 26

Competição, em jogos, 181, 193

Computação, 131

cognitiva, 221, 273, 282-283, 299

pervasiva, 186

ubíqua, 137, 138. *Ver também* Aprendizagem ubíqua

Comunicação,

textual unimodal, 107

Comunidades de aprendizagem, 143

Conceitualização, estágio da aprendizagem imersiva, 204 Conectivismo, 29, 40-41, 44, 45, 247, 298

Conexão contínua, princípio essencial das metodologias ágeis, 5, 149, 294

Conflito, em jogos, 181, 193

Construção

da identidade, em ambientes imersivos tridimensionais, 201

estágio de aprendizagem imersiva, 204

Construtivismo, 29, 31, 44, 200, 261, 299. *Ver também* (Socio)construtivismo

Conteúdo

adaptação do, 268

gamificação de, 5, 157, 197-200
"pedaços" de, 120, 148
personalizado, 141
Contexto
computacional, 138
de tempo/temporal, 138
do usuário, 138
físico, 138
sensibilidade ao, 138, 303. *Ver também* Aprendizagem
ubíqua
Contratos sociais, técnica ágil, 97
Cooperação, em jogos, 181, 183, 193
Copresença, senso de, em ambientes imersivos
tridimensionais, 201
Corporativa, educação. *Ver* Educação corporativa
Cortana,
avatar comercial, 286
Criação, forma de aprender, 211
Cursos a distância, 20, 63, 198

D

Dados educacionais, 220
administrativos e gerenciais, 246, 247
análise e ação, 237, 238
brutos, 6, 103, 233, 278
ciência dos, 245-252
coleta, 222, 226, 229, 230, 235, 237, 238, 244, 301
estruturados, 278, 298
mineração de. *Ver* Mineração de dados educacionais;
Metodologias analíticas modificados, 233
não estruturados, 273, 279, 295
pós-processamento, 237, 238
pré-processamento, 233, 237, 238
relativos à aprendizagem, 246
relativos ao ensino, 246
sistemas geradores, 228
tipos de, 261
tomada de decisão a partir, 226, 229, 244, 260
Dashboards, 252, 259, 260
Declarações de missão do curso, técnica ágil, 97
Deep learning. Ver Aprendizagem profunda
Demonstração, como valor da pedagogia ágil, 90
Desempenho de papéis. *Ver* Role playing
Design conversacional, 274
Design instrucional, 5, 93, 114, 116, 193, 240, 243, 261,
271
matriz de, 266, 295
Design thinker, aluno como, 68
Design thinking, 71, 299. *Ver também* DT express,
estratégia
Designathon. Ver Hackathon
Designers, alunos como, 45, 67, 68
Destilação de dados para julgamento humano, método
de mineração de dados educacionais, 234
Detecção de diferenças (outliers detection), método de
mineração de dados educacionais, 234
Diagnóstico coletivo, estratégia, 12, 221, 229-231, 299
Diálogo, estágio da aprendizagem imersiva, 205
Discurso de elevador, estratégia, 5, 12, 81, 108-109,
147, 299
Dispositivos móveis, 58, 62, 118, 125, 130-138, 158, 209.
Ver também Tecnologias móveis

Diversão
em educação, 5, 68, 88, 97
em jogos, 182, 203
princípio essencial das metodologias imersivas, 294
Do it yourself (DIY, ou faça você mesmo), 55, 299
Dotcom, geração. *Ver* Novas gerações
DT express, estratégia, 5, 12, 71-73, 299
Duolingo, 81, 118

E

EAD. *Ver* Educação a distância
Economia da atenção, 81, 102, 103, 226, 299
princípio essencial das metodologias ágeis, 149
Educação
a distância, 91, 104, 113, 264
corporativa,6, 21, 28, 38, 46, 63, 66, 80, 105, 132, 144, 157,
209, 228, 240, 243, 244, 265, 302
no formato Lego, 129
por toda a vida (*lifelong learning*), 21, 41, 70, 107
presencial, 20, 70, 104, 110, 141, 148, 193, 194, 214, 228, 264
Educational data mining (EDM). *Ver* Mineração de
dados educacionais
EduScrum, estratégia, 5, 12, 81, 95-97, 299
E-learning, 134-137, 228
Elevator pitch. Ver Discurso de elevador, estratégia
Empatia,
mapa da, 50
Engajamento, princípio essencial das metodologias
imersivas, 214
Ensino
emparelhado, técnica ágil, 97
fundamental, 53, 64, 111, 158, 159
prescritivo, 88
superior, 4, 64, 107, 202, 209, 228, 244, 264, 286
Ensino Superior, Manifesto Ágil, 87
Ensino-aprendizagem
benefícios dos jogos para o processo de, 183
design thinking como estratégia de, 70
Manifesto Ágil para, 88
Metodologia de Ensino-Aprendizagem Ágil, 91
Escape room, estratégia, 5, 12, 16, 157, 190-192, 299
Escolas ágeis
manifesto das, 85
princípios das, 86
Escolha do aluno, como valor da pedagogia ágil, 301
Estatística
versus mineração de dados, 233
Estilos e preferências de aprendizagem, 261
Experiência
de aprendizagem, princípio essencial das metodologias
imersivas, 5, 214
imersiva, 161, 164, 166, 174, 175. *Ver também* Metodologias
imersivas
Experimentação, forma de aprender, 211
Explosão
de dados. *Ver* Big data informacional, 102-105, 148
Extrato de participação, estratégia, 5, 12, 221, 249-
252, 300
eXtreme Programming. *Ver* Programação extrema

F

Fab Labs, 54
    acadêmicos, 55
    profissionais, 56
    públicos, 56
Fabricação digital. *Ver* Fab Labs Fabrication laboratory.
    Ver Fab Labs
Faça fácil, estratégias, 5
    Canvas mania, 5, 12, 81, 98-101, 298
    Caso empático, 5, 12, 21, 49-51, 298
    Chatbot educacional, 5, 12, 221, 273-277, 298
    Coaching reverso, 5, 12, 21, 63-66, 298
    Diagnóstico coletivo, 12, 221, 229-231, 299
    Discurso de elevador (Elevator pitch), 5, 12, 81, 108-109, 147, 299
    EduScrum, 5, 12, 81, 95-97, 299
    Escape room, 5, 12, 16, 157, 190-192, 299
    Extrato de participação, 5, 12, 221, 249-252, 300
    Gamificação de conteúdo, 5, 12, 157, 197, 198-200, 300
    Gamificação estrutural, 5, 12, 157, 193, 194-197, 300
    Jogos sérios com blocos 3D, 5, 12, 157, 184-186, 301
    Hackathon, 5, 12, 81, 145-147, 300
    Mapa de calor, 5, 12, 221, 253, 254-258, 301
    Minute paper, 5, 12, 81, 121-124, 302
    Narrativas transmídia com rotação por estações, 5, 12, 21, 32-34, 302
    Painel da diversidade de perspectivas, 5, 12, 21, 41-43, 302
    Pecha Kucha, 5, 12, 81, 127-129, 147, 302
    Reconhecimento de imagens, 5, 12, 221, 279-282, 303
    Roleplaying (jogo de papéis), 5, 12, 157, 205-207, 303
    Rotinas de pensamento visível, 5, 12, 21, 59-61, 303
    Trilhas de aprendizagem, 5, 12, 221, 265, 266-268, 304
    Vivência imersiva multissensorial, 5, 12, 157, 212-213, 304
Feedback
    e Learning Analytics, 239, 240
    em jogos, 181, 193, 194
Ferramentas multimodais, 107
Fidelidade representacional, em ambientes imersivos tridimensionais, 201, 202
Flipped learning. *Ver* Sala de aula invertida
Fluxo
    em metodologias imersivas, 157, 193, 214
    estado de, 180, 208
Fobi.io, 274-277
Formas de aprender
    criação, 211
    experimentação, 211
    instrução, 211
Fóruns, 23, 198, 227, 228, 234, 248, 265

G

Games. *Ver* Jogos
Gamificação, 2, 5, 157, 181, 189-193
    de conteúdo, estratégia, 5, 12, 157, 197, 198-200, 300
    estrutural, estratégia, 5, 12, 157, 193, 194-197, 300
Geolocalizadores, 278
Geração Y. *Ver* Novas gerações Gmail, 229-230
Google, 23, 102, 264, 279
    Apresentações, 42, 101
    Docs, 101
    Forms, 229, 231, 274-277
    Jamboard, 42, 101, 256
    Meets, 112
    Planilhas, 254

H

Hackathon, estratégia, 5, 12, 81, 145-147, 300
Heutagogia, 27, 45, 247, 300
Híbrido. *Ver* Modelo híbrido HotJar, 254

I

IA. *Ver* Inteligência artificial
IBM Watson, 285
    para educadores, 282 iGeração. *Ver* Novas gerações
Ilusão realista, 166, 167
    na realidade virtual, 166, 167
Imaginação, 179, 180
Imersão, 157, 161-166, 183, 202-205, 209, 214, 294, 300
    e diversão, 214, 294
    na realidade virtual, 166 social, 205
    versus emersão, 204
Independência do aluno. *Ver* Autonomia Informação,
    visualização da, 107, 220, 231, 238, 252-260
Iniciativa, competência do século XXI, 26
Inovação
    design thinking como abordagem de, 68, 299
    disruptiva, 3, 20, 69, 282, 293
    incremental, 3, 7, 69
Institutional analytics. *Ver* Analítica acadêmica/
    institucional
Instrução
    forma de aprender, 211
    por pares, 21, 61, 63, 300
Inteligência
    artificial. *Ver* Inteligência artificial (IA)
    e analítica de negócios, 242
    humano-computacional, princípio essencial das, 289
    metodologias analíticas, 5, 242, 244
Inteligência artificial (IA), 270-272
    árvore de decisão, 271 lógica difusa, 271
    redes bayesianas, 271
    redes neurais, 272
    sistemas adaptativos, 271
    técnicas, 271
Interação em tempo real na realidade virtual, 166
Interatividade, 49, 126, 132, 204, 209
Interface, adaptação da, 268
Internet das Coisas, 134, 278
Investigação dirigida por estudantes, como valor da
    pedagogia ágil, 89

J

Job-aids. *Ver* Ajudas de trabalho
Jogos, 104, 107, 110, 156-157, 161, 179-183, 189
    3-D, 157
    agência ou proposta de ação do jogador, 203
    benefícios para o processo de ensino-aprendizagem, 183
    competição, 181, 193, 203
    conflito, 181, 193
    cooperação, 181, 193, 203
    digitais, 161, 186, 189
    diversão, 182
    e realidade virtual, 179, 209
    feedback, 180, 181, 193
    jogabilidade, 203
    narrativas, 182, 183
    níveis de dificuldade, 181
    pervasivos, 186

quantificação e score, 181
recompensas, 181, 194
regras, em jogos, 179-181, 187, 193
RPG (Role Playing Game), 187, 188, 303
sérios (serious games), 5, 12, 157, 181, 182, 184-186, 301
sérios com blocos 3D, estratégia, 5, 12, 157, 184-186, 301
Jung, tipologias psicológicas aplicadas a ambientes
imersivos, 202
  intuição, 202
  pensamento, 202
  sensação, 202
  sentimento, 202
Just-in-time learning. Ver Aprendizagem no tempo exato

K

Kanban, técnica ágil, 97
Korbit, 221, 262

L

Laboratórios
  de fabricação. *Ver* Fab Labs remotos, 58
  virtuais, 58
Learnathon ou *Learn-A-Thon. Ver Hackathon*
Learning Analytics (analítica da aprendizagem), 2, 220,
235-245, 301
  adaptação da aprendizagem e, 238, 239, 241
  análise e ação, 237, 238
  avaliação e, 238, 239, 241
  coleta de dados, 235, 237, 238
  descoberta humana, 236
  feedback e, 239, 240
  foco, 236
  interseção com mineração de dados educacionais, 239,
    245, 246
  intervenção humana, 237
  julgamento humano, 236
  mentoria e, 239, 240
  modelo de referência, 238, 239
  monitoramento e análise e, 238-240
  objetivos, 240-241
  pergunta-chave, 245
  personalização e, 238, 239, 241
  pós-processamento, 237, 238
  pré-processamento, 237, 238
  previsão e, 238
  processo, 237
  recomendação e, 238, 239, 241
  tutoria e, 239-241
  versus analítica acadêmica/institucional, 243-245
Learning by doing. Ver Aprender fazendo Learning
  Management Systems (LMSs), 239
Liderança e influência, competência do século XXI, 26
Lifelong learning. Ver Educação por toda a vida
LMSs. *Ver* Learning Management Systems
Lógica difusa, técnica de inteligência artificial, 271

M

Machine learning (ML), 221, 272, 283-287
Macros, ferramentas para a aprendizagem no tempo
  exato, 141
Maker
  aprendizagem, 53
  cultura, 56, 58, 59, 60

espaço, 16
movimento, 21, 53-58, 302
Manifesto
  Ágil no Ensino Superior, 87
  Ágil para o Ensino e a Aprendizagem, 88
  da Pedagogia Ágil, 87, 88
  das Escolas Ágeis, 85, 86
  para o desenvolvimento ágil de *software*, 85
Mapa
  da empatia, técnica, 51
  de calor para visualização de dados e informações, 252,
    253
Mapa de calor, estratégia, 5, 12, 221, 252, 253, 254-258,
  301
Massive Open Online Course. Ver Moocs
Mediação, 34, 51
Melhoria contínua, como valor da pedagogia ágil, 90
Mentalidade ágil no mundo da educação, 81, 85, 87, 88,
  90, 91, 93, 101, 301
Mentimeter, 229
Mentoria
  e Learning Analytics, 239, 240
Metacognição, 30, 44, 121, 204
Metodologia de Ensino-Aprendizagem Ágil (Agile-
  Teaching/Learning Methodology – ATLM), 91
Metodologias ágeis, 5-8, 74, 80-147
  "microtudo", princípio essencial, 5, 149, 294
  Agile-Teaching/Learning Methodology (ATLM), 91
  ajudas de trabalho (*job-aids*), ferramentas, 140
  aprendizagem ágil, 87, 91, 97
  aprendizagem de superfície, 113, 297
  aprendizagem móvel (m-learning), 81, 130-134, 302
  aprendizagem no tempo exato (just-in-time learning), 81,
    139-144
  aprendizagem profunda, 89, 92, 101, 111-117
  aprendizagem sob demanda (*on-demand learning*), 117
  aprendizagem ubíqua (u-learning), 81, 130, 134, 137
  Canvas mania, estratégia, 5, 12, 81, 98-101, 298
  carga cognitiva, e, 81, 102, 107, 116-118
  Conexão contínua, princípio essencial, 5, 149, 294
  Contratos sociais, técnica, 97
  Declarações de missão do curso, técnica, 97
  Discurso de elevador, estratégia, 5, 12, 81, 108-109, 147, 299
  dispositivos móveis, 118, 125, 130, 133-136, 139
  e as novas gerações, 101, 105-111
  economia da atenção, princípio essencial, 81, 102-105, 149
  EduScrum, estratégia, 5, 12, 81, 95-97, 299
  ensino emparelhado, técnica, 97
  escolas ágeis, 85, 86 estratégias Faça fácil, 81
  explosão informacional, 102-105
  ferramentas multimodais, 107
  Hackathon, estratégia, 5, 12, 81, 145-147, 300
  Kanban, técnica, 97
  macros, ferramentas, 141
  manifestos, 85
  mentalidade ágil, 81, 85-97
  microaprendizagem, 5, 81, 117, 118, 125, 129-132, 295, 301
  Minute paper, estratégia, 5, 12, 81, 121-124, 302
  mobilidade tecnológica, princípio essencial, 149
  multitarefa, esquema, 106
  novas gerações, 101, 105-111
  Pecha Kucha, estratégia, 5, 12, 81, 127-129, 147, 302
  pedagogia ágil, 87, 88
  princípios essenciais, 149, 294
  Relâmpagos de valor, técnica, 97
  Retrospectiva, técnica, 93

Scrum, técnica, 94
Sprint, técnica, 93
Stand-up, técnica, 93
templates, ferramentas, 140
teoria da carga cognitiva, 81, 107, 116, 117
valores da pedagogia ágil, 87-90
velocidade, 93, 102, 106
visualização da informação, 107

Metodologias analíticas, 5-9, 221-286
adaptação da aprendizagem, 234, 238, 241, 268
adaptatividade, principal essencial, 289
analítica acadêmica/institucional (*academic/institutional
analytics*), 220, 243-245, 297
aprendizado de máquina (*machine learning*), 221, 272, 283,
300, 301
aprendizagem adaptativa, 2, 260-266
aprendizagem personalizada, 220, 282
Chatbot educacional, estratégia, 5, 12, 221, 273-277, 298
ciência dos dados educacionais, 245, 246-248, 298
computação cognitiva, 221, 273-277
Diagnóstico coletivo, estratégia, 12, 221, 229-231, 299
estratégias Faça fácil, 229-231, 249-252, 266-268
explosão de dados, 225-229
Extrato de participação, estratégia, 5, 12, 221, 249-252, 300
inteligência artificial (IA), 263, 264, 270-272, 277, 285,
289, 294
inteligência humano-computacional, principal essencial,
289, 294
Mapa de calor, estratégia, 5, 12, 221, 253, 254-258, 301
metodologias *versus* tecnologias, 220
mineração de dados educacionais (*Educational Data
Mining*), 220, 232-235, 245, 302
personalização, principal essencial, 5, 238, 239, 289, 294
princípios essenciais, 214, 294
Reconhecimento de imagens, estratégia, 5, 12, 221, 279-
282, 303
sistemas adaptativos de aprendizagem, 221, 269
tecnologias adaptativas, 285
tomada de decisão, 220, 226, 229, 244, 260, 263, 264, 272,
285, 289, 294
Trilhas de aprendizagem, estratégia, 5, 12, 221, 265, 266-
268, 304
versus tecnologias analíticas, 220 visualização de dados e
informações, 252-260

Metodologias (cri)ativas, 4-8, 10, 74
abordagens que fundamentam a adoção de, 27 ação-reflexão,
princípio essencial, 5, 74, 294
alunos como designers, 21, 45, 67, 68
analíticas, 5, 8, 9, 12, 13, 16, 218-287
andragogia, 27, 45
aprender fazendo (learning by doing), 38, 44, 53, 92
Aprendizagem Baseada em Problemas (ABP), 21-24,
45-49, 52, 53, 297
Aprendizagem Baseada em Problemas e por Projetos
(ABPP), 2, 22, 52, 297
Aprendizagem Baseada em Projetos (ABP), 21, 52
aprendizagem experiencial, 38-40, 53, 57
aprendizagem significativa, 30, 31
articulação entre teoria e prática, 74, 294
Caso empático, estratégia, 5, 12, 21, 49-51, 298
Coaching reverso, estratégia, 5, 12, 21, 63-66, 298
cognitivismo, 29-30, 44, 298
colaboração, princípio essencial, 74, 294
conectivismo, 29, 40, 44, 45, 299
construtivismo, 29, 31, 44, 200, 261, 299
contextos de aplicação, 21
contraponto ao ensino transmissivo, 28

DT express, estratégia, 5, 12, 21, 71-73, 299
design thinking, 21, 22, 50, 68-71, 299
estudo de caso, 22-24
estratégias Faça fácil, 49-51, 63-66, 71-73
Fab Labs, 54-57
heutagogia, 27, 45, 300
instrução por pares, 21, 61-63, 300
movimento *maker*, 21, 53-58, 302
Narrativas transmídia com rotação por estações, 5, 12, 21,
32-34, 302
Painel da diversidade de perspectivas, 5, 12, 21, 41-43, 302
pedagogia, 22, 27, 28, 34, 44
princípios essenciais, 5, 74, 294
protagonismo do aluno, princípio essencial, 74, 294
protótipos, 23, 55, 71-73
Rotinas de pensamento visível, 5, 12, 21, 59-61, 303
sala de aula invertida, 44, 222, 303
(socio)construtivismo, 29, 31, 44
Technology-Enabled Active Learning (Teal), 40
Teoria da Atividade (TA), 34
viés humanista, 21, 73

Metodologias imersivas, 5-7, 156-213
agência, 157, 203, 211, 214, 294
ambientes imersivos, 156, 157, 161-200, 201-204, 207-210
aprendizagem imersiva, 184, 200-205
avaliação na aprendizagem imersiva, 207-211
avatar, tecnologia, 172, 201, 205, 298
caverna digital 3D, 170
diversão, princípio, 5, 214, 294
engajamento, princípio essencial, 5, 214, 294
Escape room, 5, 12, 16, 157, 190-192, 299
estratégias Faça fácil, 194-197, 198-200, 205-207, 212-213
experiência de aprendizagem, 5, 203, 208, 214, 294
experiência de aprendizagem, princípio essencial, 5, 214,
294
experiência imersiva, 161, 164, 166, 175, 191
fluxo, 157, 180, 193, 208, 214
gamificação, 2, 5, 157, 168, 181, 189, 192-193, 200, 208,
209, 214, 300
Gamificação de conteúdo, estratégia, 5, 12, 157, 197, 198-
200, 300
Gamificação estrutural, estratégia, 5, 12, 157, 193, 194-
197, 300
imersão, 157, 161-166, 183, 202-205, 209, 214, 294, 297, 300
jogos, 156, 157, 161, 179-189, 192, 200-203, 209, 214, 300
Jogos sérios com blocos 3D, 5, 12, 157, 184-186, 301
micromundos, 179
mídias e tecnologias, 157, 214
princípios essenciais, 5, 214, 294
realidade aumentada, 2, 8, 157, 160, 161, 164, 166, 167, 169,
170, 172, 179, 208, 214, 303
realidade e virtualidade, 169-176
realidade misturada, 167, 170
realidade projetada, 171
realidade virtual na tela de um computador, 173
Roleplaying (jogo de papéis), estratégia, 5, 12, 157, 205-
207, 303
Sensores, 165, 175, 180, 209
Simulações, 157, 176-179, 200, 204, 209
simuladores de cabine, tecnologia, 171
sistemas acoplados visualmente, 174
tecnologias imersivas, princípio essencial, 5, 214, 294
telepresença, tecnologia, 173
Vivência imersiva multissensorial, estratégia, 5, 12, 157,
212-213, 304

Metodologias inov-ativas
ágeis, 78-149.*Ver também* Metodologias ágeis

310 **METODOLOGIAS INOV-ATIVAS** na educação presencial, a distância e corporativa

analíticas, 220-290. *Ver também* Metodologias analíticas ativas, 20-74. *Ver também* Metodologias (cri)ativas imersivas, 156-215. *Ver também* Metodologias imersivas

Microaprendizagem, 5, 81, 117, 130, 132, 295, 301

Microatividades, 119, 120, 149, 294

Microcertificações, 119, 130. *Ver também* Nanocertificações

Microconteúdos, 7, 119, 125, 126, 138, 149, 294
    características, 126

Micromomentos, 119, 124, 125, 130, 149, 294

Microsoft
    Excel, 229, 249, 254
    Teams, 112, 274
    Whiteboard, 101

"Microtudo", princípio essencial das metodologias ágeis, 5, 149, 294

Mídias sociais. *Ver* Redes sociais Millennials, geração. *Ver* Novas gerações Minecraft, mundo virtual, 157, 183, 184

Mineração de dados educacionais (Educational Data Mining – EDM), 220, 232-235, 237, 245, 302
    ambiente educacional, 233
    algoritmos, 235
    análise de redes sociais, 234
    dados brutos, 233
    dados modificados, 233
    descoberta da informação, 234
    destilação de dados para julgamento humano, 234
    detecção de diferenças, 234
    foco, 245
    formulação de hipóteses, 232, 233
    interpretação e avaliação, 233
    julgamento humano, 234
    métodos de, 233-234
    mineração de processo, 234
    mineração de relacionamentos, 234
    mineração de texto, 234
    modelos e padrões, 233
    pergunta-chave, 245
    predição, 233
    pré-processamento, 237
    processo de aplicação, 232, 233
    rastreio de conhecimento, 234
    testes, 232, 233
    versus estatística, 233

Mineração
    de processo, 234
    de relacionamentos, 234
    de texto, 234

Minute paper, estratégia, 5, 12, 81, 121-124, 302

Miro, 101, 256

M-learning (mobile learning). *Ver* Aprendizagem móvel

Mobile learning. *Ver* Aprendizagem móvel

Mobile tags. Ver Códigos QR Mobilidade
    conceitual, 134
    física, 134
    sociointeracional, 134
    tecnológica, princípio essencial das metodologias ágeis, 5, 149, 294
    temporal, 134

Modelo híbrido, 20, 52, 302

Moocs (Massive Open Online Course), 2, 4, 261

Motivação, 69, 89, 92, 113, 141, 179, 180, 197, 298

Móvel/móveis
    aprendizagem, 81, 130, 131, 133, 302
    dispositivos, 58, 62, 118, 125, 130-139, 158, 174, 209
    tecnologias, 106, 131, 133, 209, 302
    Movimento maker. *Ver Maker* Multitarefa, esquema, 106

MUSE (Marist Universal Student Experience), 221, 260

N

Nanocertificações, 129, 130

Narrativas, em jogos, 181, 183

Narrativas transmídia com rotação por estações, estratégia, 5, 12, 21, 32-34, 302

Nativos digitais. *Ver* Novas gerações Negócio certo – Trilhas de autoatendimento,
    programa, 269

Net, geração. *Ver* Novas gerações

Níveis de dificuldade, em jogos, 181

Novas gerações, 101, 105-107

O

Objetos de aprendizagem, 40, 228

On-demand learning. Ver Aprendizagem sob demanda

P

Padlet, 42

Painel da diversidade de perspectivas, estratégia, 5, 12, 21, 41-43, 302

Painéis de controle para visualização de dados e informações, 259. *Ver também Dashboards*

Pares
    avaliação por, 32, 43
    instrução por. *Ver* Instrução por pares

PBL
    (Problem-Based Learning). *Ver* Aprendizagem Baseada em Problemas (ABP)
    (Project-based Learning). *Ver* Aprendizagem Baseada em Projetos (ABP)

Pecha Kucha, estratégia, 5, 12, 81, 127-129, 147, 302

Pedagogia
    ágil, Manifesto de, 87, 88
    ágil, valores da, 85
    extrema, 91, 92

Peer to peer instruction. Ver Instrução por pares

Pensamento
    crítico, competência do século XXI, 25
    de design. *Ver* Design thinking

People analytics (analítica de pessoas ou de recursos humanos), 242

Performance analytics (analítica de desempenho), 242

Personalização
    e Learning Analytics, 5, 238, 239, 241, 289, 294
    princípio essencial das metodologias analíticas, 5, 289, 294

Pixabay, 280

Planilhas eletrônicas, 141, 228, 300

Pokémon Go, jogo, 192

Pós-Millenials. *Ver* Novas gerações Prática
    articulação com teoria, 23
    atividade, 120

Predição, método de mineração de dados
    educacionais, 233, 236

Presença, senso de, em ambientes imersivos tridimensionais, 201

Presencial, educação. *Ver* Educação presencial

Problemas
Aprendizagem Baseada em (ABP), 2, 21, 22, 45-51
Aprendizagem Baseada em Problemas e por Projetos (ABPP), 2, 22, 297
complexos, 49, 68
situações-problema, 198, 297
solução de, competência do século XXI, 25

Process analytics. Ver Analítica de processo

Programação extrema (XP – eXtreme Programming), 91

Project-based Learning (PBL). *Ver* Aprendizagem Baseada em Projetos (ABP)

Projetos
Aprendizagem Baseada em (ABP), 52
Aprendizagem Baseada em Problemas e por Projetos (ABPP), 2, 22, 52, 297
desenvolvimento de, 20, 69

Protagonismo do aluno, princípio essencial das metodologias (cri)ativas, 5, 294

Protótipos, 23, 55, 71-73, 302

Q

QR code. *Ver* Códigos QR

Quantificação e score, em jogos, 181

R

Rastreio de conhecimento, método de mineração de dados educacionais, 234

Realidade
aumentada, 2, 8, 9, 38, 133, 157, 158-160, 161, 164, 166, 167-169, 170, 172, 179, 208, 209, 214, 303
misturada, 167, 170
projetada, 171
virtual, 2, 38, 157, 161, 162, 163, 164-166, 170, 173, 177, 178, 179, 209, 214, 303
-virtualidade, *continuum*, 169, 170

Recomendação
e Learning Analytics, 238, 239, 241

Recompensa, em jogos, 181, 193, 194

Reconhecimento de imagens, estratégia, 5, 12, 221, 279-282, 303

Redes
bayesianas, técnica de inteligência artificial, 271
neurais, técnica de inteligência artificial, 272
sociais, 2, 41, 66, 72, 110, 112, 199, 209, 225, 234, 239, 243, 293, 299
sociais, análise de (Social Network Analysis), 234, 239, 243

Reflexão
e Learning Analytics, 238, 239, 241

Regras
em jogos, 180, 181, 187, 193

Relâmpagos de valor, técnica ágil, 97

Representações 3-D para visualização de dados e informações, 252

Resultados, aprendizagem construída, como valor da pedagogia ágil, 88

Retrospectiva, técnica ágil, 93

Role Playing Game. *Ver* RPG

Roleplaying, estratégia, 5, 12, 157, 205-207, 303

Rotinas de pensamento visível, 5, 12, 21, 59-61, 303

RPG (Role Playing Game), jogo de desempenho de papéis, 187, 188, 303

S

Sala de aula invertida (flipped learning), 44, 222, 303

Saresp (Sistema de Avaliação de Rendimento Escolar do Estado de São Paulo), 221, 245

Scrum, técnica ágil, 94, 95-97

Second Life, mundo virtual, 162

Sensibilidade
ao contexto, 138, 303. *Ver também* Aprendizagem ubíqua humana, 261

Sensores
de movimento, 165, 180

Serious games. *Ver* Jogos sérios

Simulações interativas, 178

Simulador(es), 157, 161, 165, 171, 175, 177, 178

Simuladores de cabine, 171

Siri, avatar comercial, 286

Sistemas
acoplados visualmente, tecnologia imersiva, 174
adaptativos de aprendizagem, 221, 269-272, 286
baseados em algoritmos, 272
baseados em machine learning, 272, 283-287
computacionais inteligentes, 41
de gerenciamento da aprendizagem. *Ver* Learning Management Systems
educacionais centralizados (LMSs), 239
e inteligência artificial, 270-272
imersivos, 170, 171
não imersivos, 171
semi-imersivos, 171

Skype, 121

Smartphones, 112, 118, 125, 131, 158, 174, 180

Smartphysics, 81, 132

Social Network Analysis – SNA. *Ver* Análise de redes sociais

(Socio)construtivismo, 29, 31-32, 44, 261. *Ver também* Construtivismo

Solução de problemas
competência do século XXI, 26
design thinking como metodologia de, 68, 69

Spaced learning. Ver Aprendizagem espaçada

Sprint, técnica ágil, 93

SQL (Structured Query Language), 278

Stand-up, técnica ágil, 93

Startups, 2, 54, 56, 98, 108

Structured Query Language. *Ver* SQL

Surface learning. Ver Aprendizagem de superfície

T

Tablets, 118, 158, 180, 302

Teal. *Ver* Technology-Enabled Active Learning

Technology-Enabled Active Learning (Teal), 40

Técnicas de inteligência artificial, 263

Tecnologias
adaptativas, 2, 5, 90, 220, 228, 260-270, 285
analíticas *versus* metodologias, 220
imersivas, princípio essencial das metodologias, 5, 214, 294
imersivas, 5, 180, 209, 214, 294
móveis, 106, 131, 133, 209, 302

Telefonia móvel. *Ver* Dispositivos móveis

Telegram, 119
Telepresença, tecnologia imersiva, 173
Templates, ferramentas para a aprendizagem no tempo exato, 140
Tempo
    escassez de, 107
    fixo, 141
    fluido, 142, 144
    gerenciamento de, 90
Teoria
    da atividade (TA), 34-38
    da carga cognitiva, 81, 107, 116, 117
Testes contínuos, aprender por meio de, 92
The Agile Schools Manifesto. *Ver* Manifesto das Escolas Ágeis
Trilhas de aprendizagem, 5, 12, 221, 265, 266-268, 304
    estratégia, 266-268
Tutoria
    e Learning Analytics, 239-241, 283
    inteligente, 228, 283
Twitter, 121, 125

U

Ubiquitous learning. *Ver* Aprendizagem ubíqua
U-learning (ubiquitous learning). *Ver* Aprendizagem ubíqua
    sensível ao contexto, 135-137
Unsplash, 280

V

Velocidade, necessidade de, 106
Virtualidade e realidade, 169-176
Visualização de dados e informações, 252-253
    mapas de calor, 252
    painéis de controle (*dashboards*), 252
    representações 3-D, 252
    tabelas de dados, 252
Vivência imersiva multissensorial, estratégia, 5, 12, 157, 212-213, 304

W

Wear Your Own Device (WYOD), 3
Web 2.0, 55
WhatsApp, 121
Wikimedia Commons, 280
Wikis, 91, 228
Word, 84, 249

X

XP (eXtreme Programming). *Ver* Programação extrema

Z

Zoom, 112, 119

Índice de autores e pessoas

A

Abreu, J. R. P., 75
Agrawal, R., 232, 290
Aldrich, C., 215
Almeida, M. E. B., 77
Almohammadi, K., 290
Alves, F., 149
Amaral, S. F., 153
Anderson, J. R., 111, 152
Angelo, T., 121, 150
Appel, C., 90, 91, 152
Araújo, U. F., 46, 53, 75
Arnau, L., 210, 215
Arroway, P., 235, 290
Ausubel, D. P., 30, 75
Azuma, R., 167, 215

B

Bagherian, F., 103, 149
Baker, R. S. J. D., 232, 235, 236, 290
Baldez, A. L. S., 38, 75
Bandi-Rao, S., 287, 290
Barbosa, J., 131, 135, 138, 152
Bates, A. W. (Tony), 46, 49, 52,57, 75
Beck, K., 85
Becker, S. A., 285
Belloni, M. L., 28, 75
Bienkowski, M., 236, 290
Bishop, M. J., 246, 292
Bittencourt, J. P., 75
Blikstein, P., 53, 54, 75
Bogost, I., 187, 215
Bonwell, C. C., 28, 75
Bransford, J. D., 110, 149
Brey, P., 178, 215
Briggs, S., 86, 149
Brown, D. E., 150
Brown, T., 70, 75
Bruck, P. A., 117, 126, 150, 151
Burgos, D., 268, 290

C

Campbell, J. P., 244, 290
Camus, A., 156
Carlson, B., 102, 149
Carolei, P., 167, 168, 192, 203, 204, 210, 215
Carr, N., 111-113, 150, 152
Cartwright, B., 215
Castell, S., 104, 110, 150
Catarci, T., 117, 150
Cavalcanti, C. C., 50, 64, 66, 68, 70, 75, 193, 198, 215

Chase, W. G., 111, 150, 152
Chatti, M. A., 237-239, 290
Chaves, J. B., 236, 292
Chin, C., 150
Chun, A. H. W., 91, 150
Clow, D., 291
Cormier, D., 261
Craig, A. B., 161, 217
Graig, R. L., 242, 291
Cross, P., 121, 150
Cross, R. A., 165, 166, 217
Csikszentmihalyi, M., 180, 208, 215
Cunninghan, C., 217

D

D'Souza, M. J., 91, 92, 150
Dalgarno, B., 201, 202, 215
Damázio, M., 56, 75
Daniels, H., 34, 75
Davenport, T, H., 236, 237, 291
Dawson, S., 242, 291
Deblois, P. B., 244, 290
Deci, E. L., 197, 217
Deelman, A., 47, 48, 75
Delhij, A., 95, 150
Devers, C. J., 287, 290
Dewey, J., 38, 75
Diesel, A., 38, 75
Downes, S., 261
Draper, S. W., 121, 150
Dyckhoff, A. L., 291
Dytham, M., 127

E

Edwards, R. L., 127, 151
Eison, J., 28, 75
Emihovich, B., 207, 210, 217
Engels, F., 20
Engeström, Y., 35, 36, 76
Eychenne, F., 55, 76

F

Faria, S. M. S. M. L., 233, 236, 291
Feng, M., 236, 290
Ferguson, R., 120, 150, 245, 247, 291
Filatro, A., 39, 50, 68, 70, 75, 76, 105, 107, 116, 121, 126, 150, 180, 193, 198, 215, 291
Fominykh, M., 215
Fontana, D., 76
Fowler, C., 204, 216
Fowler, M., 85
Francheschin, T., 32, 76

Franklin, B., 80
Freire, P., 27, 28, 76, 260
Friesen, N., 119, 151
Fuller, R. B., 102, 150
G
Gabriel, M., 103, 131, 150, 226, 273, 288, 291
Gabrielli, S., 117, 150
Galvão, M. A., 158, 216
Garbin, M., 23, 24, 76
Gasparini, I., 292
Geitgey, A., 283, 291
Genoveva, S., 53, 75
Geraldini, A. F. S., 77
Goswami, G., 169
Guerrero, A. E., 90, 91, 152

H

Harris, J. G., 237, 291
Hase, S., 27, 76
Heathcote, E., 242, 291
Heilig, M., 164
Hickey, D. T., 246, 292
Hoeberigs, B., 47, 48, 75
Howe, N., 106, 153
Hug, T., 117, 119, 126, 150, 151
Huizinga, J., 179, 216
Hwang, G., 135, 137, 139, 151

I

Inventado, P. S., 232, 235, 290

J

Jacobino, F., 192, 216
Jenson, J., 104, 110, 150
Jesus, V. L. B., 132
Johnson, L., 58, 76
Jonassen, D. H., 67, 76
Jones, H., 166, 217
Jones, J. B., 127, 151
Jordan, K., 164
Jorge, C. F. B., 192, 216
Jung, C. G., 202, 216

K

Kamat, V., 87, 151
Kapp, K. M., 181, 216
Kemczinski, A., 292
Kenyon, C., 27, 76
Kerres, M., 151
Kimani, S., 117, 150
Kin, D. H., 280
Kirkpatrick, D. L., 242, 291

Kirner, C., 217
Kirriemuir, J., 189, 216
Kishino, F., 169, 170, 216
Klausmeier, J. K., 111, 151
Klein, A., 127
Knowles, M. S., 27, 76
Kolb, D. A., 38, 39, 76
Koper, R., 268, 290
Krehbiel, T. C., 88, 151
Kress, G. R., 107, 151

L

Lanham, R. A., 103, 151
Lauría, E., 260
Le Boterf, G., 265, 291
Leal, C. E. S., 57, 77
Lee, M., 201, 202, 215
Leene, A., 126, 151
Leong, P., 215
Lewis, L., 291
Lim, C. P., 67, 76
Lima, J. S. de, 138, 151
Lindner, M., 117, 126, 150, 151
Litto, F. M., 113, 114, 151
Liu, G., 135, 137, 139, 151
Liu, D., 207, 217
Lockyer, L., 242, 291
López-Goñi, I., 125
Loyolla, W. P. D. C., 77
Luckin, R., 270, 291

M

Martín-Gutiérrez, J., 171, 216
Martins, S. N., 38, 75
Mascarenhas, P, 42, 77
Mayes, J. T., 204, 216
Mazur, E., 61, 77
McClure, R. D., 140, 151
McFarlane, A., 189, 216
McGonigal, J., 192, 216
Means, B., 236, 290
Mello Sobrinho, E. C., 162, 216
Milgram, P., 169, 170, 216
Militello, A. L., 158
Miller, G. A., 115, 151
Miller, H. G., 226, 227, 292
Moholy-Nagy, L., 164
Moissa, B., 292
Montessori, M., 260, 292
Moraes Filho, W. B., 182, 216
Moran, J., 77
Moreira, A. F., 36, 77
Morison, R., 237, 291
Mork, P., 226, 227, 292
Moura, A., 192
Murray, J., 203, 216
Murta, C. A. R., 182, 216

N

Nascimento, J. M. F. do, 138, 151

Neill, A., 144, 152
Neves, H., 55, 76
Nikolic, J., 87, 88, 152
Noguera, I., 90, 91, 152
Nunes, J. B. C., 236, 237

O

O'Malley, C., 131, 152
Oliveira, A. R., 213
Oshima, F. Y., 217
Osterwalder, A., 98
Oxman, S., 263, 292

P

Pacete, L., 183
Paiva, T., 183
Panassol, JR., 178
Papert, S., 114, 210
Paula, H. F., 36, 77
Peha, S., 85
Pelling, N., 192
Piety, P. J., 246, 292
Piovesan, S. D., 138, 152
Porto, C., 215
Prado, T., 110, 152
Prensky, M., 67, 77, 105, 107, 152
Preti, O., 77
Pugliese, L., 244, 292

R

Rahimi, S., 207, 210, 217
Ramaswamy, S. A., 125, 152
Reed, P., 94, 152
Reibstein, D., 141, 153
Resnick, 11
Riel, M., 142, 143, 152
Rodrigues, P., 91, 92, 150
Romero, C., 228, 232, 233, 237, 292
Rosen, L. D., 106, 152
Rosenblum, L. J., 165, 166, 217
Royle, K., 87, 88, 152
Ryan, R. M., 197, 217

S

Saccol, A. Z., 131, 134, 138, 152
Salen, K., 180, 217
Sanders, K., 28, 77
Santos, E., 215
Santos, V. A. dos, 138, 151
Sasaki, D. G. G., 132
Savi, R., 179, 183, 217
Scamati, V., 162, 217
Schilit, W. N., 138, 152
Schlemmer, E., 131, 134, 138, 152
Schmidt, E., 102
Schmit, W. L., 187, 217
Schön, D. A., 289, 292
Securato, J. C., 129, 130, 152, 283, 292

Sharples, M., 292
Sherman, W., 161, 217
Shute, V., 207, 210, 217
Siemens, G., 40, 77, 235, 236, 261, 292
Silva, J. C. X., 57, 77
Silva, L. A., 246, 292
Simon, H., 103, 111, 117, 150, 152
Singley, M. K., 111, 152
Siscoutto, R., 217
Soares, A. N., 217
Souza, M. I. F., 126, 150, 152
Srikant, R., 232, 290
Strauss, W., 106, 153
Sweller, J., 114, 116, 153

T

Tapscott, D., 105, 153
Tattersall, C., 268, 290
Thomas, D., 85
Thorngate, W., 103, 149
Tomelin, J. F., 10, 14-16
Tori, R., 164, 167-170, 192, 203, 204, 210, 215, 217
Tozman, R., 226, 278, 292
Tsai, C.-C., 139, 151
Turkle, S., 202, 217

U

Ulbricht, V. R., 179, 183, 217

V

Valadares, M. G. P., 182, 216
Valente, V. A., 77
Van Leeuwen, T., 107, 151
Van Solingen, R., 95, 150
Vargas, T., 163
Ventura, S., 228, 232, 233, 237, 292
Vince, J., 166, 217
Vygotsky, L., 31, 34, 35, 46, 77, 261

W

Walsh, K., 292
Weiser, M., 137, 153
White, B., 232, 290
Wijnands, W., 95, 150
Wind, J., 141, 153
Wong, W., 263, 292

Y

Yang, S. J. H., 139, 151

Z

Zabala, A., 210, 215
Zichermann, G., 217
Zimmerman, E., 180, 217
Zorzal, E. R., 158, 216

Índice de instituições

3M, Universidade Corporativa, 265

A

ABED (Associação Brasileira de
Educação a Distância), 23, 64,
75-77
Apple, 106
Associação Brasileira de Educação
a Distância. *Ver* ABED

C

Centro Universitário Adventista de
São Paulo (Unasp). *Ver* Unasp
CETL (Center for Enhanced
Teaching & Learning), 62, 75
CIAED (Congresso Internacional
Abed de Educação a Distância),
23, 64, 75-77
Congresso Internacional Abed de
Educação a Distância. *Ver* CIAED
Coursera, 221, 261

D

D.School, 70, 75
Dataviz Community, 254

E

Editora
FTD, 159, 216
Moderna/Richmond, 158
Saraiva/Somos, 160
Educause, 235
edX, 130, 150, 261, 287
ENAP (Escola Nacional de
Administração Pública), 98
Erasmus+: Minha cidade em
códigos QR, 81, 133
ESCP Business School, 182

F

Fab Lab Livre SP, 55, 76
Fifa, 179
Fundação Dom Cabral, 119

G

Geekie, 221, 264
Georgia Institute of Technology,
187 Google, 14, 23, 34, 42, 101,
102, 112, 175, 229, 231, 254, 264,
274, 277, 279

H

Horizon Report, 285

I

IAD Learning, 259, 291
IBM, 102, 151, 279, 282
ICampus, 40, 77
IDEO, 22, 70, 76
IEEE Virtual Reality Annual
International Symposium, 156
Instituto Porvir, 261, 291

J

Jornal da USP, 76

K

Khan Academy, 9, 221-224, 291
Klein Dytham, escritório de
arquitetura e design (Tóquio), 127

L

LabCon, 37, 76
Larc Project, 248, 291
Lego, 129, 184

M

Massachusetts Institute of
Technology (MIT), 40, 55, 261
McMaster, Universidade de,
Faculdade de Medicina (Canadá),
46
Microsoft, 145, 254, 278 Ministério
da Educação, 229
MIT. *Ver* Massachusetts Institute of
Technology
Myciqc, projeto, 133, 151

N

Nintendo, 105
Nova Escola, 77

O

OpenLearn Project, UK Open
University (Ukou), 9, 81

P

Project Zero, 59, 61, 77

R

Rede Marista Internacional, 221, 260

S

Saint Paul, Escola de negócios, 285
São Petersburgo, Politécnica de, 54
Sebrae, 269
Secretarias da Educação, 229
SEDUC/SSP, 245
Sociedade Brasileira de
Computação, 156, 217
Sociedade Espanhola de
Microbiologia, 125
Society of Learning Analytics
Research. *Ver* SoLAR
SoLAR (Society of Learning
Analytics Research), 235, 292
Stanford, Universidade, Graduate
School of Education, 4, 50, 53, 77
Summerhill School, 144
Sunset School, 29
Symposium on Virtual and
Augmented Reality (SVR), 156

T

Teaching That Makes Sense (ensino
com significado), 85
Teya, 21, 70

U

Uaitec (Universidade Aberta e
Integrada de Minas Gerais),
laboratório virtual, 76
Uber, 286
Udacity, 261
UK Open University (Ukou), 9,
81, 82
OpenLearn Project, 9, 81-84
Unasp (Centro Universitário
Adventista de São Paulo), 66,
198, 253
UniCesumar, XIV, XV, 10, 14-17
Universidade Aberta e Integrada
de Minas Gerais. *Ver* Uaitec
Universidade Virtual do Estado de
São Paulo. *Ver* Univesp Univesp,
9, 22-24, 69

W

Woodbury, Universidade
(Califórnia), 94
World Academy of Science, 292
World Economic Forum (WEF), 25
Workshop on Educational Data
Mining, 232